文化遗产研究

CULTURAL HERITAGE STUDIES

第5辑

巴蜀书社

图书在版编目（CIP）数据

文化遗产研究.第5辑 / 徐新建主编.—成都：巴蜀书社，2015.5

ISBN 978-7-5531-0525-3

Ⅰ.①文… Ⅱ.①徐… Ⅲ.①文化遗产—研究 Ⅳ.①K103

中国版本图书馆CIP数据核字（2015）第080789号

文化遗产研究（五） 徐新建 主编

责任编辑 李 蓓
出 版 巴蜀书社
成都市槐树街2号 邮编 610031
总编室电话:(028)86259397
网 址 www.bsbook.com
发 行 巴蜀书社
发行科电话:(028)86259422 86259423
经 销 新华书店
印 刷 成都蜀通印务有限责任公司
(028)86106170
照 排 成都完美科技有限责任公司
版 次 2015年6月第1版
印 次 2015年6月第1次印刷
成品尺寸 168mm×240mm
印 张 14.5
字 数 340千
书 号 ISBN 978-7-5531-0525-3
定 价 45.00元

目　录

遗产与认同

多民族文学与文论

学术交流

Contents

代 前 言

"性近习远"：人类文化的不同而和

徐新建

【按】 本文为2014年在兰州举行的"民族文化遗产：多样性与共同性"专题研讨会而作。会议由四川大学牵头、北京大学、中央民族大学、中国社会科学院民族文学研究所及内蒙古大学、西南民族大学等筹建的"中国多民族文化凝聚与国家认同协同创新中心"共同主办，西北民族大学承办。笔者以"性近习远"为题讨论多元文化的"不同而和"。限于时间关系，文稿和发言都只呈现了纲要和论点而已，尚未深入展开。在此以前言形式刊发出来，一是为本辑做相关引述，把各组论著的关联之处串联起来；另外也希望抛砖引玉，期待引起同行的关注，把多样性与共同性的话题深入下去，在接续下来的讨论中以更灵活的学科交叉方式拓展开来。

有关民族和文化的多样性与共同性问题既重要又复杂，值得展开深入细致的辨析和讨论。本文的看法是，此议题的表面指向社会历史，内在的论域则关涉生物学、人类学和哲学。由此，为顾及中西对话和古今关联，笔者特借用汉语典籍中的"性近习远"观作为起点，尝试阐述与之相关的诸多层面。

在汉语世界流传久远的《三字经》开头便说："人之初，性本善；性相近，习相远。"在我看来，这话基本上表达了汉文化重要流派（儒家）对于人类多样性与共同性相互关联的见解。它的主要意思可概括为"性近习远"，最早出自《论语·阳货》里的"子曰"："性相近也，习相远也。"

这里的"性"，大约等于后世生物学指的生命属性——the Natureness，即本能、欲望、生死等，在汉语表述中则有多种类似展开，如"食、色，性也"，以及生老病死、七情六欲等等，包括了凡人皆有的先天禀赋。所谓

“近”，大意就是“同”，指基本一样，不过说“近”而不说“同”，又保留了对生命个体的区别余地，强调人和人相互间只是“趋同”，而非全然“等同”。

依照此见解得出的第一推论是：秉性令人趋同，亦即从本性上讲，我们都是生物学意义上的人，躯体相当，内在与共。

然而根据“习相远”之判断，则将衍生出与之有别的第二推论：行为使人相分。“习”的意思，相当于人类学阐发的“文化”（Culture），包括语言、习俗、制度、信仰等等，也即是人的后天所得。此话强调“文化”使人性变异，在从生物人变为文化人的过程中，出现不同。其中的“习”有两层含义，一方面指名词的“习惯”，突出“成果”和“文化创造物”；另一方面是动词的“习得”，强调“实践”、“行为”和“体认”——包括被动传递和主动选择。“相远”是对趋于不同的比喻。由此也就意味着，在文化的历史累积和实践过程双重作用下，人和人便呈现出彼此区分、日趋不同的现象。这样的现象在个体间如此，群体间更亦然。

由是即可理解为何面对同样的“食”之本性，在现实与历史中会有那么多表面上的差异和不同，其原因即在于“习”：先是草原和农田的不同环境造就了牧人与农民，继而产生出“肉食”与“粮食”的分野。再进一步，“粮食”之中，北方的旱地与南方的水田又派生出“面食”和“米食”及其相关生活事项的诸多差异。在此，“食”（欲）是性，“粮”和“肉”为习，“性近习远”的观点揭示出在米食、面食和肉食等表象后面，牧人与农民的内在一致，不同的只是各自为适应特定生境而做出的改变及调整。

现代生物学揭示说，人类生命多样性的意义，在于从基因到体型方面保存应对环境变异之可能，以使人类物种得以应对灾变，长久流传。

综合而论，“趋同”和“趋不同”是人类文化与生俱来的两种走向、两重动力，各有所依，并行不悖。若仅单向地强调趋同，则不但违背实际存在的个体差异，且令现实生命难以适应客观存在的多样环境；而如若只顾“趋不同”之维，无视人类与生俱来的内在之“同”，则将不但导致人与人之间的渐行渐远，而且会背离个体自身先天秉性的内在旨归，使人异化，成为非人。

因此，无论作为种群还是文化，促成人类彼此关联的最佳趋向应该是不同而和。

跨境研究

- “地天通”和“绳梯”：中外古代思想资源的当代意义
- 境外之镜：美国《国家地理》的表述研究
- 作为人类学研究资源的文学
- 《布登勃洛克家族》，托马斯·曼，德国北部社会阶层：文学人类学的应用

"地天通"和"绳梯"：中外古代思想资源的当代意义[①]

纳日碧力戈　符广兴[②]

摘　要：思想创新的实质是继承与创新。中国古代有"地天通"和"绝地天通"的传说，国外也不例外，符合维科所说：对于"初民"来说，有用的就是神。从"地天通"到"绝地天通"，再到"续地天通"，这是我们用来应对当今非生态思路和行为的理论路径。地和天隐喻差异和普同，通过效仿自然的异同生态，达到珍视差异、开悟普同的境界，在万物共生和千灯互照中描绘和解释新生活。

关键词：地天通　万物共生　民族共和

"地天通"和"绳梯"的传说

《尚书·周书·吕刑》："皇帝（颛顼）哀矜庶戮之不辜……乃命重、黎，绝地天通，罔有降格。"[③] 据说，在黄帝统治时代，"民神杂糅"，人神可以

---

① 本文写作得到以下项目资助：2013年度国家社科基金重点项目"我国各民族关键符号及其对民族关系和国家认同的影响研究"，课题批准号13AZD057；教育部人文社会科学重点研究基地重大项目课题"大国崛起与人类学应用研究"，课题批准号11JJD810012。

② 纳日碧力戈，贵州师范学院、复旦大学、贵州师范学院教授。符广兴，云南大学民族研究院博士生。

③ 另参见《国语·楚语下》："昭王问于观射父，曰：'《周书》所谓重、黎寔使天地不通者，何也？若无然，民将能登天乎？'对曰：'非此之谓也。古者民神不杂。民之精爽不携贰者，而又能齐肃衷正，其智能上下比义，其圣能光远宣朗，其明能光照之，其聪能月彻之，如是则明神降之，在男曰觋，在女曰巫。是使制神之处位次主，而为之牲器时服，而后使先圣之后之有光烈，而能知山川之号、高祖之主、宗庙之事、昭穆之世、齐敬之勤、礼节之宜、威仪之则、容貌之崇、忠信之质、禋洁之服，而敬恭明神者，以为之祝。使名姓之后，能知四时之生、牺牲之物、玉帛之类、采服之仪、彝器之量、次主之度、屏摄之位、坛场之所、上下之神、氏姓之出，而心率旧典者为之宗。于是乎有天地神民类物之官，是谓五官，各司其序，不相乱也。民是以能有忠信，神是以能有明德，民神异业，敬而不渎，故神降之嘉生，民以物享，祸灾不至，求用不匮。'"徐元诰撰，王树民、沈长云点校：《国语集解》，北京：中华书局，2002年，第512页。

自由升天降地，往来于天地之间，这是一个“人人萨满”的时代。值得一提的是，当时的人把昆仑山当作天梯，游走于天地之间。蚩尤率领山神水怪大战黄帝，军力庞大，不可小觑。黄帝之孙、传说中的五帝之一颛顼，大规模整顿天地间的秩序，命令自己的孙子“重”两手托天上举，命令自己的另一个孙子“黎”两手按地下压。结果天地之间的距离越来越大，上下通道都被隔断，唯有昆仑天梯可供攀缘。“重”和“黎”遵循颛顼的谕旨，分别掌管天上的众神事务和地上的人神事务。神和人游走于天地之间，需要事先取得“重”、“黎”的许可。这段史话以隐喻的方式勾勒出由“民主”到“治民”的历史过程：先是人人自主，人人自治，然后是区隔管理，分而治之，民神不得杂糅，为“君君臣臣父父子子”的秩序奠定了思想基础，也为中央集权提供了神话根据。“民神杂糅”象征了差异，小规模的“民主”不会带来大乱，但在黄帝、颛顼的五帝时代，“民主”已经失控，不仅民神要隔开，人和人也要隔开，民神之间的沟通只能通过“特批”的“昆仑天梯”。这是为了治理，也是对于民神杂糅、不讲规矩的“惩罚”。这种“天梯”制度与非洲丁卡人神话中的“绳梯”相对应，同样表现了“道德惩罚”，只是更加直白罢了。格尔茨引林哈德的描述说，丁卡人相信天（上神之所在）和地（人类之居所）最初由一根绳子连在一起，人类可以攀援而上，随意上天下地，进出这两个国度。第一对男女只要求一天有一粒谷子。不过，后来那女人贪心，开始种植更多的谷子，不小心用锄把触碰了上神，上神一怒之下割断了那根绳子，退回到天上，留下人类为衣食而劳作，忍受病痛和死亡之苦，体验与造物主分离的后果①。假设丁卡人的祖先小心翼翼，一天只要一粒种子，杜绝贪心，就能够避免神怒。同样，“绝地天通”之前，民神往来有序，而不是杂糅喧哗，颛顼帝就用不着“绝地天通”了。不过，这只能是一厢情愿的猜想，因为“绝地天通”和“绳梯”的史话、神话，毕竟是为后来的社会秩序服务的，是为了满足“治理”的需要而产生并传播的。维柯不无道理地认为，在人人萨满的时代，人人作诗，“诗造天下”，能歌善舞、能言善辩的巫觋是神学诗人，正是他们创造了人文精华②。生活创造了神，人人萨满，人人神仙。天地万物，有用的就是神③，而那些吟诗作赋的“初民”本

① ［美］克利福德·格尔茨：《作为文化体系的宗教》，见克利福德·格尔茨《文化的解释》，南京：译林出版社，1999 年，第 123 页。

② ［意］维柯：《新科学》，北京：人民文学出版社，1997 年，第 25 页。

③ ［意］维柯：《新科学》，北京：人民文学出版社，1997 年，第 7 页。

身就是神。

差异与普同的辩证统一

“绝地天通”和“绳梯”的传说象征了人们对差异和无序的恐惧。一方面，每个人都会张扬自己，为所欲为，随心所欲；另一方面，每个人都不愿意别人太张扬，不愿意他们为所欲为，随心所欲。大千世界本身就是差异和普同之对立统一的杰作，是形气神合一的自然。以人类的音和乐为例：万物的差异触动人心，通过声音来加以形象表达，各种声音交相呼应，变化无穷，从中产生条理次序，成为“音”。再把“音”配上道具，歌之舞之，成为“乐”[①]。对于差异与普同的辩证统一的认识，不仅在中国古人那里早有深刻认识，在西方世界也并不陌生。亚里士多德认为外物对于灵魂的触动产生词语，指出“口语是内心经验的符号，文字是口语的符号”；虽然各民族没有共同的文字，也没有相同的口语，但语言毕竟是内心经验的符号，而全人类的内心经验是相同的[②]。其实，万物差异本属于自然，自然并非杂乱无章，其中蕴含着普世法则，类似于“深层语法”。《淮南子·齐俗训》记载说：“……水处则渔，山处则木，谷处则牧，陆处则农。地宜其事……”[③]资本主义来到世间，给人类社会带来巨大的生产力和能动性，人不畏神，要改造自然，重定规则，创造规律。但是，人类中心主义的改天换地确实给人类自己带来种种意料之外的后果，从温室效应到雾霾侵袭，从草原沙漠化到河水断流，这些“恶果”促使人类从自我中心主义走向万物共生主义。凡事都要有“度”，中庸而不偏激，因地制宜，入乡随俗，这是人与自然、人与人、人与社会相处的自然法则。道法自然的古训至今成立。

从宏观上看，人与人、人与社会的关系属于万物关联的一部分，与其他“物象”比较，既有特性，也有共性。人类比其他“物象”有更多的“主体性”，因而也更具有改天换地的能力，如果误用，其后果不堪设想。人类不

---

① 《礼记·乐记》：“凡音之起，由人心生也。人心之动，物使之然也。感于物而动，故形于声。声相应，故生变。变成方，谓之音。比音而乐之，及干戚羽旄，谓之乐。”吕友仁、吕咏梅译注：《礼记全译·孝经全译》，贵阳：贵州人民出版社，1998年，第684页。

② ［希腊］亚里士多德：《亚里士多德全集》，卷1，“解释篇”，苗力田译，北京：中国人民大学出版社，1992年，第49页。

③ 杨牧之总编：《大中华文库·淮南子Ⅱ·齐俗训》，翟江月今译，翟江月、牟爱鹏英译，南宁：广西师范大学出版社，2010年，第696页。

仅会在改天换地中犯错误，同样会在处理自己内部关系的时候犯错误。在种族主义盛行的旧日美国，黑人遭到多种歧视，财产甚至生命常常面临被剥夺的危险；更有科学种族主义助纣为虐，企图把黑人打入另册，“永世不得翻身”。然而，以博厄斯为代表的美国人类学者，高举反种族主义的旗帜，谴责西方种族中心主义以及西方种族和文化的优越论。在他们长期不懈的努力下，反种族主义成为当今国际学界及至政界的主流话语。博厄斯等人类学者一方面强调人类“心理普同”，另一方面倡导和推动文化相对论，强调语言、文化、种族边界互不重合。他们从理论上解决了差异和普同的对立统一。如果把“天”看作“普同性”，把“地”看作“差异性”，那么，人类心理普同就是“天”，语言、文化、种族就是“地”。“地上”的征象繁纷复杂，变化无穷；“天上”的大道统辖万物，一以贯之。和而不同与天下大同是互相呼应、辩证统一的。

续地天通：万物共生，民族共和

从大生态观出发，人是大自然的一部分，虽然有超越物质的主体性，有心智和感情的特质，但毕竟要受到“物”的纠结，受到“形”的制约，物用的需要统辖着民间智慧的走向，学以致用，形通精神，其中有继承，也有创新。本着生态的观点看问题，人的“物性”必须和“神性”勾连互动，否则会走入二元对立的本质化死胡同。显然，单纯的“语言转向”并不能拯救人文社会科学，完全回归庸俗唯物论也不是出路。值得一试的是万物共生的创新之路。这条创新之路是物物关联、心心相通之路，它能够把古人“地天通”的史话、贝特森“元关联”的思想①、拉图尔“万物议会”的论点②联结在一起，给我们提供一种兼顾内因和外因、形物和精神的全新生态观。我们是万物的一部分，自我和非我有着千丝万缕的关联，不存在谁要主宰一切的唯我独尊，也不存在你死我活的截然对立，我与非我互相交融，你中有我，我中有你，在互动过程中创造意义和价值。

现代性带来“形”与“神”的对立，非此即彼，没有妥协的余地。但

① Gregory Bateson, *Mind and Nature: A Necessary Unity*, New York: Hampton Press, 2002.

② Bruno Latour, *We Have Never Been Modern*, trans., Catherine Porter, Cambridge, Massachusetts: Harvard University Press, 1993.

是，在现实生活中，一切都是妥协或者协商的结果。物与物要协商，要互相让步；人与人要协商，要互相让步；人与“非人”也不例外。这样，我们就能够避免谁决定了谁的形而上困境：生活世界中万物互为环境、互为结构，在互动中保持犬牙交错的组织形态。如同河流与大地“协商着”走出自己的河道，蜿蜒伸向大海，人与“非人”、自我与他者也在互相“礼让”中美美与共。即便是仇人相见，也不愿意随便同归于尽，在激烈的冲突之后，他们一般都要各自让出距离，维持彼此之间的中间地带，井水不犯河水。

现在被称为中国的这一片大地，自古就是一个多民族国家，一些主要民族还有过“互相治理”的经验，更多的民族互通有无，相得益彰，战争也罢，和平也罢，总归是在共享同一个时间和空间，命运把他们联系在一起。时至当代，民族共生首先是政治共和空间之下的语言共生、文化共生、认同共生和信仰共生。建设现代政治文明是建设和保持良性民族关系的重要前提。培养包容性平等的思维方式和实践模式，是其中不可或缺的主要内容之一。在这个基础之上，本民族对于他民族的语言和文化等方面的理性态度和公平理念，就能够被培养出来，逐渐变成社会规范。在中国，民族区域自治制度是维护各民族语言、文化以及其他各个方面包容性平等的政治保障，没有公平正义的理念和制度，民族平等就会变成空话。各民族的政治共和是新中国政治文明的重要基石。当代中国毕竟不是小国寡民的封建帝国，毕竟不是一族一国的有限共同体；它是大国多族的现代政治共同体，是语言和文化多元的新中国。那种“非我族类，其心必异”的旧观念必然要被各美其美、美人之美、美美与共的新观念所代替；那种弱肉强食、适者生存的森林法则，也要被千灯互照、光光交彻的生态美德所代替。

然而，现实却并不那么乐观。现代性不仅带来生与熟、先进与落后、蒙昧与文明等二元对立，也让汹涌澎湃的民族主义变成这类二元对立的话语保障、感情动力和实践模式。被极端民族主义驱动的民众会狂热地鼓吹语言和文化的同质，认为只有“同文同种”的国家才是安全国家，否则就是不安全的国家。然而，如果我们认真梳理历史，观察社会，深入调查，细心描述，就会发现自己生活在一个充满差异的世界中，从我们的眼、耳、口、鼻、喉五官到周围的大千世界，从语言繁纷到文化多元，差异创造了我们的世界，普同是在差异的基础上实现的。没有差异就没有普同。如果到处都是普同，那么普同就是多余的概念和词汇。同样，如果民族差别全部消失，那民族概念和民族实体就没有必要存在了。民族共生是一个富有生命力的理念，也是一个令人信服的现象。言语不通，可以互相学习；文化不同，可以互相借用；认同有异，可以互相交流。

民族共生的理想世界是“地天通”的世界，社会和睦发展的前景是从“绝地天通”到“续地天通”的过程，天上盛行普同，地下充满差异，差异和普同、天上和地下，通过交流和沟通连为一体。民族关系中有形，有神，也有沟通之“气”；民族内部也有形、气、神。所以，形、气、神是民族共生中的普遍现象。换一句话说，民族共生也是形、气、神的一种共生现象。借用“地天通”的隐喻，民可传神，神可通民，人人萨满，民神混杂，这是“续地天通”的理想境界，值得追求，值得拥有。民族和睦共生不仅要从民族之间和民族内部着力，更要从整个宏观社会角度着力。民族关系的良性发展不仅取决于民族关系本身，还取决于政治、经济、公平、正义等诸多方面的良性发展，其中政治体制的良性发展尤为重要。中外关于“绝地天通”和“绳梯”一类的史话和传说，为当代社会改善社会运行机制、改善民族关系、克服非生态的思想和行为，提供了较好的前瞻性理念和启迪人生的思想资源。我们要把自己重新归入自然万物的范畴，通过观察、学习自然界中万物共生的良性格局，重新学会包容差异，学会各美其美和美人之美，建设和发展重叠共识，以超级生态的眼光描绘、解释并建设美美与共、千灯互照的新生活。

境外之镜：美国《国家地理》的表述研究①

罗安平②

摘　要：美国《国家地理》是英语世界里一份有影响力的人文地理刊物，其表述的世界图像成为西方映照自我与生产异域知识的重要来源之一。各国学者从不同学科与视角对该杂志进行了充分研究。本文对相关研究成果进行综述分析，指出在“东方主义”视域之外，后继研究者应综合考察文本叙事的民族志语境与历时情境变迁，认识到杂志同时具有“镜子”的再现与“窗框”的隐喻功能。因此，我们既需要批判的眼光，同时也应具有更为广阔的世界视野来看待西方表述问题。

关键词：美国《国家地理》表述　异邦

美国《国家地理》（*National Geographic*）是美国国家地理学会的官方期刊，1888年10月创刊，宣称其目标为报道“这个世界以及其中一切”，文章题材涵盖地理、历史以及世界文化。杂志亮黄色边框里的书写，兼具科学、传媒、文学与人类学等诸多特性，让读者从文化、历史、自然、科学角度认知不同区域的人群及其社会，从而在跨文化了解、沟通与对话中，起着重要的桥梁作用。

由于《国家地理》的巨大影响力与争议性，各国学者对该杂志的学术研究已相当成熟而丰富。概括而言，目前在英语世界及汉语世界里的重要成果，大体依循三类路径，一类是从历史发展纬度进行的“内部”描述，将《国家地理》神话化，强调杂志的科学性、普世性与人文情怀；第二类研究采用批判性视觉，揭示国家地理学会机构本身与杂志的文化霸权地位，并分

① 本文系教育部青年基金项目“他者视域里的中国西南少数民族——以美国《国家地理》杂志的表述为例”（项目号：12YJC860029）及国家社科基金重大项目“中国多民族文学共同发展研究”（项目号：11&ZD104）阶段性成果。

② 罗安平，西南民族大学文学与新闻传播学院副教授。

析、反思杂志在伦理形塑、修辞策略等方面的内在动因与话语模式；第三类研究针对杂志对异域世界的表述，大部分学者依循萨伊德的东方主义路径，通过杂志的文本内容分析，探讨其在建构他者形象与西方身份认同中的角色与作用。

一、局内人视角：对国家地理学会及其杂志的史传性研究

第一本系统回顾国家地理学会及其杂志历史的著作《国家地理学会及其杂志》[①] 作于1957年，由三部分组成，第一部分是吉尔伯特·哈维·格罗夫纳以亲历者身份叙述学会的家族史；第二部分是由一位编辑戈尔斯撰写的《人类语言中的地理》（*Geography in Human terms*），描述国家地理学会的各种活动情况；第三部分是学会的史料，包括从1888至1957年以来历任学会会长名单、学会颁发的各种奖章与奖励、会员的世界分布数据以及学会所参与支持的各项探险活动。两位撰写者都是杂志和学会的灵魂人物，格罗夫纳是杂志首位付薪编辑、学会会长，在杂志工作了55年，带领杂志经历了从1899到1954年各种历史风云与危机坎坷，被称为学会的建筑师与建筑队队长；戈尔斯从1905年加入到这个杂志帝国后，就一直是格罗夫纳的得力助手，并在1954至1957年间担任学会会长与杂志编辑，完成了格罗夫纳家族父子会长的顺利交接[②]。

为《国家地理》撰写“断代史”的还有另一篇里程碑式的论文，即帕利（Philip Parly）于1979年发表在《美国季利》上的《世界及其一切：国家地理学会的1888—1948》[③]。该文总结了学会创立及发展的几个重要历史因素，正是这些因素促成了学会的结构与使命，即大众新闻业的兴起；照相凸版印刷术（photoengraving）的发展；学院专业学科的出现；随着西美战争的结束，美国国民对外国的兴趣及对海外领土的追求欲望。这些潮流的结合，促成了一个集科学与娱乐为一身的科普杂志。

① Gilbert Grosvenor, *The National Geographic Society and Its Magazine*, Washington, D. C.: *The National Geographic Society*, 1957.

② 格罗夫纳家族父子会长，是指国家地理学会第三、第四任会长，其为父子关系。父亲是吉尔伯特·哈维·格罗夫纳（Gilbert Hovey Grosvenor，也是第二任会长贝尔的女婿），儿子是梅尔维尔·贝尔·格罗夫纳（Melville Bell Grosvenor）。

③ Philip Parly, “The World and all that is in It: The National Geographic Society, 1888—1918.” *American Quarterly*, 1979.

另一本更为流行的正史是百周年纪念册《国家地理学会：100年探险与发现》[①]。其作者布莱恩（C. D. B. Bryan）也被称为学会的官方史家，他用一年半的时间在国家地理学会总部进行田野调查，自由翻阅学会的档案记录，与学会工作人员访谈，参与他们的工作讨论会，了解工作流程，最终完成了500多页的大型精美画册。本书按时间顺序细致回溯了学会与杂志百年探索与科学发现的故事，也提及杂志历史上一些不能令人回避的方面，如种族偏见、贬低女性乃至法西斯思想等，但布莱恩的揭露极为轻淡，极力使其成为个人缺点而非机构的问题所在。

出版于2004年的《探险者之屋：国家地理及其创造的世界》[②]，其作者罗伯持·普尔在该杂志工作了21年，并任执行编辑。该书以富于个性的文笔，聚焦于哈伯特一贝尔一格罗夫纳的家族故事。虽然罗伯特同样温和地指出国家地理学会上层领导的种族偏见、法西斯思想等缺陷，但他将着力点放在记述五代领导层如何克服个人痛苦、代际冲突与政治挫折，将一个挣扎中的科技期刊转变为跨越文化和语言障碍而成为世界知名品牌的历程。

上述史传性著作基本由学会的局内人撰写（布莱恩是学会聘请的历史学家），因此可称为“官方历史”或“正史”，图文并茂，赞益有加，突出其探险精神、摄影艺术、科学功绩，而较少有批判视角。由于其丰富的史料价值，成为研究者的重要参考文本。

二、批判性眼光：对学会及杂志的反思研究

相比充满溢美之词的《100年探险与发现》，同年出版的著作《国家地理：美国的世界镜头之后》[③]（1987）一书便具有很强的批判性。该书作者艾布拉姆森曾担任《华盛顿邮报》、彭博新闻社等媒体编辑，他揭示了杂志领导层的右倾政治立场，并质询了学会长期作为非营利性免税机构的地位，认为正是这一地位使学会在激烈的竞争中发展壮大，但是机构越大，它却发展成为“一个远离自己最初目标的组织，越来越少的收入比例用于研究和探

① C. D. B. Bryan, *The National Geographic Society*: 100 *Years of Adventur and Discovery*, New York: Abradale Press, 1987.

② Robert M. Poole. Explorers House: *National Geographic and the World it Made*, New York: The Penguin Press, 2004.

③ Howard S. Abramson, National Geographic: *Behind America's Lens on the World*, New York: Crown Publishers, 1987: p. 7.

索，越来越多的财富用于填补其似乎永不满足的欲望——变得更大，赚得更多”。

丽莎·布鲁姆（Lisa Bloom）的《冰川上的性别：美国人极地探险的意识形态》[1]（1993）探讨了《国家地理》在探险报道中塑造的民族主义和男性主义意识形态。她研究《国家地理》在北极探险报道中的话语模式，认为其背后呈现了“民族主义、帝国主义和白人男性英雄”的话语符号与象征，学会及其杂志其实是利用“探险第一人”皮里来巩固和成就自己“严肃科学、英雄传奇和半官方国家叙事”的名声与地位。

影响最大的批判性著作当数人类学家凯瑟琳·卢茨和简·柯林斯的《解读国家地理》[2]（1993）。两位学者不满于此前同类研究中批判视野的缺乏，尤其是对假定国家地理杂志在美国文化中无可争议的杰出地位而不加批判地接受而感到遗憾。因此，她们细读了1950年以后杂志的大约600张照片，分析其已经建立起来的“美国风格世界”（American－fashioned world）的优越地位，通过分析照片里的色彩、姿势、框架、位置等诸多叙事元素，将文学批评中的定性方法与对记者的访谈和受众的控制研究等定量技术研究结合起来，讨论关于种族、性别、特权、进步和现代性等主题。作者从文化叙事与阐释以及传播接受的角度，认为《国家地理》的文本在渴望了解他者知识的愿望和途径中产生了分离与冲突，它一方面促进了普世价值和文化多样性的传播与接受，但同时却让读者将非西方的人民降级为进步阶梯中的早期阶段。学会与杂志强化了中产阶级的美国价值观，它其实是一种重要的中产阶级趣味、财富与权力的建构者与仲裁者。

泰玛·罗森伯格写于2007年的力作《呈现美国的世界：国家地理的“纯真”策略，1888—1945》[3]，对该杂志如何成为文化旗手的起源和早期发展历史有深入研究。本书将国家地理学会的发展置于扩张主义的时代语境中，质询杂志作为美国一种无处不在的异域知识与体验来源，为百万受众形塑这个世界的方法，对其在美国全球霸权中的文化参与提出质疑。作者认为《国家地理》成功地使用了“纯真策略”。这一观点援引于玛丽·路易丝·普

① Lisa Bloom, *Gender on Ice: American Ideologies of Polar Expeditions*, Minneapolis: University of Minnesota Press, 1993.

② Lutz, Catherine A. and Jane L. Collins, *Reading National Geographic*, Chicago: University of Chicago Press, 1993.

③ Tamar Y. Rothenberg, *Presenting America's World: Strategies of Innocence in National Geographic Magazine*, 1888—1945, Hampshire: Ashgate Publishing Limited. 2007.

拉特[①]（Mary Louis Pratt），来源于安东尼·葛兰西、斯图亚特·霍尔、雷蒙德·威廉姆斯以及李普曼等论述的"霸权"理论，也即特定阶级利益表达与投射的意义与价值系统、统治地位并不是以简单的强行征服和支配为特征，而是赢得实质上的大众同意的程度，通过普及"常识"来"制造同意"的艺术。作者指出，《国家地理》无论是作为旁观者、记录者的行为方式，还是作为教育机构传播和促进地理知识这种"利他行为"，尽管采用"纯真"战略，其实质却是一种使西方霸权自然化的方式。

在2010年的新著《美国肖像：国家地理、全球文化和视觉想象》[②] 中，作者斯蒂芬妮·霍金斯查阅了国家地理学会档案里大量的读者来信以及创立者之间的通信，发现杂志参与"文化工业"的角色与作用并非如学者们认为的那么直截了当，读者来信表明受众如何抵制和修改《国家地理》的权威性。正是通过大众传播这一平台，国家地理的读者讨论他们自己关于全球化的复杂情感，从而形成一种新的"全球公民伦理"，这种伦理促使人们反思在迅速转变的全球文化中，国家认同与世界主义之间的关系。

瑞伊·林恩·阿思勤的博士论文《公共政策重建修辞学》[③]，以《国家地理》杂志与电视频道两度拍摄（寻找）阿富汗女孩莎巴·古拉事件为例，围绕杂志、文学、纪录片、网络、戏剧、广告等各种媒介生产与流通的视觉形象符号，探讨视觉话语、表述、修辞、女性主义后殖民理论与美国的军事、政治和经济政策及其修辞之间的关联。

地理学家威廉姆·G. 摩斯利在《〈国家地理杂志〉与学术地理的关系》一文中[④]，从2005年《国家地理》关于南非一辑特刊入手，反思杂志与地理学之间的关系。在这期非洲专辑中，作者分析其叙事框架中存在的诸多问题，例如：简单化理解非洲人口增长、环境恶化与地区冲突之间的关系；忽略或淡化非洲问题与全球政治经济中的资源分配与消费等语境的关联；无条件地将野生动物与自然保护区的重要性置于当地人的生计之上。由此，作者

---

① Mary Louis Pratt，*Imperial Eyes：Travel Writing and Transculturation*，Newyork：Routledge，1992

② Stephanie L. Hawkins，*American Iconographic：National Geographic，Global Culture，and the Visual Imagination*，Charlottesville and London：University of Virgina Press. 2010.

③ Rae Lynn Astion Schwartz，*Rhetorically Refiguring Public Policy：Rhetoric，Post-Colonialism，and the Strategic Redeployment of National Gergraphic's Afghan Girl*. PH. d Thesis of the University of Iowa，2006.

④ William G. Moseley，"Reflecting on National Geographic Magazine and Academic Geography：the September 2005 Special Issue on Africa." *African Geographical Review*，2005.

认为，《国家地理》虽然刊物名称及其早期历史中确实与“地理”相关联，但在其后期发展中，它并没有特别倚重或反映出地理学家的视角。作者充分认识到《国家地理》在塑造公共认知上的影响力，因此呼吁地理学家应该主动与杂志建立联系，否则将“自负后果”。

对《国家地理》及其学会的批判性论述，从文化研究理论、后殖民理论、性别研究以及人类学、地理学等视角，分析并反思地理期刊在传播科学知识话语的同时，与帝国殖民扩张事业之间微妙复杂的关系。而对杂志建构的“他者”世界及其方法进行剖析研究，将有助于从更具体细微的角度揭示文化叙事与帝国主义、地理与人文空间、国家与族群之间关系的实质。

三、他者的检析：对杂志异域他者表述的研究

《国家地理》的雄心是要“报道这个世界及其一切”。尤其在美西战争后，杂志对非西方世界投入大量人力物力，使其成为人们“了解世界的窗口”。学者对该杂志“他者”建构方法与影响的研究，主要以学者个人的身份位置为关切点，族群研究与区域研究交叉重叠，共同组成了《国家地理》视觉里意味深长的他者世界。

朱莉·A. 图森的论文《国家地理杂志菲律宾报道中的帝国意识形态：1889—1908》[①]（1999 年 1 月），通过分析杂志的修辞叙事，认为美西战争后美国的海外领地扩张与《国家地理》作为专业组织之间存在密切关系，杂志的表述策略是采用经济发展与道德监护这种双重诉求（Twin imperatives）。茱莉揭露地理学家及其专业机构在形塑和巩固经济扩张中表现出的民族主义意识形态与角色，使读者将杂志提供的世界观不加怀疑地接受为“事实”，也因此使帝国主义的意识形态伦理从未受到挑战。

20 世纪初，与菲律宾一样被卷入美国帝国工程建造的还有海地这样的加勒比海国家。莫莉·M. 巴洛可的硕士论文《想象海地》[②] 在详细梳理美国占领并控制海地 19 年历史基础上，分析了《纽约时报》、《国家地理》与

① Julie A. Tuason, “The Ideology of Empire in National Geographic Magazine's Coverage of the Philippines, 1898—1908.” *Geographical Review*, Vol. 89, No. 1 (Jan, 1999), pp. 34—56.

② Molli M. Baroco, *Imaging Haiti: Representations of Haiti in the American Press During the U. S. Occupation*, 1919—1934, A Thesis of Master of Arts in the College of Arts and Sciences, Georgia State University, 2011.

《危机》这几大主流媒体如何加强或者挑战美国的种族社会秩序。除了非裔美国人创办的“美国有色人种促进会”（NAACP）是从一开始就反对美国入侵，并且以此反对美国的白人至上主义和种族暴力外，《国家地理》与《纽约时报》等媒体都为军事占领海地的“合法化”而辩护。作者分析了这些媒体采用的修辞策略，主要有几种——“家长主义”、“去政治化”和“差异化”。首先，美国与海地的关系，美国俨然是慈善、理性的父亲，而海地则是不守规矩、需要监护的孩子。其次，媒体以“叛乱分子”等犯罪故事的框架来描述海地政治现实，将其国家元首刻画为“滑稽”与“暴虐”形象，否定海地人的政治行动，回避海地的领地与政治权利主张。第三种策略是强调“种族差异”，海地为黑人国家，而美国是白人国家，这个次级的“他者”排斥美国的理念与价值观。《国家地理》更是毫不隐讳地用贬损的、种族主义的表述，强化白人至上主义的意识形态。它将美国的军事行动描述为优越的盎格鲁－撒克逊人对低级的非西方的教化使命。论文表明，美国人通过媒体认识的海地并非海地历史、文化与政治进程的现实描述，而只是美国人自身焦虑的反映。

琳达·斯蒂特（Linda Steet）自我定位为“一位阿拉伯裔－美国女权主义者和教育者”。因此，她的《面纱与匕首：国家地理对阿拉伯世界一个世纪的表述》（2000）① 检视了《国家地理》对阿拉伯世界描述中殖民主义、帝国主义和东方主义的相互纠缠、交杂与影响。斯蒂特的研究表明，《国家地理》是东方主义可靠的传播者。她分析了杂志表述中存在的东方主义、父权制和原始主义，揭示了贯穿杂志整个历史的意识形态立场。她吸收文化研究、女性主义与后殖民理论，创造出一种替代性阅读经验，挑战杂志声称的客观性与世界镜子之说。杂志长久以来是美国家庭、学校和公共图书馆的一种“主食”，但事实是：无论文本与图片，杂志所建构的阿拉伯女人和男人、伊斯兰，以及阿拉伯文化，都不能被视为中立的或不证自明的，表述他者的行为绝非清白纯真。斯蒂特对《国家地理》的揭示表明，一代又一代，当阿拉伯世界被一种可预见的东方学式进行表述时，《国家地理》自身其实就是面纱与匕首。

美国天普大学（Temple University）的两位学者从图像叙事与文本叙

① Linda Steet, *Veils and Daggers: A Century of National Geographic's Representation of the Arab World*, Philadelphia: Temple University Press, 2000.

事的差异特征入手，对《国家地理》里的沙特阿拉伯报道进行分析①。他们选取2003年10月杂志的相关报道，用“焦点团体访谈法”测试报道的传播效果。研究结果表明，仅阅读图片的一组受众，即便在此后结合阅读整体报道，也比仅仅阅读文字的读者对沙特阿拉伯产生更多负面成见。文字叙事能使读者对报道对象的理解更加复杂而多面，图片叙事却减损了这一理解力。作者分析了国家地理文本生产的过程，指出，由于生产过程本身的分离性而导致视觉叙事与文字叙事产生的分离与矛盾，便是其不可避免的固有属性。

南非威特沃特斯兰德大学的纳塔莉亚，在其细致丰厚的硕士论文《国家地理杂志里变化的南非表述：自然作为寓言》中②，运用生态批评理论，分析《国家地理》从1960年至2006年间南非报道里“自然”与“隐喻”的关系，认为《国家地理》里有关南非的“自然”报道，实际上是一种寓言。杂志呈现的自然并非单纯而客观的现实记录，而是经由过滤选择、取景框架与话语形塑，我们所见之自然，是一个多义的元文本，包含了类型学与心理学层面的意向所指。由此，作者主要探讨了两个相关联的问题。第一，在历史上每一特定时刻，这些图像揭示了南非怎样的人与自然关系；第二，在不同时代，这些图像如何反映出世界对南非社会政治思潮的认知与理解。

除了对后殖民语境中的“他者”报道进行相关研究，也有学者注意到《国家地理》杂志中的“内部他者”现象。扬森（David R. Jansson）的文章《美国的国家认同与〈国家地理〉报道中的新南部进步》（2003）③，分析了《国家地理》对南方的报道与美国国家身份意识的关系。作者运用内部东方主义的框架来解读南方在国家话语中作为内部他者的实质性角色。在《国家地理》的报道里，新南方的进步是由其与旧南方的对比来衡量的，报道微妙地暗示，南方虽然有“进步”，但种族主义、偏狭与贫穷问题作为南方固有的内在性“遗产”仍困扰此地区。这些表述塑造出一种空间差别，有关进步的表述提醒读者回想南方的历史负担，由此服务于建构一个积极的美国国家认同。因此，无论新南方如何摆脱旧南方的遗产，南方都是作为一种他者

① Andrew L. Mendelson and Fabienne Darling－Wolf，“Readers'interpretations of visual and-verbal narratives of a National Geographicstory on Saudi Arabia.” Journalism，2009.

② Natalia Anderson，*Shifting Representations of South Africa in National Geographic Magazine*，1960－2006：*Nature as Allegory*，MA，University of Witwatersrand：Johannesburg，2009.

③ David R. Jansson，“American National Identity and the Progress of the New South in National Geographic Magazine.” *Geographical Review*，Vol. 93，No. 3（Jul，2003），pp. 350－360.

化的存在，将永远不能达致美国理想。

西方人探讨《国家地理》与中国关系的重要研究散见于上述著作中，专题性成果很少。笔者在美国加州大学河滨分校（University of California, Riverside）的网站上，查到一篇金柏莉和克里斯蒂娜的学期论文，《中国依然在崛起：视觉传播媒介中的新殖民主义与社会变革的文化代价》（2010）[①]，文章比较了20世纪初立体照片卡中的中国形象与21世纪《国家地理》中的中国报道，认为前者注重以悠久传统文化来表征中国，而后者越来越集中于经济上的现代化与西方化，中国的文化认同处于危险状态中。文章最后指出，《国家地理》对中国的表述，再一次确认了美国作为发达国家的地位与力量，实现了一种微妙而隐含的新殖民主义。

目前中国国内研究该杂志的硕士论文有六篇，其中三篇用英语写成。清华大学肖欣欣的《传教士情结：美国百年中国观——〈国家地理〉杂志1888—1988中国报道透视》[②] 运用框架理论对192篇文章进行分析，指出其看中国的视角更多是政治而非"科学"的。文章认为，无论中国形象如何变化，植根于政治与意识形态下的传教士情结贯穿在该杂志的中国报道中。南昌大学魏文睿的《跨越时空的跨文化之旅：〈国家地理杂志〉1976年至2000年关于中国事体报道的多层面研究》（2008）[③] 选取37篇报道进行分析，认为该杂志虽然在台湾、西藏、新疆以及天安门事件等主题中流露出西方意识形态，但是对中国在经济、社会发展中遇到的诸多问题，总体上仍基本坚持了价值中立观与文化主义的视角，并认为这也许是这本杂志能够在全世界不同民族、不同文化中行销的最大因素。中山大学刘煜琼的《论〈国家地理〉杂志所隐含的美国意识形态》（2008）[④] 选取五篇关于不同国家、不同主题的报道作为分析文本，挖掘出该杂志隐含的意识形态。作者将意识形态作为一套关于人类价值和信仰的有机系统，由此认为，《国家地理》本质上是一

① Kimberly Zarate, Christina Schwenkel, "China Still Rising: Neocolonialism and Cultureal Costs of Social Progress in Mass Produced Visual Media." *Undergraduated Research Journal*, 2010.

② 肖欣欣，*The Missionary Complex: The American Perspective of China over 100 Years——A Critical Analysis of National Geographic* (1888—1988). 清华大学新闻学硕士论文，2002年.

③ 魏文睿，*An Inter-culture Journey across Space and Time: Multidimensional Research on the Chinese Subjects Reported in National Geographic from* 1976—2006，南昌大学英语语言文学专业硕士论文，2008年。

④ 刘煜琼，*On the American Ideology Dissimulated in National Geographic*，中山大学英语语言文学硕士论文，2008年。

本美国主流杂志，深刻地体现了美国的传统价值观和主流意识形态，体现为其对自由民主人格的执着，《国家地理》在一定程度上承担了传播传统价值观、维护国家形象的任务。

·三篇中文硕士论文中，北京师范大学韩丽霞的《彼岸视野——美国〈国家地理〉1950年以来有关中国报道的研究》（2004）[①] 通过对1950到2003年以来的50篇报道做分析，认为中国形象受多种因素影响，虽然《国家地理》力求真实客观，但它从西方的视角看待中国的变化，暗藏了自己的意识形态，是东方主义视野下的中国。复旦大学王国慧的《谁的眼睛？谁的地理？——从美、中“国家地理”类杂志看跨文化传播的一种路径》（2005）[②]，分析了《国家地理》和《中国国家地理》在价值观、编辑方针、组织机构与内容生产机制等方面的异同，认为《国家地理》从美国的价值观出发，在其全球视野后，依然是美国视角。论文亦指出其对中国国家地理类杂志的创办所具有的示范意义。四川大学潘晓凌的《偏斜的“窗户”：〈国家地理〉“他者”景观之建构》（2007）[③]，以《国家地理》2005至2006年24期杂志中的14个关于异域文化与民俗专题中的125张图片为研究对象。作者认为，摄影师在拍摄他者之前，就已经为其指定了专属“位置”，再运用一系列外在标识使他者形象定型化和类型化。在傲慢与偏见的左右下，西方视野中的他者形象从多元化的日常生活中边缘化、概念化和物化。但与此同时，《国家地理》建构的他者形象开始出现去污名化和反异化的倾向，打开了西方人观看他者的视野与预设思维。

结　论

上述相关研究成果，总的来说，具有跨学科、跨地区与跨视野特点，从考古学、地理学到人类学、社会学，在菲律宾、中东、南非、萨摩亚、加拿大乃至美国新南部等特定的区域中，集中考察分析杂志对“全世界”的图片与文本叙事，尤其在非西方的表述研究中，呈现出一种与“西方”相异的他

① 韩丽霞：《彼岸视野——美国〈国家地理〉1950年以来有关中国报道的研究》，北京师范大学硕士学位论文，2004年。

② 王国慧：《谁的眼睛？谁的地理？——从美、中“国家地理”类杂志看跨文化传播的一种路径》，复旦大学硕士论文，2005年。

③ 潘晓凌：《偏斜的“窗户”：〈国家地理〉“他者”景观之建构》，四川大学硕士论文，2007年。

者建构范式。然而，结合以上综述与分析，我们发现，绝大部分研究均主要运用东方主义理论，这种略带垄断地位的视角或多或少限制了研究者的眼光与视野，对东西方文明的理解与对话造成一定遮蔽与影响。

因此，笔者认为，在对一本具有世界影响性的杂志进行研究时，应综合考察文本叙事的民族志语境与历时情境变迁。首先，从杂志文本特性而言，《国家地理》不仅是一份西方传媒文本，而且是美国国家地理学会探索、认知与建构世界的载体之一。杂志自身兼具科学、传媒、文学、地理、历史与人类学等诸多特性，故对其研究，应兼具多元眼光与多重学科视角。其次，从《国家地理》发展历程来看，其经历了一个多世纪的发展，无论是创刊宗旨、表述风格还是表述主题皆变化极大，因此研究时要注意扩展时空视野，不仅考察其19世纪末期海外殖民扩张、进化论与人类学兴起等时代背景，而且要理解其在21世纪大众传媒文化语境中的发展历程、表述策略，从中探究文化延续性与变迁的内涵。第三，在理论视野上，研究者应努力突破单一"东方主义"立场。笔者对杂志的中国西南表述进行了充分研究[①]，发现该杂志同时具有"窗框"的隐喻与"镜子"的再现功能。从"窗框"的隐喻来看，它不可避免地充满猎奇与想象，渗透着东方主义与帝国主义意识形态，表露出帝国利益以及帝国优越感等倾向。但与此同时，大量书写，通过中国西南在百年历史中的生态变迁与文化延续，杂志也如镜子般客观再现了人类文明所走过的一段曲折路程，映照出一幅关于人与自然互为依存的双面镜像。尤其在全球面临共同的生态环境等问题的今天，我们需要既具有批判的眼光，同时也应具有更为广阔的世界胸怀来看待西方表述问题。

---

① 罗安平：《异域之镜：美国〈国家地理〉的中国西南表述研究》，四川大学博士论文，2014年。

作为人类学研究资源的文学

——以雅洛斯拉夫·哈谢克的《好兵帅克历险记》为个案①

托马斯·G. 温拿②

梁 昭 译③

摘 要：论文以20世纪的捷克文学作品——雅洛斯拉夫·哈谢克的《好兵帅克历险记》为例，讨论文学人类学的问题。本文试图回答以下问题：在何种意义和何种程度上，文学作品能成为记录文化现象的一个资源？文学文本如何与文本外的文化现象发生关联？我们能在文学文本和其他文化宣言之间建立一致性的联系吗？

关键词：国族认同　文学人类学　好兵帅克　捷克文学

引　言

这篇论文从文学的角度来谈论文学人类学的问题。确切地说，本文是从文学理论的角度，特别是从文学如何在文化中起作用这一问题出发，来讨论文学人类学。我将试着阐明和界定文学人类学的概念。我要提出问题：在何种意义和何种程度上，文学作品能成为记录文化现象的一个资源？文学文本如何与文本外的文化现象发生关联？我们能在文学文本和其他文化现象之间建立一致性的联系吗？实际上，我认为文学能为研究文化逻辑的学者提供文献资源；但是从文学到非文学的文化资料之间的路从来都不是直通的，而是最为错综复杂的道路。对于这些问题，我将以20世纪的捷克文学作品——

① 本文为费尔南多·波亚托斯主编《文学人类学：人、符号和文学的跨学科新方法》中的第2章，原文出处：Fernando Poyatos，Edt.，*Literary Anthropology*：*A New Interdisciplinary Approach to People*，*Signs*，*and Literature*，John Benjamins Publishing Company，1988.

② 托马斯·G. 温拿（Thomas G. Winner，1917－2004），美国马萨诸塞州人，著名的斯拉夫文化研究专家、符号学家，曾在美国布朗大学创立第一个美国的符号学研究中心。

③ 梁昭，四川大学教育部人文社科重点基地“中国俗文化研究所”副教授，研究方向为文学人类学、比较文学。

雅洛斯拉夫·哈谢克（Jaroslav Hasek）的《好兵帅克历险记》为例，对这些问题提供自己的答案。

文学不是文化现象的直接反映

我将从阐明文学从来不是文化现象和文化事件的直接反映这一问题开始说起。我们必须否定文学文本和其他文化现象之间的一致性。更确切地说，文学以减弱和变形的方式和特殊文学文化现象发生关联。正如所有的美学体系一样，文学在本质上是自我导向或自成目的的。也就是说，与历史的和科学的文本不同，作家的资料对于文学文本来说并不起作用，它们主要是引出关于文本之外的世界的信息（和这样一个文本所指涉的作者、编码等结合在一起的客观性文本），最后也引向文本自身，引向其结构。这样，不像描述某种确定现实的参考资料，也不像科学的文本，美学文本是内在的，其与对象的关系是完全不同的。然而，矛盾的是，这样一个文本也包含从外部世界中提取的资料，它可能描述了人们的行动、服装、面部表情、声音，也可能描述了自然、建筑、城市景观、汽车、食物、政治事件。但与其他类型的文本不同，文学探索真实世界并非为了外部世界自身，也并非以描述和评论外部世界为目的，而是为了文学文本自身的目的，为了建造一个虚构世界。这样，我们可以说，以一种相当简化的方式，从“外在于文本的世界”提取的事件和客体，为了文本的目的而被编织进文本，而不是相反——如同在其他类型的文本中。即使一部历史小说就“历史性”的特征而言，似乎能显示文本和生活之间的高度吻合，但这样的一种特质也被文本的美学效果所削弱了。我们可以说，历史小说把事实从其历史的序列中抽离出来，从整体的历史范式中选择出来，再重新组织这些事实，编入小说中重新安排的艺术性的序列中。用俄国形式主义的术语来说，这就是将历史事件的“本事”（fabula）变形为小说的主题（subject），或者将原始的历史材料变形为热奈特（Genette）所说的“叙述”（narrative）（Genette，1972:72）。例如，我们可能无法获知托尔斯泰的《战争与和平》、司汤达的《红与黑》中真实的历史现象。因为在这些小说中，历史事件是经过选择的，单独地适应于小说自治的文本。这意味着省略了重要的历史事实，或者重新编排了它们的顺序，又或者突出了其他没有历史价值的环节。历史事件混合着虚构的事件，在小说的虚拟世界里发挥着重要作用，却误导了研究者们在文学文本里寻找真实（例如：《战争与和平》里拿破仑抽搐的腿部肌肉）。在托尔斯泰的一部小说里，战斗的场景、对外交任务的描述、对拿破仑、俄国皇帝及其行为的描写，并不是为了记录发生过的事情，而是起到了连接小说其他主要部分的作用，起到连接小说的其他主人公如罗斯托夫、皮埃尔、尼古拉斯、安德烈、娜塔莎等的作用；这些人物与历史事件、外交事件一起，构成了一个错综复杂的虚构世界。在这个虚构世界里，历史人物拿破仑与一个虚构人物安德烈王子有着来往，在一个与真实的历史没有直接联系的世界里活动。正如成为“叙述”的历史不可避免地发生了变形，形成这部小说的其他的文化现象，例如：从它们的材料、自然语言到表面的联系和婚姻禁律（这在《战争与和平》的构想中偶然地扮演了重要角色）、社会阶序的系统、服装、身体语言及其记录、对时空的感知，甚至是环境。这样一个文学文本绝不能替代田野调查。然而，如果辅以其他的资源，它能作为支持性的历史文献来使用。

这是不是意味着我们拒绝承认文学文本与文化系统及其呈现有任何关联呢？俄国形式主义者和美国新批评学者的回答是肯定的。因为他们将文学文本视为自足的和内在性的。但是，今天我们不再接受关于文学文本是内在的这种荒谬的断言。拒绝在文学文本和超文本系统及其呈现之间建立联系，与将文学文本解读为直接的历史资料，都是极端错误的。我们将如何解决这个问题？在更宽广的意义上，文学和文化的关系是什么？文学如何作为人类学工具使用？

文学和其他所有艺术一样，是文化内部的一个系统。我们从这里开始讨论。文学产生了自身的文化的一部分；虽然不同的文化对同一部小说的理解稍有差异，但文学通过具体进入其他文化和其他时代，也就成为了许多文化中的一部分。我们进一步接受穆克罗夫斯基（Mukarovsky）的说法，所有的艺术都是在完整和复杂的文化情境中传播的主体间性的形式。一位作者创作了一个文本，这个文本是为隐含读者而存在的；但在共时性和历时性的时间碎片中，却是由人数众多的真实的读者进行解读。实际上，如穆克罗夫斯基和伏迪契卡（Vodicka）显示的那样，文学的历史是一个在隐含读者和作为假设的主体的隐含作者之间的持续对话。瑟文卡（Cervenka）称之为“动态整体的原则”，他认为正是这个动态的整体产生了包含着多样化的美学选择在内的全球性的联系，这导致了文学文本的诞生（Cervenka，1973:165）。无论是作者还是阅读文本的读者，都不是在一个真空里创作和阅读。作家的创作是在一个特定的语境里进行的，这个语境里充满着大量的艺术编码，以及与他同时代的文本的编码。作者所处时空的艺术编码与特定文本的关联是非常复杂的，并且包含了文本中规范和变体辩证性张力的问题。这一点，我在其他地方也说过（Winner，1979，1983），所以不在此处讨论。我想说的只是当文学文本传统影响了文本的产生时，文本“影响”文本的问题，就比传统比较文学处理的问题更为复杂。因为当一个文学文本进入另一个文学文本的参照系统时，这个文本会以另外一种形式继续存在，以便在一个新的文本中发挥作用（参见 Winner，1956）。

然而，当作者创造文本时，不仅是艺术家的编码及其文本潜在地影响了作者，其他的文化编码及其具体显现也影响了作者。作者所处时空中的自然语言的编码当然是真实的，作者使用这些编码，把它们浇铸、变形为一种艺术的表达，在这种表达中，语法的规范也被变形、弯曲和破坏了；在此过程中，作者只是相对地受到语法规则的限制：不同的时代都有不同程度的自由来使用语言编码。我们知道语言规则变化最少的时代（如新古典主义）和作者不受规范限制、自由地创造怪异词汇的时代（参见雨果·波尔〔Hugo Ball〕、克里斯汀·摩根斯特恩〔Christian Morgenstern〕和俄罗斯未来主义者克鲁斯尼克斯〔Krucennyx〕写的诗）。

特殊艺术家的文化编码和他们的表达，进入文学文本时发生了同样的变形。例如，我们可能问，神话编码如何进入一个文学文本。接着，我们还会发现，神话编码很少直接进入文学文本。例如，基督故事是波尔加科夫的《大师与玛格丽特》和卡夫卡的《变形记》的基础，但这并不意味着我们能把波尔加科夫和卡夫卡的小说作为新约的文献。如果一个异文化的研究者不知道基督的故事，会将这些文本用作文献，抛弃其他的资料来源，那么学者将会偏离得很远。并且，这会将我们带到同样严肃的问题前，即读者对“对话”的终结。因为，正如作者不会在文化的真空中写作，读者也不会在真空中阅读，他总是拥有一定的文化编码系统的基础，这个系统仅仅部分地与作者的系统重叠。正如我在其他文章里指出的那样（1979），在作者和读者编码中可能存在最小的重叠，如果根本就没有重叠的话，那么交流不是会以其他的方式进行，而是根本就不会进行（就好像两个完全不懂对方语言的说话者）。读者如同作者一样，受到他所处时代的所有文化编码的潜在影响，这个事实非常重要。它告诉我们，根据最广泛的互文性，同样的文本能被不同文化背景和历史时期的读者以不同的方式阅读。此外，因为记忆的问题，读者对互文性的掌握是累积性的（参见 Winner，1979，1983），包含了所有还在使用的编码及其文本，对此，一个特定的读者十分熟悉。

所有的这些理论如何适用于一个特殊的文本?

我选择雅洛斯拉夫·哈谢克的《好兵帅克历险记》这个小说作为例子，不仅是因为今年是作者100周年诞辰，这是纪念作者的最佳方式，而且主要是因为这个文学文本似乎与文化现象、历史现象、社会学现象、捷克斯洛伐克共和国的诞生的时代政治时事有着密切的关系。因此，这个文本经常被理解和阐释为一个意识形态文献。

哈谢克的小说已经从历史的角度运用了材料，因为这个小说正是在1921年完成的，至少是完成了今天我们读到的形式①。直到其中描述的事件和情境已经成了历史的一部分，小说才印出来：奥匈帝国已经崩溃了，捷克斯洛伐克成为了一个独立的共和国。

对小说中的主人公帅克而言，构成其环境的广泛文化情境是什么？构成帅克故事的那个“本事”的历史一文化背景是什么?

在捷克的土地上，20世纪的头20年是一个变化的时代，一个反叛的时代，其中一个小的国家正被唤醒，形成民族性的情感，并反叛奥匈帝国已经存在的秩序。与之相伴的是旧的价值和美德——如爱国主义、忠诚和社会阶序等的崩溃，同时又产生了一种对民族语言的新态度，一种对国家主义怀着新鲜的忠诚，以及一种大卫能打败巨人歌利亚的感觉②。我们还能补充一点，雅洛斯拉夫·哈谢克，帅克的创造者，在政治光谱的左边。他在革命的俄罗斯服务于新成立的红军，担任一名政治政委，并且怀着对建立起来的社会一经济一政治秩序及其价值的革命态度，回到了他的祖国。

小说设定的时代是第一次世界大战时期。英雄是约瑟夫·帅克，一个大口喝啤酒、喜欢泡酒吧的无产阶级化的商人，专门贩卖伪装成纯种血统的杂种狗。他应征进入奥地利军队，是被官方认定的白痴，因为他的愚蠢（真的或假装的），他比他所有的上司混得更好。他在军队里以最低的军衔，逐步晋升。

文化情境在这部作品中是如何被塑造的？这部作品反映了时代的革命事

---

① 第一个关于帅克的故事最早出现在1912年。小说的一部分在革命时期的俄罗斯的捷克军队里出版。

② 大卫打败巨人歌利亚的典故，讲的是以色列人的年轻小伙子大卫，打败前来挑战的非利士人的巨人歌利亚的故事。出自《圣经·旧约》。——译者注。

件及其起源吗？如果反映了，如何反映？我们将从两个方面阐述这个问题：小说的组合语义形式和它使用语言的方式。

小说的组合关系形式——它是如何意指的？

在文化价值频繁发生激烈变化的时期，通常也会出现对传统文化规范持相对性的看法。我们知道，第一次世界大战后形成于欧洲的社会组织的激进变化与同样激进的美学革命相伴，带来了达达主义、未来主义、超现实主义、立体主义、抽象主义和表现主义。哈谢克的小说也是这些美学革命的一部分；它在语义和句法结构两方面代表了小说文类传统中的激进变革。《好兵帅克历险记》很明显地改造了已经建立起来的文类系统，因为在一定意义上，这部小说充当了其所不是的东西。其外部的格式，包括标题，都是为传统史诗的读者准备的，为了读者背诵英雄的事迹、忠诚、勇敢等诗句而准备的。这在捷克的文化语境中尤其如此，因为在世界大战之后的年代，当《好兵帅克》出版以后，有一类史诗在捷克斯洛伐克特别流行——英雄萨迦，这类史诗大都非常伤感，描写的是捷克斯洛伐克军团加入俄国，共同与奥地利人作战，因此卷入了俄国内战。这些史诗的英雄是勇敢的战士，他们提倡勇敢、忠诚、诚实和爱国的价值观。在捷克斯洛伐克军团出征俄国和西伯利亚的编年史中，最著名的英雄是一个将军，鲁道夫·梅德科（Rudolph Medek，1890－1940），他是一个文化传统主义者。他在一个五卷本的史诗《远征记》（*Anabasis*，1921－1927）中描述了大大小小的各种战役。这部关于英雄和爱国者的系列编年史，被誉为“伊拉塞克的胡斯编年史的模本”（Novak，1976:289）。此外，书店里还充斥着一些作家用伤感的语调写的捷克爱国者的英雄主义故事。在这个背景下，哈谢克的反史诗作品出现了。《好兵帅克历险记》的标题的每一个字都暗示了史诗题材，同时，每一个字也都意味着并没有真正写出来的史诗。因为标题的每个字都意味着相反的意思。《好兵帅克历险记》：“历险”并不是英雄性的创举，而是荒诞不经和荒谬的行为，是与风车战斗的堂吉诃德历险的20世纪版本；“好兵”是可怕的战士，此外，是一个真正的或伪装的白痴。他是一个小丑，他的小丑形象类似于民俗传说的喜剧英雄：捣蛋鬼提尔（Till Eulenspiegel）、派勒契克（Palecek）、派楚斯卡（Petruska）、豪扎·纳斯拉丁（Hodza Nassredin）。在这个标题之后，本应接上关于战争英雄的光荣冒险事迹的传统叙事，但作品内容并未实现标题的承诺。正如标题所示，模拟的严肃铭文也暗示了并未出现的英雄性的叙事。

伟大的时代得有伟大的人物。有一些被埋没的英雄人物，他们谦逊平凡，没有拿破仑那样的赫赫功名和传世业绩，然而只要分析一下他们的品格，就连马其顿的亚历山大大帝的声誉也会显得黯然无光。如今，你可以在布拉格街上遇到一个衣衫破旧的人，他自己压根儿就不知道，他在这伟大新时代的历史上究竟占有什么地位。他谦和地走着自己的路，谁也不去打扰，同时也没有新闻记者来烦扰他，请他发表谈话。你要是问他尊姓，他会简洁而谦恭地回答一声："帅克。"

原来，这个和善、卑微、衣履寒伧的人，正是我们的老相识、英勇无畏的好兵帅克。早在奥地利统治时期，他的名字在捷克王国的全体子民中就已家喻户晓，到了共和国时代，他的声望也依然不减当年。

我非常喜欢好兵帅克。当我向读者诸君介绍他在世界大战中的种种奇遇时，相信诸位也会同情这位谦卑的、被埋没的英雄，因为他不曾像希罗斯特拉特那个傻瓜，为了能让自己的事迹登在报上，编进教科书里，竟一把火烧掉了以弗所城的女神庙。

仅此一点，也就足够了[①]。

然而，《好兵帅克历险记》不是一部喜剧小说；因为在其引发的笑声背后，蕴含着苦涩的悲哀。小说充满着黑色幽默，类似于捷克和其他超现实主义者的文本，充满了荒诞和达达主义作品的特点。例如，在第七章里，当帅克进来报告他要去国外时，他是被他的清洁女工用轮椅推进来的，充满爱国热情地朝向他鼓掌的人群挥舞着拐杖。当他作为一个囚犯被用刺刀武装的卫兵护送时，他充满善意地朝人群挥手，如同一个演员回应着掌声，或像皇帝弗朗兹·约瑟夫朝他忠诚的拥护者示意。

作品的结构也摧毁了传统史诗主要的线性叙述模式。因为《好兵帅克》不是线性的和换喻的，而是示例性的，包括了大量的拼贴。作者把最不匹配的事件、人物和客体，以比喻的方式并置在一起。这类文本的修辞风格与抒情诗更接近——其中的字行和章节依循着相似性和相反性的原则，而不是与史诗相近。

---

① ［捷克］雅罗斯拉夫·哈谢克：《好兵帅克历险记·作者序》，星灿译，北京：人民文学出版社，1983年。

在描写的层面上，我们读到突出的和自然主义的蒙太奇。例如，从坐在一辆军车上的帅克的眼里看来，战场是这个样子的：

这里还能看到几把锈水壶、救护包，除别的乱七八糟的东西之外，还有一些铁蒺藜线卷、血迹斑斑的绑带棉花。……在那些破烂堆中还惹人注目地歪着一只锈坏了的破搪瓷尿壶。显然是车站站长把这些已经不适用于家用的东西留给未来的考古学家去讨论了①。

同样，在组合一语义结构中，这部小说与传统的史诗规范大不相同。它没有讲述英雄故事，也没有讲述奥德修斯的旅行和军团的英勇战斗，《好兵帅克》讲述的是看似偶然发生的趣事引起的事件，通常用一种带有烈性啤酒的风味和语言来叙述。在小说中，一件趣事引向另一件趣事，就像帅克想起的仿佛是和历史以及其他严肃事件相平行的事件。这些轶闻形成了一个不相关的复杂系列，一个荒谬的、总是奇异的人和事件的蒙太奇。

大多数轶闻由帅克自己叙述，他用这些轶闻作例子，作为事件的荒诞比喻或者寓言。在此，帅克成为基督及其寓言的拙劣模仿，因为帅克所说的轶闻既不是道德规范也不是宗教守则。它们总是低俗的，又总是向严肃化发展，即可能在荒唐可笑的层面是庄重的。我们在这儿只能给出一个例子，也许是最有名的例子。这发生在小说的开头，帅克从他的清洁女工那里知道费迪南公爵被暗杀了，这个事件引起了第一次世界大战：

“他们就这样把我们的斐迪南给杀了。”女用人对帅克说。

几年前，当帅克被军医审查委员会最终宣布为白痴时，他退了伍，从此以贩狗营生，替七丑八怪的杂种狗伪造纯正血统证书。（第一个拼贴）

除了这档子活计外，他还患着风湿症，这时正用樟脑油搓揉膝盖。（第二个拼贴——在此公爵被暗杀事件与两个不重要的细节并列。）

“哪个斐迪南呀，米勒太太？”帅克问道，一边继续揉着他的膝盖。“我认识两个斐迪南，一个是给杂货铺老板普鲁什当伙计的，有一次他错把一瓶生发油喝了下去（第四个拼贴）；另外我还认识一个斐迪南·柯柯什卡，他

① ［捷克］雅罗斯拉夫·哈谢克：《好兵帅克历险记·作者序》，星灿译，北京：人民文学出版社，1983年，第350页。

是个捡狗屎的。（第五个拼贴）这两个全死掉都没啥可惜的。”[①]

公爵的死亡让帅克想起了两个平庸的人，清洁工依次想起了老家的邻居用左轮手枪杀死了全家和看门人（第六次拼贴），这又让帅克想起了在维也纳公园刺杀伊拉莎白女皇的人（第七次拼贴）等等，就这样，小说用一个事件引出一个较低级的轶闻，又由这个轶闻引出另一个，形成了看似永无止境的荒诞的换喻的系列。

语　言

也许《好兵帅克》最有革命性的方面，是运用捷克的文学语言的方式。在这儿我们有必要对捷克文学语言的历史进行一个简短的回顾。

捷克军队1620年在白山战争的溃败，使得奥地利在政治、经济和文化领域统治了捷克近两个世纪，捷克的书面语由此衰落了。当乡下人和城市底层阶级仍使用捷克口语时，捷克的土语仍是口头艺术的媒介；同时，普通市民使用德语作为书面语，贵族使用法语和德语，知识阶层使用德语和拉丁语。这样捷克语就继续以口语形式保留下来，但其书面语言就不再存在了。19世纪早期，捷克的启蒙主义者重新修订了捷克语，他们把17世纪的捷克巴洛克时期的书写文献作为捷克语的范式，但那个时候的捷克语离19世纪的口头语相去甚远。

由于捷克的口语自从17世纪以来发生了剧烈的变化，不仅在语音方面，而且在词汇和句法层面，出现了一种特殊的语言状况，仍然影响着今天的捷克语言，即双语系统的出现。即使今天，捷克语言文化仍保留着部分双语形式，在这个意义上，书面语言和口头语言在功能上和结构上都有区别，是两种有极大分歧的语言。在文学中会出现一些打破规范的实验性写作。但口头语言不能简单地被用于书写，也不能用于正式的说话场合；除了在正式的报告中，说话时运用书面语言，对于捷克人来说是很荒谬的。捷克语言文化的这种双语制，深深地影响了捷克书写文化的演变和国内外的捷克族群的自我认同。

在19世纪的文学中，口语和书面语言的区别被严肃对待，口语不能进

① ［捷克］雅罗斯拉夫·哈谢克：《好兵帅克历险记》，星灿译，北京：人民文学出版社，1983年，第1页。

入文学文本。在散文中，即使是人物的对话，他们的口语也要采取书面文学的形式。即使回到捷克民间艺术的文本，如爱尔本（Erben）的《花束集》（*Kytice*）[1] 和杰拉科夫斯基（Celakovsky）的《回声》（*Ohlasy*）也要严格遵循书写文本的规范。因此，波热娜·涅姆科娃（Bozena Nemcova）[2] 的著名小说《外祖母》（*The Grandmother*，1855），虽置于乡村背景中，受到民间叙事风格的直接影响，却让农民用书面的捷克语来说话，采用 17 世纪以动词结尾的句法。真正的农民不像这样说话，也不会理解这个人物角色说的是什么。这个语言案例，正表明了使用书面语言作为直接的创作语言的困难。

《好兵帅克历险记》是第一个重要的试验，它协调了书面语言和口头方言形成明显对比的双语系统。《好兵帅克历险记》最显著的特征也许就是语言革新。人物直接说出的不仅是日常的捷克口语，而且也混合着布拉格工人阶级的语言、纯粹帝国的俚语——这种俚语是不规范的、不符合语法的德语的混合体。

结　论

这样，这部革命小说，从语言到普遍的文化态度和价值系统，都是变形的文化元素的多维度的宝库。在《好兵帅克历险记》中，捷克的身份认同不再维系在一个维护国族认同和国家语言的民间英雄身上，而是由都市化的无产阶级的卑鄙的布尔乔亚的傻瓜来代表。这就是约瑟夫·帅克，一个买卖伪装为纯种狗的杂种狗的小贩。他在精神病院里打发时日，说着一种典型的都市俚语。在他身上，有着反对伟大的和强有力的奥地利、建立捷克文化认同的力量。

《好兵帅克历险记》能被视为研究文化意识形态的文献吗？答案可能是逃避性的“是/不是”。这肯定不是像田野笔记的那一类直接的文献。只有拥有其他的、非艺术类的文本，用其省察《好兵帅克历险记》里包括语言在内的资料之后，我们可能才会说这部小说能作为研究现实的文献。

但是，这部小说给我们提供了丰富的信息，它以一种间接的形式做到了

① 卡雷尔·雅罗斯拉夫·爱尔本（Karel Jaroslav Erben，1811—1870），捷克诗人，其代表作《花束集》（*Kytice*）是一部民谣集。——译者注。

② 波热娜·涅姆科娃（Božena Němcová，1820—1862），捷克著名女作家。——译者注。

这一点。因为它告诉我们，哈谢克如何选择和安排了真实世界的资料，创造他自己的荒谬的虚构世界。这至少给我们一种文化编码类型、美学类型的重要信息。既然艺术是文化如此重要的一部分，它本身将会证明文学人类学领域的合法性。

参考文献

Cervenka，Miroslav. 1973. Die Grundkategorien des Prager literaturwis－senschaftlichen Strukturalismus. In Zmegac，V. and Skreb（eds.）. *Zur Kritik literaturwissenschaftlicher Methodologie*. Frankfurt a/M（＝Schwerpunkte Gemanistik 9）.

Genette，Gerard. 1972. *Figures* Ⅲ（＝Collection Poetique）. Paris：Seuil.

Hasek，Jaroslav. 1920－23. *Osudy dobreho vojaka Svejka za svetove valky*. Cited from 1951 edition：Praha（Prace）.

Novak，Arne. 1976. *Czech Literature*. Translated by Peter Kussi. Ann Arbor，Michigan（＝Michigan Slavic Publications）. Original：Brno 1932 in Czech.

Winner，Thomas G. 1956. Chekhov's *Seagull* and Shakespeare's *Hamlet*：A Study of a Dramatic Device. *American Slavic and East European Review*. January.

——. 1979. On the Decoding of Aesthetic Texts. *Studie Semiotyczne* 19：43－62.

——. 1983. Text Pragmatics. In *Russian Poetics*. D. Worth and T. Eekman（eds.）. Los Angeles.

《布登勃洛克家族》，托马斯·曼，德国北部社会阶层：文学人类学的应用

文森特·欧·埃里克森[①]
高　岚　译[②]

简　介

文学人类学，今天将我们召集在一起的这一战斗口号，被广泛地定义（波亚托斯 Poyatos 1983:565）为“通过文学对人及其文化形式的研究”。这是一个在符号学框架内，结合客观感知系统和主观理解系统两个范畴的跨学科的研究方法。

在一本早前的出版物中，波亚托斯（Fernando Poyatos）写道：

> 从符号学的观点来看，任何小说，即使其乏善可陈，都是一场充满交际能量和各种信息传递方式的迷人演出。

我试图从文学人类学的角度出发讨论托马斯·曼的第一本小说《布登勃洛克家族》。即使抛开波亚托斯的观点不谈，《布登勃洛克家族》也是一部优秀的文学作品。这部作品出版于1901年，是作者26岁时创作的，即使不虑及其一经出版就成为畅销书，它也已被文学批评家们公认为一部优秀的杰作。1929年，托马斯·曼凭借这本小说获得了诺贝尔文学奖，至1956年，已有48种从德语原版译成的译本。如果一本平庸的小说也可以为文学人类学提供丰富的研究资源，那么一部杰出的小说对此的贡献更毋庸置疑。《布

① 文森特·欧·埃里克森（Vincent O. Erickson），加拿大新哥伦布瑞克大学人类学教授。
② 高岚，西南交通大学外国语学院讲师，文学博士。

登勃洛克家族》必然因其特出不凡而跻身20世纪早期的最佳作品行列。

托马斯·曼被认为是德国文学现实主义流派的杰出代表，他的这部小说也是半传记形式的，甚至带着某些自传色彩。小说讲述了德国北部城市吕贝克的一个粮食商家族四代人的故事。小说中的布登勃洛克家族被认为不过是稍加掩饰的曼家族。虽然故事是从1790年约翰·布登勃洛克创立家族生意开始的，但故事的重点在于该家族的后几代人。约翰的儿子让继承了他的事业，让又把家业传给了儿子托马斯，而托马斯被认为事实上就是托马斯·曼和亨利希·曼的父亲。书中第四代代表人物是汉诺·布登勃洛克，他身上有着童年托马斯·曼和亨利希·曼的影子。小说重点讲述了这个家族的衰落过程，根据曼自己的田野笔记，小说的时间跨度是从1835年到大约1891年底。

小说讲述了一个富裕的德国商人家族四代人生活兴趣的转变历程，这使得该文本非常适合用于对“客观感知”和“主观理解”领域的变化作历时性分析。

此外，由于托马斯·曼的写作意图正是以编年的方法记录这个家族的衰落，所以我们并非曲解文本、臆造历时性的框架而违背其初衷，也无需觉得惶恐。曼在组织那些组成这一巨著的章节时就已经这么做了。如果曼充分了解了他的家族在19世纪生活和工作的背景，如果他恰当而客观地认识到他的家族在这样的背景中扮演的角色，同时如果我们正确理解了他的表述，那么即使是曲解，也是他而不是我们造成的。当然，尽管我们自认为是忠实地以本土视角来考察与文化自身有关联的文化特征，但依然有大量的人类学案例被证明是人类学家对异文化的误读，或者其结论与所获材料毫无关系。

虽然可能有些唐突，但无可争议的是，外来者在分析本土文化时可能会具有更为客观的态度。一个外来者进入目标文化时会携带相当多的既往经验，从而会对其产生疑问，因此，比起那些自出生起便浸润其中的本地人，他们更能看清这些文化特征及其内部关系。

这并不意味着外来者应当创作异文化的小说，但同样值得怀疑的是，一个对所处文化有着丰富经验的本土者是否就能够恰如其分地以民族志的意义表达这种文化。即便这个本土者竭尽全力获得了足够多的信息，在一部小说中塑造出了适当的角色，他也仅仅拥有构成该文化的众多角色和经历的某些部分而已。

另一方面，更具深远意义的是，一个小说家并没有义务严格地忠于真实。小说和其他的虚构写作形式的创作者们并无意将这些作品当作描述真实社会的民族志来进行创作。

现实主义也许是一些小说作者的目的，但现实主义并不意味着描述的准确性，而描述的准确性正是对所有民族志的要求。

这既不是对文学的批评，也不是对民族志的赞美，而仅仅是一种观点，这两者是独立的学科，各自有着自己的历史、目标和技巧。

文学的强项可能是民族志的弱点，反之亦然。描述性民族志也许从一开始就沉闷得令人难以忍受，而小说通常并不如此。民族志的长处是忠于事实；而文学的长处是以恰当的艺术性方式讲述一个故事。但即使是对于民族志而言，除非在特定的情况下，比如提出某个观点、验证某种假设、得出某种具有广泛意义的结论，否则事实也许也毫无价值。小说，即使是现实主义小说，都远非对于真实环境发生的真实事件的描写。很多文学作品描写的都是象征性的行为，以便按小说作者的需要去塑造角色、设置作品所需背景。小说的唯一要求就是迎合读者的世界观，展现与读者背景相似的文化，引起他们的共鸣。

既然我是一个文化人类学者，那么我将关注以下几点：

文学可以在何种程度上为人类学家所用，以获得对社会及其文化的较清晰的展现？文学如何反映一个社会的组织结构及与之相伴的行为模式？文学如何补充、包容或者抵触那些关于文化的假设？文学如何记录一个社会的客观感知与主观理解两方面的历史变化及其相互关系的发展？

相对物质而言，我的兴趣更多集中在精神和思想层面，所以我关注的重点就是德国北部文化的主观理解系统，尤其关注《布登勃洛克家族》如何描写德国19世纪中晚期的社会阶层。下面，我将结合本人在20世纪六七十年代在当地的田野考察以及同时期学界关于这一主题的历史研究，就该话题进行探讨。

我无意宣称以本人手里掌握的这些时间和空间的资料就能够恰当地探讨这些问题，我仅仅期待能就这些问题适度增进一些对德国北部文化和社会的理解。

文学人类学视野中的《布登勃洛克家族》

在这部著作中，曼展示了他在角色塑造和环境描写上的精湛技巧。雷德（Reed 1974:38）认为《布登勃洛克家族》“……始终致力于塑造一个地区的整体性，一种历史跨度，一群人以及一种社会思潮”。除此之外，还有什么可以要求民族志作者的呢？贝伦德松（Berendsohn 1973:23）认为这是“他唯一的触及社会所有阶层的畅销作品”。这是成为社会学家的一个多么良好的的开端！无论雷德和贝伦德松所言正确与否，他们的评价都为讨论托马斯·曼在这部作品中的现实主义提供了帮助。

贝伦德松（1973:244）认为曼是现实主义大师。他说：

他通过千千万万敏锐的观察细节展现了人们眼前的世界。但最重要的是，他着迷于对人本身的描写……他总是将我们的注意力，从外部世界快速转移到人物的内心世界，转移到他们的精神体验，及其随之而产生的想法。

温斯顿（Winston 1981:105）如此评价曼在《布登勃洛克家族》书中对现实主义的追求：

对日常生活的细致描摹，非凡的洞察力以及对手工艺品和社会习俗的精雕细琢，这种细致的现实主义态度对于托马斯·曼而言，是自然天成的。

斯维尔斯（Swales1980:17）认为该书重新唤起了对早期的德国北方作家特奥多尔·冯塔纳的记忆，因为两者都强调对社交场合和家庭节日的现实写照。然而，曼突破了冯塔纳的现实主义概念，塑造了最终与现实社会决裂的角色。冯塔纳则止步于展示个人意愿和社会要求之间的摩擦。

斯维尔斯（1980:18）还将《布登勃洛克家族》看作19世纪现实主义小说与当代小说中内倾模式之间的一块过渡地带。这体现在对间接言语（德语为erlebte Rede）的使用上，也就是人物脑海中的个人世界体现为内心独白，因此，读者可以最直接地体验到书中人物的感受。

文化的主观理解系统已更为个性化，同时，也更符号化。我们并没有通过自己的观察获得“客观”的印象，也没有从小说作者有意无意的解释中得到这种“客观”，取而代之的是，我们总是被卷入书中角色的思想中。于此，我们微妙地游离于肉眼可见的文化表象之外。这并未削弱这些虚构作品的人类学价值，反而使它们与那些常见的民族志描写区别开来。

然而，不同的文学批评家对现实主义有着不同的理解。福勒（Fowler 1977:99）写道：

现实主义是一种话语惯例，或者更确切地说，由于不同的作家和作品导致了对现实主义的一系列不同理解，现实主义是几种话语惯例。

例如，福勒（1977:99）将詹姆斯·乔伊斯的《尤利西斯》亦划入现实主义旗下。然而，我们不可能知道乔伊斯在描绘利奥波德·布鲁姆这一角色时，其语言是否准确地表达出布鲁姆的意识，因为“对象不能离开环境单独存在”。

这一观点同样适用于个人独白和小说中所有角色的“间接言语”。一种近自传性的话语，比如曼笔下的汉诺·布登勃洛克的话语，与利奥波德·布鲁姆人为构筑的语言，其差别不过是一个现实主义统一体中的两端。

尽管斯维尔斯提出了警示性的相反意见，但文学批评家们仍然普遍认为曼的《布登勃洛克家族》属于19世纪的传统现实主义（雷德 Reed 1947：37）。

另外，不可忽视的是，他为写作小说所做的资料收集。早在1897年夏天，曼就与妹妹茱莉亚和“叔叔”威尔兰·马蒂联系，讨论有关家庭事务和家族与吕贝克市的关系（Bürgin and Mayer 1969:10）。马蒂叔叔是葡萄牙驻吕贝克的副领事，他向曼讲述了该市使用的新旧货币、商业周期和粮食价格的涨跌、曼家粮食公司衰落的可能原因，甚至还讲了曼出生以前的城市街景（温斯顿 1981:106）。马蒂甚至回答了关于女佣帽子的形状、城市参议院如何选举，以及 Katharineurm 学校（吕贝克男子中学）如何上课之类的问题（雷德 1974:39）。曼将马蒂的这些讲述写入了讲述粮食商家族衰落的文本中。

曼20岁的妹妹，茱莉亚，居然为她22岁的哥哥提供了全面的资料。她回了一封长达28页的信。温斯顿（1981：107）书中指出：

> 真实的细节就摆在那儿，作者所做的不过是对总体的构架、艺术性的布局以及对事实的斟酌使用。

早在开始写作第一章以前，曼就已经制定了小说的大纲，配备了小说所需的资料。这些资料本身就已经包罗万象；而他还收集了其他远远多于家人所知的资料。然而，这本书并不是一份文件，也并非吕贝克地区生活的民族志。

雷德（1974:40）指出：“……为达自身目的，叙事性想象吸收了它们（即真实的细节）并对此进行加工。”温斯顿（1981:107）则以为，面对这些家族史中的真实事件，他只得理清自己的情绪，恰当地理解它们，以同情而又嘲讽的态度看待它们。

即使这部著作不是民族志，它也并非完全是虚构作品。它表现了艺术和生活之间的紧张关系：布登勃洛克家族前几代人的务实价值观与后几代人的艺术敏感之间的冲突。艺术敏感逐渐成为投机的商业价值观的魔咒，也同样诅咒着德国北部商人家族的新一代。布登勃洛克家族的后几代，无法适应新的商业理念的变化。书中描写的冲突是自传性的。当托马斯·曼还是Katharineurn学校的学生时，他就发现自己有着与大多数同学格格不入的艺术气质，这些同学的父辈尊崇新兴商人阶层的价值观，而这种价值观与他自己的祖父辈们的价值观相去甚远。

在坦承作为一名吕贝克的中学男生的情感时，曼袒露了他的灵魂，而他是否也同样袒露出了生养他的这个城市的灵魂呢？

批评家们众说纷纭。温斯顿（1981:75）写道：如果我们想知道吕贝克是什么样子，就应该转而阅读亨利希·曼的《垃圾教授》，而不是托马斯·曼的《布登勃洛克家族》。另一方面，贝伦德松（1973:223—224）则认为曼“在《布登勃洛克家族》一书中以一种嘲讽而不作伪，没有任何的理想化和美化的态度来描述他的家族和吕贝克，这是很有勇气的”。而这个城市的同时代居民则对这部作品投以完全不同的眼光。多数人感到好奇，很多人觉得被冒犯，大部分人读了一遍又一遍直到确定书中每一个原型人物的现实身份(Schroter 1969:23)。

整个社会的这种情绪反映在1904年吕贝克一份报纸上刊登的对曼主持的大众阅读会的评论中（引自Reed 1974:86）：

> 我们发现这是一种缺乏品位的艺术创作……因为当小说披露出那些被关注的人的弱点时，无论其笔力轻重，这些人面对这一行径完全是毫无防范的，他们无法不感到受到了伤害。

实际上，在1905年，吕贝克的律师安瑞克·封·布洛肯（Enrico von Brocken）就被曼对吕贝克一些家庭揭露性的描写激怒了，他称这本小说是一本Bilse小说，这个词意指这本小说以不道德的方式暴露出真实的人们的隐私。在吕贝克，曼也曾经被控诽谤。

这个案例是否能说明如果这个社会不是一个毫无自卫能力的社会，那便是一个极端敏感的好辩的社会呢？但这毫无疑问地证明，曼的描写一定足够接近事实——也许夸大了其艺术效果——以至于重拳直击了承载着吕贝克自身利益的敏感神经。

正如我们所见，现实主义充其量只是相对的。作为一种助力，它对描写一种文化的"主观理解"系统无疑是有益的，即便我们知道：作者是在自由地表达艺术的自由，而没有义务去描绘民族志的真实。

记住这一点，让我们继续我们的话题，首先来看看《布登勃洛克家族》一书中的一些记录"客观感知"系统的例子，然后再谈及那些承载更抽象的"主观理解"系统的例子。

《布登勃洛克家族》对社会阶层的表述

客观感知系统：以实物交际为例，家具、工艺品、食物以及空间布置

在描写那些布登勃洛克家族成员消磨时光的房间时，托马斯·曼展现出了大师级的技巧。

在小说第一个场景（c. 1837）中，这个家庭被置身于一个客厅，这是一间位于他们宽敞宅邸的二楼的景观房，深得家族成员喜爱。那栋宅邸，坐落在孟街（Mengstrasse）上，玛利亚大教堂的对面，实际上是曼的祖父母居住的，在书中，它属于布登勃洛克家族。书中如此描写景观房：

> 屋子四面是沉重的带弹性的壁毯，壁毯和墙壁中间留着适当的空隙。毯子上面织的是大片的风景画，用的是柔和的色彩，是为了和铺在地上的薄地毯相协调。这些田园风景都是十八世纪的风格，什么快乐的采葡萄者啦，系着花花绿绿头带的牧羊女啦，勤劳的农民啦。这些牧羊女或者是坐在清澈见底的小溪旁，怀里抱着洁白的小绵羊，或者是跟秀美的牧童接吻……这些画面为了和油漆家具的黄色套子和两扇窗户上的黄缎窗帘上的色彩相配，大部分涂染着一片昏黄的落日余晖[①]。(Mann 1952:5)

据说这个房间本身很宽敞，但也就衬托得家具稀疏错落（Mann 1952：6）：

① 小说译文参考了傅惟慈先生的中文译本《布登勃洛克一家》，但由于本文作者大量引用英文译本，鉴于两种译本之间的差异，故译者对本文引用的小说原文进行了重新加工，下同。

一张嵌着金线的细腿圆桌并没有摆在沙发前，而是在一架风琴对面的墙前边，琴面上放着一只放横笛的盒子。在屋子里除了一排沿着墙均匀地摆着的高背椅外，就只剩下窗前一张小缝纫桌和沙发对面一张摆着古董玩物的精巧华美小书案。有一扇玻璃门对着窗户的那面墙壁，从玻璃门望出去是一间幽暗的带圆柱的大厅；左边的高大白色的双扇门通向餐厅。在另一面墙壁上的半圆的壁炉里，木柴在闪亮的锻铁栅门后面噼噼啪啪地燃烧着。

随着对这个房间布局的描述，读者会获得一种空间感。即这个房间是宽敞通透的：在垂直方向，我们通过双扇折叠门和沉重挂毯获得了这种感受；在横向维度，曼的描述技巧使人们的视线不得不直直地从一面墙投射向对面的墙，然后再投向相邻的墙，最后到达其对面，而不是从一个点开始，沿墙壁做顺时针或逆时针运动，最后返回出发点。只有极个别读者意识到在不挨墙的某个地方有一张沙发或安乐椅。曼对景观厅的描述给人一种印象，那就是从房间的这处穿行到别处实在需要一双旱冰鞋。

宽敞阔大的空间感被那些美化房间的家具所强化，slender（细）、little（小）、flimsy（轻薄）是译本使用的形容词。flimsy 似乎并不是一个好的选择，德语原文中使用的是更熨帖的 zerbrechlich，意即精致纤巧。

沙发没有与这些轻小的家具放在一起描写，因为要找到一个意指纤巧轻薄的形容词来描绘它也许太难了。即便那些高背椅也只是被描述为“stiff”（硬）而不是沉重。在这些纤巧的家具上放着的是更加细巧的物件——横笛盒子和小玩意儿。后文还描写道：小书几上摆着一个黑白斑点猎犬形状的赛弗勒墨水壶（1952:10）。圆桌上立着一个“盛盐和胡椒的沉重的瓶架”，这似乎是布登勃洛克参议员的岳父送来的暖房礼“沉重的金器”中的一件。

本书的第一幕中，五个大人、两个孩子在进行亲密的交谈，在这么一间空旷的房间里，他们显得非常抢眼。几分钟后，被邀请来聚餐的朋友们以及布登勃洛克参议员的岳父母陆续到达。这后来的 17 个人中，除了四个孩子，全都是大人。

不久，宾主穿过“高大的白色折叠门”进入餐厅，24 个人围坐在一张餐桌边，享用一场盛在全套迈仙产的金边瓷器中的丰美盛宴。主菜是一道由浇酱汁的面包丁、鱼、火腿和众多蔬菜组成的大菜，似乎仅这一道菜就能满足他们在座所有人的胃口。然后，甜品普莱登布丁上桌——孩子们的则是热腾腾的梅子布丁，最后是奶酪、黄油和水果，佐以满杯的葡萄酒（1952:12—26）。

晚餐结束后，至少有12个人来到景观客厅喝咖啡，抽雪茄，喝甜酒，交谈，倾听老约翰·布登勃洛克——家族公司的创始人、参议员让·布登勃洛克的父亲——演奏横笛。我们不清楚六个孩子和保姆在哪儿——也许他们也同大人们一同呆在景观房中。

这一场景与另一个室内场景形成鲜明的对比——该场景描写的是狄德利希·施瓦尔兹考甫朴素的家，它位于特拉夫门德，一个离吕贝克几英里远的海水浴场。时间是大约十年后，冬妮·布登勃洛克，参议员让·布登勃洛克的女儿，在一个被刻意延长的暑假，与施瓦尔兹考甫一家暂住在一起。

施瓦尔兹考甫家既没有时间也没有空间来容纳布登勃洛克式的悠闲与优雅——虽然作者没有明言，但我们能推断出是出于经济因素。冬妮在施瓦尔兹考甫家的房间位于二楼，是一个整洁的小房间，家具蒙着鲜艳的印花布（1965:85）。她的床垫里填充着海草（1965:87），用餐要去楼下的房间，家庭成员们工作和休闲都在这个房间中。

环境即便算不上艰苦，也能叫简朴。曼写道：冬妮顺着一座用普通木板做栏杆的楼梯走下来，穿过一条走廊，旁边就是餐厅兼客厅，紧挨着是总领港狄德利希·施瓦尔兹考甫的办公室（1965:86）。这间办公室是整栋房子中描述最细致的一个房间：

这是一间不很阔绰的小屋，四壁的下面那几尺装了壁板，以上的地方都是石灰墙。窗上挂着被烟熏黄了的窗帘。门右边摆着一张做工粗糙的长桌，桌面盖着纸。桌子上方的墙上钉着一张完整的欧洲大地图，和一张波罗的海的小地图。……领港员让他的客人在门对面一张蒙着破旧油布的沙发上坐下来，自己则舒适地坐在一张带靠背的木椅上。（1952:115—116）

这房间很狭窄，领港员只需要两步就能跨到通向走廊的门口（1952:117）。当他的妻子和儿子来这儿的时候，他们没有进入房间而仅仅是站在门口（1952:118），给人一种印象，那就是这个拥挤的房间里一定没有他们的容身之处。实际上，曼在上述引用章节中就使用了一些形容词来描写这种狭小、单调和乏善可陈：小、少、简单、烟黄、粗糙、开裂、木质。

鲜明的对比是，布登勃洛克家景观厅的沙发覆着一层富贵的黄色织物，而施瓦尔兹考甫家的沙发则盖着一层破裂的油布。布登勃洛克家景观厅的墙壁上装饰着精致的挂毯，而施瓦尔兹考甫家只是简单白石灰墙上钉着两幅地图。

与布登勃洛克家沉重的金制餐具不同，施瓦尔兹考甫家有的是一只装饰着珍珠形绣花边的船形面包篮，是他们八岁的女儿的手艺（1952:93）。桌上也没有昂贵的瓷器，而是被冬妮认为过于厚重的杯子。施瓦尔兹考甫太太也没有为城里来的客人奉上菜品丰富的菜单，下午茶只有浸进咖啡里吃的葡萄干面包（1952:93），正餐只有一道拌“肉豆蔻酱”的猪肉香肠（1965:87）。据施瓦尔兹考甫一家所说，重要的是吃纯天然的产品，比如蜂蜜，因为“我们清楚什么该吃，什么不该吃”（1952:94）。在家庭节日时，喝的是橙汁潘趣酒，而不是我们所知的布登勃洛克家喝的好几种葡萄酒和甜酒。

每当施瓦尔兹考甫家环境的优越一面被忆起时，冬妮的评论“蜂蜜是纯天然产品——我了解什么该吃，什么不该吃（1952:97；227）”总是会一再出现。

与布登勃洛克家相关的一切都被描绘为富丽堂皇的、优雅的、精巧的。而施瓦尔兹考甫的世界则是局促的、单调的、实沉的。

曼是否是随性地对比涉及两个家庭的“客观感知”系统呢？我们可以肯定的是，曼选择了高度概括这两个家庭的不同之处，因为这样的夸张能获得文学效果。

我的证据如下。

1973 年我虔诚地拜访了位于孟街上的布登勃洛克老宅。虽然这栋房子已经在二战中被炸毁，但外观已被恢复成其早期模样。二楼，布登勃洛克世界的核心，现在设有一家零售地毯公司。这层楼前面几个房间的隔墙似乎被拆除了。即使如此，小说中描写的空间感也已然荡然无存，只有房子优雅的外观依然存在。

随后几天，我去参观了贝恩豪斯（Behnhaus），吕贝克的另一栋豪宅。这栋房子的内部规模极其符合托马斯·曼的设定。几年前，我曾经看过战前拍摄的电影《布登勃洛克一家》。出乎意料的是，参观贝恩豪斯后，我意识到了这就是拍摄电影的地方。显然，要贴合曼的描述，孟街上的老宅即使在被炸毁前也并不符合电影的拍摄需要。

这并不意味着曼的描述不能被视为记录吕贝克豪门生活的历史性文献。有一些似乎是可以起到如此作用的，但是那记录的就是布登勃洛克家吗？位于特拉夫门德的施瓦尔兹考甫家，关于这栋房子的描述似乎就是对德国北部那些不怎么富裕的家庭生活的忠实记录。但是，同理，那就是现实中存在的施瓦尔兹考甫家吗？

曼让托马斯·布登勃洛克对他姐姐冬妮说：“狄德利希（施瓦尔兹考甫）

有良好的教养，总领港是一个有实权的位置，并且薪水不错（1952:92）。”当然，也许施瓦尔兹考甫家的兴趣并不在购买家具上，而是更多地放在他们有能力支付的东西上，实际上，作为施瓦尔兹考甫家原型的那些领航员家庭确实如曼所写的那样过日子。正如曼为了追求艺术效果过于夸大布登勃洛克家的富有环境，他更夸大了施瓦尔兹考甫家的窘境。曼夸大这一贫富差距的目的正是为了满足自己的写作需要。真正的布登勃洛克家并非如曼所写那般优雅，施瓦尔兹考甫家也并不如我们认为的那么简陋。

小　结：

我们很难分辨出在这些描述中现实主义止于何处，虚构幻想又始于何处。无论是否符合真实，我们的作者想要对比的就是宫殿与窝棚（见罗森伯格 Rothenberg 1969:42）。曼对吕贝克富豪生活和特拉夫门德窘困生活的描写不是没有事实依据的，但他夸大了真正的差异以达到自己的目的。这一点也表现在他对社会阶层的描述上，下面我们将对此进行讨论。

主观理解系统：关于社会阶层的新贵视角，及其在《布登勃洛克家族》中的呈现

《布登勃洛克家族》被公认为带有传记色彩。托马斯·曼的父亲是吕贝克的一位粮食商，终年 51 岁。其家族传承逾百年的公司为现实所迫，不得不卖与外人。为描写 19 世纪末期一个吕贝克新贵家族的衰落，曼做好了充分的准备，因为他在孩提时代就亲身经历了这一切。因此，《布登勃洛克家族》似乎有理由被看作一本社会学小说。

然而，贝伦德松（1973:29）认为“这位个人主义者对于社会学观点完全是外行”。温斯顿（1981:107）引证谢勒（Schrrer 1967:14—15）的著作，宣称曼对呈现“德国资产阶级整体的心路历程”不感兴趣。这本小说衍生的道德伦理评判也不是他的关注重点。斯维尔斯（1980:25）认为曼的写作目的仅仅是对个人的关注——联系他自己的家庭背景描写个人内在世界中艺术性与现实生活的冲突。

十来年后，曼的著作《一个非政治性的思考》（1929）更能反应他写作《布登勃洛克家族》的旨趣：

人物面貌和心理才是我的关注重点：我只是不经意地涉及了社会学和政治学内涵，却很少去关注它们。

同文中，对于自己的小说在更大的社会和理论背景下，能先于特勒尔奇（Troeltsch）、桑巴特（Sombart）和韦伯（Weber）等人的研究，发现、昭示当时的社会伦理观，他表达了惊讶。他说：

《布登勃洛克家族》——几乎是无意识地——表现了十九世纪社会中市民阶层转变为资产阶级的变化。

这种转变是什么？表现在何处？吕贝克是汉萨同盟的港口之一。它是一个贸易和销售中心，并不受控于君主王侯，而是在市民阶层的商人新贵治下（罗维 Lowie 1954:73）。这些商人有一种明显的特质，并不仅仅反映在商业票据上，更反映在这座城市的社会公众活动中。如果只是审视其市民的工作和娱乐生活，我们获得的最突出的印象是这是一个稳定的社会。然而，在19世纪的最后30年，改变开始了。市民阶层的道德观遭遇了一群当地商人的挑战。为了追求自身利益，商人采取了更有效的手段，改变环境以迎来一个更工业化的德国。新制度的特点是“快速，对风险投机的热情，商品和金融的大规模流动”。

对于桑巴特来说，这意味着德国市民阶层向资本主义阶层的转变：两者的区别是，前者是市民阶层一成不变的家长式资本主义，后者是活跃的资本主义，具有现代资产阶级的扩张野心。

桑巴特指出市民阶层的道德观如下：“……当你售货以盈利，听从良心的低语，满足于适当的利润：不要因为买家疏忽而占人家便宜。”布登勃洛克家族粮食公司创始人对儿子的忠告是（Mann 1952:380）：

我的孩子，白天满怀热情地工作，做你的生意；到了晚上就别让它打扰你的睡眠。

根据桑巴特的描述（1913:233），新伦理、新兴的商人伦理则是：

不再有道德、情感、审美任何方面的任何约束或顾忌。在这样的背景下，我们可以说，商人是“不择手段”的。

托马斯·曼借由笔下的角色亥尔曼·哈根斯特罗姆表现这种观念（1952:321）：

这个男人有着自己的一套行事规则，不受传统桎梏的约束，也不懂得遵奉旧习。

无论有意无意，曼敏感地抓住了市民阶层和资产阶级的差异，他又是怎样表现吕贝克社会其他阶层之间的不同呢？参照曼对“客观感知”系统的描写，我认为他表现“主观理解”系统时，也高度简化了新贵们之间的差别。和上述客观感知系统一样，这里，曼也采用了二分法。

由于他先入为主的观念，其笔下的人物彼此之间的关系仅限于贵族与非贵族，工匠、小商店老板和公务员之流的十分普遍的市民阶层很少出现在曼对吕贝克的描述中。既然施瓦尔兹考甫家族既非老派贵族亦非新贵，同样，既非市民阶层亦非资产阶级，那么他们必定就是无产阶级。对于曼而言，无论公务员之类或是搬运工、女佣新手，这些不同群体的差异是无关紧要的。他的分类是亚里士多德式的，这当然有利于进行简单的事实合并，但却不合常理。

在前一部分的讨论中，我们看到曼是如何有效地对比了新贵布登勃洛克家与非贵族施瓦尔兹考甫家的家具和生活方式。

但当我们意识到这两个家庭可以被看作庞大的中产阶级的相反两极，那么，这种对比就显得有些牵强。施瓦尔兹考甫是总领港员，他全权负责指挥大型船舶通过特拉夫门德附近危险的波罗的海水域。此外，他的妻子，是附近教区一位牧师的女儿。没有迹象显示她嫁给施瓦尔兹考甫是选择了嫁入比她低的阶层。19 世纪，德国北部的路德派神职人员，无论是在乡村教会还是城市中任职，他们的家庭都有着很高的社会地位。书中就有神职人员进入布登勃洛克家族前两代的亲朋好友圈子，参加他们的家庭聚餐和各种聚会。

更大的谜团在于，施瓦尔兹考甫家的儿子莫尔顿，是哥廷根大学的医学生；女儿后来嫁给了一个波罗的海小城的市长。工薪阶层的父母不可能有资源和金钱支撑儿子在大学医学院学习并成为医生。此外，市长这个位置，哪怕仅仅是在德国北部最小的城市，也仅仅向富裕阶层敞开，农民、公务员、技术人员、家庭作坊店主几乎是无法企及的。直到第一次世界大战后，工人才开始能被选上这个位置。因此，施瓦尔兹考甫家族必定就是中产阶级。如果并非完全误解了 19 世纪德国北部的社会情况，那么曼就是极大的简化了阶层差异，他在展现实物性交际时采用了最大胆的二分法，呈现出极致的奢华与极端的简朴。

我不是在否认布登勃洛克家族与施瓦尔兹考甫家族存在着诸多差异，而是认为他们也许同属于中产阶级，不过这个阶层还可以细分为很多层级。更重要的是，在几代人自身的阶层认同上有着不同的态度。莫尔顿·施瓦尔兹考甫，这个医学院的学生就自认为是一个坚定的中产阶级：

我们市民阶层，我们这些一向被看作底层阶级的人，只要求一种建立功勋的贵族存在，我们不想承认那些懒汉贵族，我们反对目前这种阶级等级的划分，我们要求所有人都自由平等，没有人隶属于别人的，所有人都只受法律的管辖。(1952:106)

冬妮·布登勃洛克则并不认为自己是贵族的一员。在她和莫尔顿的谈话中，她已经提到她认识的唯一一个贵族是一位校友，她“比你我脾气都好，她差不多不理会自己姓‘封’，吃最简单的香肠，还谈论他们家的母牛”(1965:94)。

冬妮显然认为自己和那位校友阿姆嘉德·封·席令属于完全不同的社会阶层。莫尔顿却觉得并非如此：

您同情贵族。要我告诉您是什么缘故吗？因为您本身就是一个贵族！一点也不错，难道您还没有意识到这一点吗？您的父亲是一位大财主，您是一位公主。我们这些人和您之间有一条鸿沟。我们是不属于您这种门第显赫的世家的圈子里的。(1952:107—108)

同样的情形出现在另一章节中，当冬妮建议莫尔顿同自己一起去与海滩上的吕贝克熟人碰面时，莫尔顿拒绝了：

不要，啊，不要，感谢您的美意。我和他们不是同一种人。(1965:90)

尽管布登勃洛克家族与施瓦尔兹考甫家族社会阶层各异，莫尔顿与冬妮仍然私定终身。当总领港获悉此事，他恼怒地告诉儿子，他向冬妮·布登勃洛克求爱就是逾越了阶级的痴心妄想，他用精挑细选的低地德语来指出儿子的愚蠢。在布登勃洛克方面，家族的男性成员也觉得莫尔顿·施瓦尔兹考甫并非良配。

于是，曼对贵族的态度昭示于新贵阶层成员们的视角中，这些成员希望自己成为真正的贵族；也昭示于施瓦尔兹考甫家族成员的视角中，他们认为新贵们就是贵族。

曼自己作为吕贝克新贵的一员，塑造了一个崇尚贵族生活方式的富裕的商人阶层（新贵）。在德国的自由市，新贵们与贵族平起平坐。（罗森伯格 Rothenberg 1969:48）他们形成了一种优雅而温和的贵族中产阶级。除了姓氏，布登勃洛克家族方方面面都无异于贵族。冬妮就非常嫉妒她的校友拥有贵族姓氏“封”。

能以封·席令作姓，这是多大的福气啊！冬妮的父母在城里有最漂亮的房子，祖父母也都是上流社会的人物；可是他们也只不过简单地姓“布登勃洛克”或“克罗格”而已，不能不说，这是多么令人遗憾的事，这位高贵的莱勃瑞希特·克罗格的外孙女对于阿姆嘉德的高贵血统崇拜得无以复加。她常常暗自思忖，这个富丽堂皇的“封”字要是加在自己头上该适合得多了，因为阿姆嘉德一点也不知道珍视她这种好运气。(1952:66)

对于曼而言，贵族必然有着良好的特质，骨子里流露出敏感纤弱。随着布登勃洛克家族的后代繁衍，这些特质越发显著。在家族第三代，这特质出现在托马斯、冬妮和他们的弟弟克里斯蒂安的身上。从童年时代起，冬妮就表现得象一位小女王：

她就会倒退一两步，把漂亮的小脸蛋往后一扬，撅着上嘴唇，“呸”地啐一口，摆出又是恼怒又是讥诮的样子，仿佛在说：“你敢！告诉你！我是参议布登勃洛克的女儿！”(1952:48)

如果改良就等于退化，那么家族的衰败之相逐代清晰。汉诺，布登勃洛克家族第四代中唯一的男性，被曼塑造成为一个“衰弱的小王子”（引用自罗森伯格 Rothenberg 1969:50）。

新贵与非贵族之间的反差惊人。与新贵们的过分精致相反，非贵族们的形象则被塑造为粗糙、迟钝、粗鲁。粗鲁是缺乏敏感性的一个标志。为了刻画出新贵与非贵族们之间的差异，曼再次走向了极端。狄德利希·施瓦尔兹考甫被描绘为（曼 1965:82，本文作者译为英文）：

他生得粗壮结实，一张通红的脸膛，碧蓝的眼睛，灰白的硬扎扎的胡须如同一个扇面似的，从一只耳朵连着另一只耳朵。……他的嘴给人留下一种威严而诚实的印象……这个人的双脚总是稳稳地扎在地上，他站在那里，肚子向前挺着……

施瓦尔兹考甫被塑造成一个可以完全掌控自己生活的能人；汉诺·布登勃洛克，自孩提时起仿佛就注定了永远失去这样的技能。他的眼眶下有青色的阴影，这是敏感、不健康的确切标志。他是一个安静温和的孩子，敏感而脆弱，动辄流泪。普林斯海曼牧师，家族的一位世交，就说："汉诺来自一个衰落的家族，人们注定要忽视他（泰罗夫 Tyroff 1975：119)。"他不安而恐惧，孤立于同学之外，显露出狭小的自我倾向，并已露出精神分裂的势头，由此可以看出，汉诺不是一个能在未来掌控生活的孩子。

如果这就是曼对注定成为真正贵族的新贵们的描述，那么他如何呈现那些真正的贵族呢?

我们看到的第一个贵族是阿姆嘉德·封·席令，一个梅克伦堡庄园主的女儿，有着金色的头发和顽固的性格。她抱着巨大的决心要嫁给某个同班同学，但谈话的话题很少超出她父亲养的奶牛。她嫁给了拉尔夫·封·梅布姆，后者接管了她父母的庄园。封·梅布姆是一个礼仪无可挑剔的极英俊的男子。他后来过着及时行乐的日子，沉迷于赌博并为之负债累累。最后，因破产而死。

托马斯·布登勃洛克与格拉夫·斯特雷利兹，一位梅克伦堡贵族地主，的相处，展示了在新贵们眼中新贵与贵族社会地位的差别：

斯特雷利兹伯爵，总是半张着嘴半眯缝着眼睛，看到我总显出不屑一顾的样子……我由仆人通报后被让进他的工作室里，斯特雷利兹伯爵正在写字台前坐着。我向他行了个礼，但他只是抬了抬上半身，把一封信的最后几行写完，然后才转向我，跟我谈他的货，眼光高高地越过我的头顶。(1952：361)

伯爵没有请他坐下，在托马斯看来，这带着相当的轻视和无礼：

我靠在沙发桌上，交搭着胳膊和腿，津津有味地欣赏着。我站着谈了五分钟话，后面五分钟，我就坐到了桌子上，在空中摇摆着我的腿。我们的谈判继续下去，十五分钟之后，他仿佛施了恩似的，对我说："您坐下来谈谈，

好吗?”“什么?”我说，“别客气了，我早就坐下了!”(1952:361—362)

曼对贵族的态度还可以从对艾伯哈尔德·格拉夫·摩仑的描写中看出。这位伯爵住在吕贝克郊区的一个无名农庄里。在农庄入口，一个牌子上写着：“本寓只住有摩伦伯爵一家。本宅无任何需要，既无需购货也无钱施舍。”(Mann 1952:406) 摩仑是个有些怪异的穷贵族，将自己孤立于整个世界之外。

他的儿子，格拉夫·凯伊·摩仑，在小说中是个重要的角色，因为他是汉诺唯一的朋友。他是一个奇特的孩子，尽管衣衫褴褛，但却拥有贵族血脉和智慧的所有特点。他没什么温情，爱恶作剧——这更适应真实的世界——不过跟汉诺一样，他也有着艺术特质（泰罗夫 Tyroff 1975:139)。他生气勃勃，适应能力强，这却与汉诺形成鲜明的对比。

小说中的贵族青年都是金发、健壮、不修边幅的，是他们那些神经质、死板的布登勃洛克朋友的强烈对照。

相比之下，贵族成年男子，则显得象一群自负狂妄、充满敌意的骗子。

曼赋予这些贵族怎样的作用呢？他们仿佛是一个悬而未决的谜题。这些如此健康的青年为何会不能适应社会？斯维尔斯给出了一个有说服力的解释(1980:17)。随着市民阶层发展势头欣欣向荣，贵族阶层则走向没落。他们没落的根本原因在于情感和艺术感受力的魅力，这种魅力吸引着市民阶层，同样也轻易地捕获了资产阶级的心。这两者对于商业领域而言却仿佛诅咒。贵族阶层正是被它们压垮，“已然接受了在现实世界中的失败”。在此过程中，贵族阶层出现了一种新的类型——艺术阶层。同时，“市民阶层则在现实的野心和审美天性之间挣扎”。

如果当商人家族向艺术致敬则没落的厄运不可避免，那么这种厄运更是风卷残云般袭向了贵族世界。他们承认自己在商业化的世界中失去了立足之地，现在他们可以自由地将全身心投入艺术的召唤了。对于《布登勃洛克家族》一书中的市民阶层而言，这种选择却是不可能的，他们纠结于一对矛盾之间——或者服从家族商业利益，即“生活”；或者听从艺术天赋的召唤，即“艺术”。这对矛盾日趋削弱个体，没落就是必然的结局。

这一解释也许非常适合于理解汉诺·布登勃洛克与同学凯伊·摩仑之间的差异，用在冬妮·布登勃洛克和朋友阿姆嘉德·封·席令之间也同样适合。当然，心灵冲突在阿姆嘉德的童年和学生时代都不曾出现过，预期的艺术气质在她身上也没有发育成熟。

实际上，在托马斯·曼写作《布登勃洛克家族》之前几年，他与德国北部贵族青年的交往原本可以提供大大区别于小说描写的资料，他也曾作如是想。1891 年他父亲死后，他母亲和弟妹迁往慕尼黑，托马斯独自留在吕贝克完成学业。他在一个宿舍寄宿，同住的学生里有来自荷尔斯泰因和梅克伦堡乡村的贵族青年。“这些男生身上已经出现了未来的影子——醉生梦死的大学生，而托马斯……与他们相处得不错，偶尔也参加他们的聚会。”（温斯顿 1981:38）

那些新兴的资产阶级的子弟，比如布登勃洛克家族，他们的父辈从没落家族手里接过了商业、社会、公众圈子的权利，比起他们，这群没落贵族子弟有何不同呢？如果曼的描述没出差错，这群旧领导者的继承人们“只对蛮干逞能、粗野的玩笑以及父辈的荣耀感兴趣”（阿普特 Apter 1980:17）。

汉斯·卡斯帕尔·封·兰兹奥，书中凯伊·摩仑的原型（Winston 1981:26），是个例外。作者在童年和青年时代与这位贵族子弟有来往，他与新兴的资产阶级子弟几乎没什么不同。

小　结：

曼对各社会阶层的描写，表明了他关于精神世界与现实世界，即艺术与生活对立的成见。由于无力适应 1871 年后的经济变革，也由于实际利益与艺术气质的对抗所导致的内心情感冲突，曾经的市民家族失去了对“生活”的掌控力，不得不走向没落。

值得注意的是亚里士多德的二分法，即非此即彼的情况。《布登勃洛克家族》一书中，这种二分法的简化叙事，既用以突出其艺术作用，也让读者看清了作者的写作意图。

事实上，曼似乎已经预见到了资产阶级新伦理必然取代市民阶层新贵的伦理观，这一点在数年后才为社会学家所重视。小说中的中产阶级认为吕贝克的市民阶层是贵族，故此，这一阶层被赋予贵族的意义——不仅在自由市如此，其他地区亦然——这一发现的意义也是相当深刻的。

如果果真如此，一旦市民阶层失去了对当代商业环境的掌控，那么这个阶层亦会遭遇与贵族阶层同样的命运。

如果所有的贵族青年都拥有艺术气质，如果他们最后都放弃了适应现实世界生存的利益，这一结论将毫无争议。

除此之外，我认为更重要的是，曼对吕贝克大量非贵族、也非市民阶层、非资产阶级的人群的描写。当然，曼已经意识到了他们的差异，并在小说中描写了这些不同的人。狄德利希·施瓦尔兹考甫，显然就没有被写得与布登勃洛克家族的仆役一样。那个吸引了克里斯蒂安·布登勃洛克的花店姑娘，也完全不同于那个负责照料布登勃洛克家族孩子的忠诚的家庭女教师——伊达·杨格曼。

曼注意到了这些中低阶层的人们之间细微的区别，但在描写市民阶层与境况稍差的阶层时，他的笔触过于大胆，过度概括了两者之间的差异。在塑造布登勃洛克家族和施瓦尔兹考甫家族时，他就过分简化了这一点。

出于艺术原因，这种做法当然是有道理的，但是如此一来，那些被曼赋予了特定共同属性的非贵族群体就显得与那些被抹去特征的非贵族群体泯然众人，没有不同。

因此，在《布登勃洛克家族》文本基础上解读德国北部的社会阶层，必须慎之又慎。

《布登勃洛克家族》中语言学标记的运用：一次文学人类学的尝试

吕贝克市位于低地德语区。因此，语言学标记，尤其是《布登勃洛克家族》书中将低地德语与高地德语对立使用，有助于从共时性和历时性两方面分析文本。曼非常熟悉低地德语，并将其充分运用于小说中，描写不同的社会阶层，表现情感，对比新贵与非新贵。无论他是否刻意如此，他笔下的低地德语都展示着布登勃洛克家族四代人语言功能的变化。

有人怀疑曼在《布登勃洛克家族》中涉及的一切问题都是无意的。但与上述关于社会阶层的客观感知系统和主观理解系统的讨论不同，曼对低地德语的使用是敏锐的。对此，曼没有过分强调他是刻意这么做的。也许是因为他觉得贫富差异除了表现在两者彼此之间或与外来者之间使用的特定“方言”，还可以表现在别的方面。事实就是，曼没有过分强调方言的因素，尽管这在民族学和人类学看来是非常有价值的研究点。

实际上，我们可能找到了一种方法去检测文学人类学对记录文化的作用。如果我们在所有三个行为领域——客观感知、主观理解以及语言——中发现的范式是相互一致的，那么我们的基础构架就是基本正确的。

小说中的语言主要是德国北方人们之间的交流语言。然而，曼也有效地使用了高地德语的某些特性。高地德语方言，即非标准高地德语，以及夸张的高地德语言语方式是很好地反映阶层、空间和历史时期的语言标志。

夸张的言语是冬妮第一任丈夫，出色的本迪可斯·格伦利希的特点之一。他的夸张风格被冬妮称为 Papierdeutsch（意即德语的书面语，不适用于口头表达。“他不会说‘看起来不错’，也不会说‘很适合这屋子’（1952：

111)，而是选择说‘点缀得不同凡俗’(1952:98)。”)

冬妮的第二任丈夫，佩尔曼内德，讲巴伐利亚地区的高地德语，对于德国北方人来说几乎不可理解。当他第一次打电话到布登勃洛克家时，听得目瞪口呆的女佣告诉女主人有位先生来电话并且“他不会说德语”。也许，这种感觉其他人也感同身受。佩尔曼内德努力使自己看起来随和可亲，而冬妮声称，他的血管里流的不是血而是麦芽啤酒和啤酒花。导致其婚姻破裂的直接原因是他那让吕贝克新贵们无法容忍的粗俗语言：

见鬼去吧，你这肮脏的臭娘儿们！(英文译本 1952:307)
(德语原文为：Geh zum Defi，Sauluďr dreckats！(1965:268))

然而，我们只能在低地德语的例子中，才找得到能从历时性和社会语言学两方面做分析的语言标记，从而使我们能合理而完整地理解文本。

为了有效分析我们的数据，我选择使用伯恩斯坦关于精制代码与限制代码的讨论(Bernstein 1971)做理论框架。这两种代码通常成对出现在同一语言中，比如英语或高地德语；但我在此试图将低地德语看作限制代码，而将标准高地德语看作精制代码。

福勒对两种代码的差异作了如下描述(1977:115)：

精制代码的使用者更加机动灵活，很少受限制于当下的直接语境，联系语言与主题内容的方式更具有普遍性，更加抽象，也更疏远，更具有反讽意味。……限制代码的使用者则受到当下语境的意义限制，尽可能地进行清楚明白的表达，使用诸多代词和其他诸如“thing”“stuff”“do”“get”等词汇，以期对话人能正确理解。

最近，有意见认为限制代码具有社会语言学属性，能够补偿限制代码使用者对交际技巧的缺失。

拉波夫(Labov)认为限制代码是说话者与受述者之间的一种亲密方式，因为解读该代码的前提就是要有能相互理解的密切关系。而受制代码的长处正是精致代码的短处。后者“倾向于抽象、客观和疏离感”(参见 Giglioli 1972:283)。

在我们讨论《布登勃洛克家族》书中低地德语的运用之前，我们要注意一点：无论是低地德语还是高地德语，都不是19世纪吕贝克新贵或非新贵的专用语言。对于富人和受过教育的人来说，高地德语是常用语言；但他们中那些从小就生活在这个地区的人对低地德语也非常熟悉。对于穷人和受教育程度低的人而言，低地德语是日常生活使用的主要语言，但高地德语也是他们的第二语言，是他们在正式场合，诸如学校和教堂的社交语言。那些常用语是低地德语的人，虑及其对高地德语的知识和运用技巧的熟悉程度，对于他们而言，高地德语才是限制代码。而反之却不一定如此，日常语言为高地德语、低地德语为第二语言的人，比如布登勃洛克家族的第一代和第二代成员，就能同样流利地使用这两种语言。

布登勃洛克家族的祖父母辈（约 1838 年）常常在与新贵阶层的亲友交谈时，揉入一些低地德语的词句——同夹杂法语一样——找找乐子（1952：7）。此外，在热闹的家庭聚会后，低地德语也会被人用来与成年的儿子私下交谈，这显然是亲密关系的标志。在正式的宴会上，大多数的对话都使用高地德语，但为了喜庆效果，也偶尔夹杂一些低地德语。晚宴后，老布登勃洛克和儿子谈及家庭和公司的命运时，使用了低地德语，这是一种对德国北部大环境的适应，也意味着对家族的过去和未来都相当自信，所以才能随心所欲地讲低地德语。

书中同一时期，一位布登勃洛克家的长辈笑话孙辈吃得太多，也使用了低地德语。如果此时使用高地德语就显得过于严厉，攻击性太强。低地德语还被用来展示仆役的愚昧无知。最后，一位辜负了祖父母期望的孙辈，也被用低地德语不太友好地形容为“He is'n Ap”，即“他是只顽猴儿，意即花花公子”。

当知识分子圈子和贵族阶层的男性成员回忆旧日时光的时候，会重新操起低地德语，尤其在他们饱食畅饮之后，在酒精和香烟的刺激下更是如此。家族聚会上的一位来客，一位出身寒微的酒类经销商，在这样正式的场合也一如既往地讲起了低地德语，这不仅仅是因为气氛越发轻松使然，也因为他自己觉得说低地德语更自在。

书中无论商人还是工人甚至公务员，第四代的所有人在与布登勃洛克家族内外的人打交道时都说低地德语。显然吕贝克的大部分居民都懂低地德语，但不是所有人都会选择使用这种语言。比起贵族阶层或新贵阶层的人而言，其他阶层的人对那些顶端阶层的人说低地德语，更多地意味着他确信听话人就是北方人，而不是来自高地德语区。新贵们说低地德语则可能是用来应酬，以显示关系的亲密程度。如果他们用高地德语对答，这意味着他们认为听话人的阶层较低。

对于新贵阶层的女性成员来说，情况却不同。比起女性，男性成员似乎更愿意用说低地德语来表示关系亲密，也许是因为公司和家庭蒸蒸日上的基础都在于公平待遇、融洽的关系以及对所有人的包容，这也是维持公司好名声的需要。并且，既然是男性负责与更广阔的世界——他们的生意圈子——接触，那么凝聚亲密关系的重担就更多落在他们身上。

布登勃洛克家族第二代成员中，让常常说低地德语。他用这种语言与富有的岳父母保持友善的关系。他也用这种语言打击、贬低吕贝克某商业对手家族的某成员。他还运用此语言成功地平息了该城市1848年的暴动。在这次谈判中，他既使用也倾听低地德语，并非真的缘于团结民众，而是要控制住可能爆发危机的局面。

在家族第三代中，低地德语增添了新的功能。托马斯能和父亲一样熟练运用这种语言以保持与家族粮食公司工人之间的牢固关系。也许，偶尔这种外交手段还伴有一些懊悔的味道，比如他和自己曾看上的“花姑娘”的丈夫之间的对话。

第三代的其他成员及其朋友似乎并没有用低地德语同较低阶层保持亲密联系的迹象。克里斯蒂安·布登勃洛克只是用它在家族聚会时讲些无伤大雅的情色故事，冬妮拿它和母亲的朋友，一个牧师开玩笑；多尔曼参议则用它缓和布登勃洛克家宴会上因某道菜上菜过迟造成的严肃气氛。在布家第三代与同等地位的人的谈话中，几乎已经失去了低地德语和法语的身影。低地德语仅仅被用以维持同低阶层的人们保持紧密联系，从而为公司赚取好处。当新贵阶层内部平等或近乎平等地位的人之间使用低地德语交谈时，它只是起到轻松幽默的调剂作用。

对于布家第四代，低地德语已经失去了叙事功能。据说，汉诺·布登勃洛克念书的学校里那些粗野莽撞的学生才喜欢用低地德语打招呼。有人猜测，柔弱怯懦的汉诺可能觉得与说低地德语的人相处不舒服，甚至出于对低地德语的回避，他与同学关系更加淡薄。当听到父亲用低地德语巧妙地与公司里技术拙劣的工人沟通时，汉诺也觉得手足无措。他知道终有一天他也将如此行事，但他也清楚，他对此无能为力。虽然汉诺似乎懂得低地德语，但他的世界完全被高地德语占领了。他无法与同学建立亲密关系，同样也无法与将来继承公司后可能相处的人们建立起同样的关系。他的世界是缪斯的艺术世界，而不是由船舶、码头、粮仓建立起来的商业世界。这个年幼的布登勃洛克彻底地疏远了家族公司的商业利益。

小　结：

总之，曼刻画出19世纪吕贝克新贵家庭四代人使用低地德语的不同社会功能，充分证明了他的叙事技巧。他成功地展示了随着时间的推移，家族成员态度的变化。

这个家族的前两代人与外界社会相互依存，日子过得如鱼得水，但后两代成员却不仅游离于社会大环境之外，而且完全改变了兴趣爱好，生活重心越来越倾向个人主义。高地德语的精制代码一手推动了准诗人和思想家的孤独，但却无益于制衡雇佣关系，而后者对于商业领域的成功而言却相当重要。

家族表现得益加贵族化，与自己低地德语的根基渐行渐远，这一情况反映在谈话中低地德语的使用及其功能的变化上。

这样的结论，也是符合现实的。与书中的描写相同，在19世纪与20世纪期间，德国北部城市高地德语逐渐取代了低地德语，这是低地德语的历史发展趋势①。在布登勃洛克家族内部，这种趋势在19世纪末表现得尤为明显。作为限制代码的低地德语的运用和功能将新贵阶层与非新贵阶层清楚地区分开来，不过，曼在小说中并未对此着意强调，但这毕竟为文学人类学带来了一缕新鲜的空气。

回　顾

将曼的《布登勃洛克家族》用于文学人类学分析的目的是什么？它能否为我们提供19世纪德国北方文化的历史资料？还是它仅仅是对德国北方生活漫画式的夸张呈现？

让我们先看看曼家族自身对此的态度：

① 位于东弗里西亚的艾姆登，提供了一组平行案例。由于艾姆登较为偏远，语言变革比吕贝克晚。在小镇和乡村，低地德语仍然可闻，但多数为工人阶层的成人所用。中产阶级45岁以上的人们使用低地德语的情况与布登勃洛克家族第三代类同。女性比男性更少使用该语言。例如，20世纪30年代末期，就读Gymnasium中学的男孩子们课间常讲低地德语，而就读Lyzeum女子中学的女童则不会如此。同一时期，艾姆登附近，有德国北方血统的贵族家庭的成员不再使用低地德语。现在，中产阶级的儿童，尤其居住在城镇的，不能自如地讲低地德语。不重视教育的家庭仍然继续将该语言作为母语使用。20世纪60年代，有部分儿童在接受学校教育之前，未曾接触过高地德语。在平等阶层中，低地德语问候语，小说中汉诺同学的癖好，仍然是工人阶层的日常问候语，不过，其他阶层的人也可能使用它，以示亲近。

当年轻的托马斯·曼向家人大声朗读他的手稿时，他们先是开怀大笑，然后潸然泪下。（贝伦德松 Berendsohn 1973：29）

显然，这个家庭的成员们从书中看到了他们自己和亲朋故旧。我们并不清楚，这样的情绪究竟是因为他们辨认出书中角色的现实身份而深感震撼，还是因为曼巧妙地运用戏仿和讽刺方式放大了真实人物身上的弱点。

吕贝克的人们则认为《布登勃洛克家族》一书既是对那些轻易就能被辨认出的真实人物的人身攻击，也是对这座城市的亵渎。面对前一抗议，曼解释说，原型人物是“带有面具的，这些面具就是作者要讲述的问题，这些问题仅仅是作者本人的，而不是原型人物们的（Reed 1974：88）”。而面对后一批判，曼完全有理由不高兴，因为他自认是这个城市忠实的儿子。“真正的吕贝克与我笔下想象出的吕贝克毫无关系。”（Reed 1974：84，引自曼的原话）

几年后，曼认识到他的《布登勃洛克》是一次稚嫩的尝试。甚至在他向出版商递交手稿之前，他就曾写信给朋友格拉托夫（Mann 1975：110）说：

我觉得开头的那几章在现在看来该死地愚蠢，可能必须重写。

然而，这几章并没有被修改。值得庆幸的是，这几章正是全文中为文学人类学提供的最好资料。尽管认为稚嫩，后来曼还是深情地回顾了他的第一本小说。用雷德的话说（Reed 1974：85）：

曼后来表示，或许只有《布登勃洛克家族》能永垂后世，他后来的作品都是或多或少地老调重弹，真正的使命早已完成了。

那么这部小说可以被看作民族学论文吗？他为人类学呈现的最佳资料都只是该书主题衍生出的副产品。我特别指出了文中低地德语的运用和功能。而显然，小说对低地德语的运用是受到限制的。《布登勃洛克》的目标读者主要是说高地德语的人。如果低地德语出现频率太高，那么大多数读者就会觉得晦涩难懂。不过，低地德语对于书中角色的作用与本书总的旨趣是和谐一致的。此外，这还有助于在曼的表述中寻找其他民族学和社会学资料。

那么这部小说可以被认为是对中产阶级衰落的社会学研究吗？小说最早的评论者对此已有所认识。马腾思（K. Martens，引自 Schroter 1969：22）

认为曼应该被认真地与那些只关注地方性色彩又毫无主见的地方性作家区别开来：

对他来说，更为重要的是人的灵魂，以及他们与那些永恒法则、与生存和死亡的关系。

马腾思是曼的朋友，但这并不意味着我们可以质疑他评价的客观性。此外，芮奈尔·玛利亚·里尔克（Rainer Maria Rilke），也在早期为《布登勃洛克家族》写过评论。他并非作者朋友，更无碍于其评论的客观。

这个故事讲述了老辈人平静安然的生活，也展现了其后辈的充满焦虑、以自我为中心的浮躁。……它展现了家族成员个人生活方向的改变是如何导致了这个家族的衰落。……这种内省倾向变得越发重要。

因此，这一主题极具普适性，不仅仅限于德国北部，也涵盖了德国全境。曼慢慢地才有了这种认知。他惊讶地得知，在1926年，一位法国巴黎的读者就认为这个故事也可以发生在马赛的中产阶级圈子中（贝伦德松 Berendsohn 1973:29）。曼逐渐接受了一个事实：他的《布登勃洛克家族》，尽管形式和内容都是德国的，却成为一本了“超越德国，泛涉全欧的书，是整个德国资产阶级心灵史的一个片段”（Mann 1926：xiii，转引自 Winston 1981:158）。在另一篇文章中，曼真正认识到了自己作品的普适性。他说：

有的人只是在塑造个体，却惊奇地发现他塑造了国民性。有的人描写国民性，却始料未及，深刻抓住了整个人类的共性。

实际上，曼的《布登勃洛克家族》有着极丰富的内涵。它可以为我们提供19世纪德国北方的文化资料，不过比起小说本身，曼写作小说的个人笔记能更好地为此目的服务。它可以被视为德国北方人的漫画，但其意义又何止于此。它是世界各地所有市民阶层的漫画缩影。如果仅仅将这部小说看作一部地方性作品，才是对曼的天才的无礼、不敬。

小 结：

如果曼的写作目的并非具有社会学意义，那么也必定不具人类学意义。民族志作者的目标是如同摄影一般描写现实主义的形式——对于事实的表述

——而不是观点和真实的交融。对于小说作者而言，思想观点是首要的，真实是服务于观点的；而对于民族志作者来说，真实才是首要的，观点要从真实中得来。

我并不认为文学对于人类学来说毫无意义，本论文的内容正说明事实与此相反。我仅仅希望澄清：人类学家和小说家的目标是相似的——通过更好地理解人及其生活的世界，改善人类的生活环境，这是目标之一。但是，由于两者判断杰作的技术和准则不同，可能会导致两个人文学科的潜在冲突。毕竟，同样具备远见卓识的小说家与人类学家，他们的发现往往有天壤之别。

参考文献

Apter，T. E. 1978. *Thomas Mann：The Devil's Advocate*，London：The Macmillan Press.

Bernstein，Basil. 1971. *Class，Codes and Control*，Vol. 1. London：Routledge and Kegan Paul.

Berendsohn，Walter E. 1973. *Thomas Mann：Artist and Partisan in Troubled Times*. （English translation by George C. Bucks）University，Alabama：University of Alabama Press.

Bürgin，Hans and Hans－Otto Mayer. 19b9. *Thomas Mann，A Chronicle of his Life*. （English translation by Eugene Dobson）University，Alabama：Unversity of Alabama Press. （Original title：Thomas Mann：Eine Chronik seines Lebens. Frankfurt/M：S. Fisher. （1965）.

Fowler，Roger. 1977. *Linguistics and the Novel*. London：Methuen&Co.

Giglioli，Pier Paolo（ed.）. 1972. *Language and Social Context*. Hardmondsworth：Penguin.

Hatfield，Henry. 1964. *Thomas Mann*：A Collection of Critical Essays. Englewood Cliffs：Prentice－Hall.

Labov，William. 1972. "The Study of Language in its Social Context，" in Language and *Social Context*，P. P. Giglioli（ed.），283－307. Harmondsworth：Penguin.

Lowie，Robert H. 1954. *Toward Understanding Germany*. Chicago：Chicago University Press. Mann，Thomas. 1918. *Betrachtungen eines Unpolitischen*. Berlin：Fischer.

——1926. *Lübeck as a Way of Life and Thought*，（trans. Richard Winston and Clara Winston）.

——1952. *Buddenbrooks*. （English translation by H. T. Lowe－Porter）New

York：Vintage Books.

——1965. *Buddenbrooks：Verfall einer Familie*. Frankfurt/Main and Hamburg：Fischer Bücherei.

——1968. *Das essayistische Werk*，8 *Vol.*，（ed，by Hans Bürgin），Moderne Klassiker，Bd. 113－120. Frankfurt/Main and Hamburg：Fischer Bücherei.

——1975. *Briefe an Otto Grautoff，1894－1901，und Ida Boy－Ed，1903－1928*. ed. Peter de Mendelssohn. Frankfurt/M：S，Fischer.

Poyatos，Fernando. 1977. "Forms and Functions of Nonverbal Communication in the Novel：A new Perspective of the Author－Character－Reader Relationship，" Semiotic 21（3/4），295－337.

——1983. *New Perspectives in Nonverbal Communication：Studies in Anthropology，Social Psychology，Linguistics and Literature*. Oxford：Pergamon Press.

Reed，T. J. 1974. *The Uses of Tradition*. Oxford：Clarendon.

Rilke，Rainer Maria. 1964. "Thomas Mann's Buddenbrooks，"（trans. Henry Hatfield）. In *Thomas Mann：A Collection of Critical Essays* Henry Hatfield（ed.）. Englewood Cliffs：Prentice－Hall.

Rothenberg，Klaus－Jürgen. 1969. *Das Problem des Realismus bei Thomas Mann*. Koln/wien：Bohlau Verlag.

Schemer，Paul. 1967. "Thomas Manns Vorarbeiten zu den Buddenbrooks：Zur Chronologie des Romans，" In *Quellenkritische Studien zum Werk Thomas Manns，Paul Scherrer and Hans Wyling*，Bern：Francke.

Schroter，Klaus（ed.）. 1969. *Thomas Mann im Urteil seiner Zeit：Dokumente，1891－1955*. Hamburg：Christian Wegner.

Sombart，Werner. 1913. *Der Bourgeois：Zur Zeitgeschichte des modernen Wirtschaftsmenschen*. München u. Leipzig：Duncker&Humblot.

Swales，Martin. 1980. *Thomas Mann*：A Stuy. London：Heinemann.

Tyroff，Siegman. 1975. *Namen bei Thomas Mann*. Europaische Hochschulschriften Reihe I，Deutsche Literatur und Germanistik，Bd. 102. Bern：Herbert Lang.

Winston，Richard. 1981. Thomas Mann：*The Making of an Artist 1875－1911*，New York；Alfred A. Knopf.

黄土文明的地域遗产

- 中华始源与文明建构
- 多元记忆与层累历史
- 塬上有壁：介休张壁村与黄土文明的人—地育生观
- 蒙汉之间：东、西大期刺姓居民民族身份考察

中华始源与文明建构

——“人类学与黄土文明”第13届人类学高级论坛会议综述

张桓铭[①]

2014年9月27日，中国第13届人类学高级论坛在山西大学举行。王明珂、行龙、周大鸣、徐杰舜、彭兆荣、徐新建、安介生、王铭铭、范可、丁宏、赵旭东等来自两岸三地30余所高校及其他机构的著名学者列席参加，乔键先生遣派其子携亲笔信与会致贺词。截至2014年9月20日，已收录学术性论文或报告45篇，产生《著名人类学家乔键》、《乔健先生口述史》两本会议刊物。

论坛历时两天，以“人类学与黄土文明”为主题，设置“人类学视角下的黄土文明”、“历史学与人类学的对话”、“青年学者交流”、“乔健与中国人类学”四场讨论。学术争鸣，气氛热烈。本文择其要进行概述。

一、论坛背景

近年来，国际、国内越来越严峻的文明冲突与民族矛盾形势使得学者将思考转向当代多文明、多民族格局的构建上。在传统认识里，“黄土文明”是中华文明的起源，有“黄河摇篮”的说法。尽管考古发现已证明中华文明的多元性，但依然缺少对文明交融与发展过程中内部社会结构与人文形态的深入探查，故而无法提出具有可操作性的理论应对多文明、多民族问题。因此，研究“黄土文明”担负着两项重要责任：其一是探寻“中华民族的源始及其形成”，其二为考察“中国文明的性质及其成长”，也就是要回答：谁是最早的中国人，中国文明是怎样发展的[②]。而今唯有追本溯源，重新认识

① 张桓铭，四川大学文学与新闻学院硕士研究生。

② 徐新建：《从头说起：黄土文明考古叙事——李济先生山西考察的开创意义》，会议论文打印稿。

“黄土文明”如何在多元交融的环境中形成与演变，重新建构中华“始源”与文明，才有可能解决当代人类所面临的困难，探索并建立多民族、多文明共存共荣的新型格局。

人类学高级论坛自2002年发起，以“美美与共，和而不同”为宗旨，探寻当代中国的人类学范式，确定人类学研究的重要主题，为推动中国人类学的发展起到了不可磨灭的作用。本次人类学高级论坛走进山西太原，寄托着人类学学者两方面的美好愿景：一是实现人类学自身研究理论与方法的突破，二是通过对“黄土文明”的研究，从厚重的历史积淀中汲取经验与教训，为当代的民族认同与多元格局寻找新的文化基础与合法性依据。

二、创新人类学理论与方法的探索

（一）“生态文明”研究视角的意义

2013年第12届重庆人类学高级论坛主题为“人类学与江河文明”，今年太原论坛为“人类学与黄土文明”，预定明年将是“山地文明”。显而易见，从重庆论坛开始，主题设置上显示出一种规律性的自觉，即：以地理生态模式为单位来论述文明的形态，并以此生态文明的视角来认识“中国”。

四川大学徐新建提纲挈领地概括了几种划分中国生态的模式和意义。他提到，从拉铁摩尔的“长城内外是故乡”，到施坚雅以村镇为核心的“空间体系”，再到费孝通的“乡土中国”，直至今天学界关注的河西、岭南、藏彝三大走廊，这些区域划分的模式深刻地影响了当代中国人的思想观念。而“黄土文明”的提法体现出了一种新的区域划分模式，“有助于我们深入挖掘特定区域中族群、历史与文明的关系，亦可促进从文明的广度反观、反思和重建人类学”①。

无独有偶，中国人民大学赵旭东也从学科背景与时代要求方面阐述了人类学转换视野的重要价值。他指出，中国人类学研究受英国结构功能主义学派影响，习惯于进行具体而微的村落研究。费孝通的《江村经济》、林耀华的《金翼》，莫不如是。但在城镇化趋势日益凸显的当代中国，封闭而完整的村落已经不存在了，因此以村落为单位的微观研究很难形成完整的民族志表述。他旗帜鲜明地发出了“从中国村落到中国文明”的倡议。他讲道，人

① 徐新建：《区域人类学与介休发展》，会议论文打印稿。

类学要从“显微镜式的细致观察”变成“站到某个高度去俯瞰”，要从“功能结构的精确把握”变成“知识与权力之间动态互渗关系”的自我反思①。

北京大学王铭铭借《地方化策略》同样表达了对村落研究传统的担忧。他指出，现在世界人类学中扮演主角的民族志学术区是 Hunters and gatherers 与 Sub－Sahara Africa and Melanesia。中国之所以缺位，正是因为传统民族志方法只适宜于相对独立封闭的“小传统”的研究，导致中国缺少杰出的民族志作品。王铭铭提出，中国可能存在的民族志学术区是东南、西南与华北，希望能从这些区域着力突破，并同样认为应该探索从区域研究到超越地区的研究模式。

这些讨论可谓是人类学自我完善与突破的文化自觉的缩影。从微观到宏观，从村落到文明，从作为“黄河摇篮”的历史溯源到“满天星斗”的多元阐释，反映出人类学家有意识地投射更多的力量去探索宏观文明研究的学术范式，并试图为日益复杂的民族关系与文明冲突问题提出人类学建议。

（二）跨学科对话的启示

9 月 27 日下午，论坛开展了题为“历史学与人类学的对话”的现场座谈，现场气氛热烈，发言积极，学者们在学科交流形式、研究对象与方法、研究性质等多个方面切磋研讨，形成了百家争鸣的学术盛景。

讨论中，钞晓鸿较为典型地总结了人类学与历史学在学科特点上达成的几点共识：人类学喜欢以小见大，历史学喜欢就事论事；人类学注重从现实中发现第一手资料，历史学以现实印证文献资料；人类学擅长整理非文字材料，历史学擅长文字资料的归纳整理；人类学注重个案的结构与功能，善于平面展开；历史学偏向制度与史实的宏观叙事，擅长立体作业。

历史学与人类学的争论主要聚焦在以下几个问题：

1. 研究对象与方法

钞晓鸿、张小军、张俊峰等对人类学的质疑可概述为两点：一是人类学主要开展小范围的个案研究，“孤证不立”；二是人类学民族志偏向于对民间原始文本的整理与书写，欠缺对背景文献的归纳整理，研究缺少纵深性与连贯性。

对此，范可指出：“真正的历史应当是地方史，是普通民众的历史，而

① 赵旭东：《从文野之别到圆融共同——三种文明互动形式下中国人类学的使命》，会议论文打印稿。

非官方史。”以此回应历史学对于人类学总是关注“小传统”的指责。赵旭东也表示，历史学一味注重政治、制度是有缺陷的，忽略了民间丰富的历史资料。他认为，真实的历史本来就是由无数“小传统”组成的，历史学家所谓的“历史”是人为编织创造的，人类学的努力是在还原历史的真相。

2. 研究性质与立场

赵旭东认为，真实的中国文明本来就是断裂的、多元的，真实的历史是由鲜活的个人演绎的。他批评历史学的宏大伦理叙事忽略了民众的真切情感体验，并指出，人类学的使命正在于颠覆已经固化的历史观，重新构建现代意义上的历史话语与当代人的世界观。赵旭东提出了文明之间的三种对立排斥、互补交流与圆融共通的交流模式，并认为人类学应积极投入文明层面的考虑乃至于文明之间的互动。

中国人民大学关凯进一步谈道，完整的历史叙述应当包括官方史、社会史和口述史。历史的书写总是有一定主体的，当下的主体便是民族国家。他批评道，无论是历史学家还是人类学总是在用非历史的价值或理论绑架真实的历史，如民族主义，如多元价值。他主张，过去的历史是在今天被建构的，是在“造假”，我们应尝试客观公正地还原历史。而山西大学张俊峰教授则不赞同关凯教授的意见。他认为绝对真实的历史是不存在的，“假的历史”也是历史。

通过跨学科的对话，人类学对于自身学科性质与理论方法有了更加清晰的认识。复旦大学安介生表示，跨学科交流当以相互吸纳的实用原则为主，方法论不应成为学科划分的依据，人类学和历史学都应当积极吸纳其他学科的方法与成果。中山大学陈志明也认为跨学科交流十分重要，但历史学与人类学合作而不合流，人类学的田野案例可以结合地方（区域）历史研究来反映更加宏观的问题。清华大学张小军认为，历史人类学只是一种研究视野，缺少成为一门独立学科的基础。关于历史人类学的提法与创新应放在学科史的脉络内去看待。

三、人类学视野下的“黄土文明”

什么是“黄土文明”？它的边界在哪里？这是探讨“黄土文明”的重要起点。在这一问题上，学者普遍默认以“黄土高原”的地理范畴划定黄土文明的边界。四川大学李菲的表述为“黄土高原上的文化印记”。中山大学孙九霞则说："从广义上讲，黄土文化地区即等同于黄土高原。"[①]

但本次论坛对"黄土文明"的讨论，更强调民族融合视域下文明的形态与结构。对此，周大鸣教授在开幕式上开宗明义，以"历史文化"与"民族融合"作为论坛的方向。四川大学徐新建亦提出以"历史积淀"、"生态环保"、"民族交融"为三个基点的"一个相互关涉的三角形"作为学术讨论的边界。

在此框架下，学者主要从黄土地区的水利、宗教、人群与乡土地理的角度进行了探讨交流。

（一）以"水"为核心的社会研究

水利社会近年来逐渐成为学术界关注的对象。区域社会史视野下的水利社会研究集中在两个主题上：其一是对历史水权问题的实证研究和理论建构，其二是对水利社会的综合性研究，探讨乡土社会中权力与象征符号的建构过程。其中，张俊峰提出了水利社会的三种类型：泉域社会、洪域社会、河域社会[②]。而在人类学视野下，水不但是权力的象征，更是地方社会得以建构的纽带。

周大鸣教授认为，过去以"水"为中心的社会研究，主要集中在水利社会的研究上，缺少对水资源匮乏乃至于枯竭的社会形态的研究。他以洪山村为例，描绘其水资源丰富时水从自然资源转变为经济资源，进而成为文化资源的过程；进而展现了由于长期人为破坏造成的不可逆损伤，20 世纪 90 年代末开始，洪山泉水位急剧下降直至断流，泉域水利不复，产业凋敝，人口严重外流，教育不振的窘迫境地。针对洪山村"因水而兴，因水而衰"的社会历史过程，他提出了两点应对意见：第一，借用张俊峰"泉域社会"理论，认为洪山泉断流并不只是洪山村的过失，而是整个洪山泉域的问题，应建立跨越有形（行政）边界的区域保护合作机制；第二，将民间"无意识的传承"与国家及民间"有意识的创造"结合，开展文化再生产，反对文化的"随意拼接"[③]。

祁建民教授则是以山西霍州、洪洞交界处四社五村为例，揭示了水利社会中水利秩序与文化结构之间的互动联系。祁建民教授认为"均水"理念是

① 孙九霞：《黄土文化地区的旅游新型城镇化》，会议论文打印稿。

② 张俊峰：《水利社会的类型——明清以来洪洞水利与乡村社会变迁》，会议论文打印稿。

③ 周大鸣：《资源与社会——以"水"为中心的洪山社会变迁》，会议论文打印稿。

处理分水问题的基本原则，但现实中的“不均”反而是民间的常态。他分析了“不均”的水利秩序形成的原因：一是自然地理的影响，下游要尊敬上游；二是现实力量的强弱，势大者掌握分水权；三是长期争斗磨合中的妥协。祁建民教授认为乡土社会中的礼制是维持水利秩序的纽带。四社五村的水利秩序靠兄弟辈分与嫁女送水的翁婿关系得以确立。为此，他提出了“礼”的三大特征及其与水利秩序的关系：其一，“礼”源于等级社会，维护等级差序，为“不均”提供伦理依据；其二，“礼”源于传统道德，富有人情味，缓和了矛盾；其三，“礼”强调了自觉规范，使人顺服①。

张俊峰教授则是从水利与宗族的角度开展研究。他指出，学界对于宗族的关注主要在华南地区，对华北宗族缺乏研究。因此，张俊峰教授有意将“水利”与“宗教”结合，促成从“乡土中国”到“水利中国”的视角转变。张俊峰教授梳理了台骀作为汾河河神信仰的历史流变。他指出，从明嘉靖以后才开始从青阳张氏流传开台骀是张氏祖先的说法。这一说法强化了张氏的宗族认同意识，并帮助青阳张氏在当地社会中占据强势地位。在晋祠泉域社会中，张氏世袭北河渠长职务。张俊峰教授认为“亦神亦祖”的台骀形象向我们揭示了北方水利社会中宗族势力借用象征符号，在地方资源争夺中表达宗族意志的手段②。

（二）多角度下的宗教信仰研究

关于宗教信仰问题的研究，彭兆荣教授提出了黄土文明区域的“祖—社—后土”的信仰结构，他认为，“祖—社”结构是中国传统农业文明的基要。祖有二义，一是祖先，二是神祖。社即是土，即是四方。“祖—社”崇拜反映出传统农业文明中祖先崇拜与土地信仰的紧密结合，祖社相连，牢不可分。他进而谈到，土地崇拜的具体对象一是“社”，二是“后土”。通过考察山西介休的社稷坛与后土庙，他认为“后土”信仰是从“地母”信仰演变而来③。

① 祁建民：《四社五村水利秩序与礼治秩序》，会议论文打印稿。

② 张俊峰：《台骀信仰与明清以来汾河流域的宗族建构》，会议论文打印稿。

③ 彭兆荣：《黄土文明之“介休范例”的民族志表述》，会议论文打印稿。

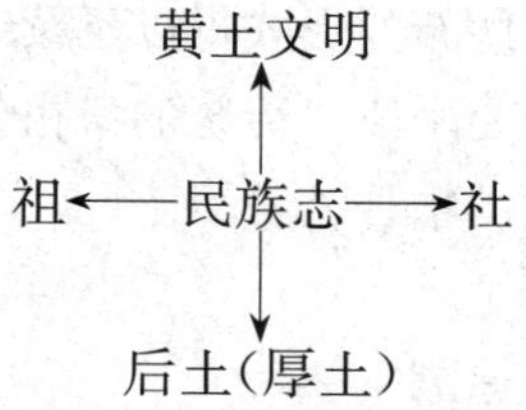

王柏中教授也就后土信仰展开了讨论，特别是关注了后土信仰传播到越南后产生的变化。他认为，先秦时代的“后土”神尚且是与“皇天”相对的自然神，是男性神。具有“地母”神属性的女性“后土”神格，是在西汉时期才出现的“汾阴后土”。随着中原文化圈的扩展，后土信仰传至越南，但越南的“后土”神并非中原“后土”神的南迁，而是产生了与本土文化紧密相连的“应天化育元君”与“后土人次威灵夫人”两个版本的神话传说来解释“后土”的由来[1]。

王柏中教授的成果展现了“后土”信仰在黄土文明与异文明交流碰撞环境下的生存策略。这一点与李菲博士关于介休张壁村“可汗”信仰的讨论可谓有异曲同工之妙。

李菲[2]博士指出了黄土高原上民间信仰“村—庙”结合的特征，并以介休张壁村为案例，以地缘与关联紧密程度建立了黄土文明民间信仰“张壁村（具体地方）—山西地方（行政区划）—黄土高原村落—普遍性神祇”的“四圈层”结构。展现了宗教信仰的多样性。李菲特别分析了“可汗庙”的内在信仰结构。在汉区腹地张壁村顽强地生存下来的“可汗庙”，是山西地方信仰中民族交融的鲜明印记。她指出，可汗庙在进入当地人信仰结构的过程中，经过了地方化、功能化、制度化的再造与改写，淡化了认同区隔的问题，赋予了“可汗”以新的功能与意义。她认为，黄土文明多族群、多信仰、多历史的交融过程，并非只有“融而合之”、“接而纳之”的理想化模式与结果，在实践上，还有“存而不论”、“和而不同”的多种图景。

徐嘉鸿[3]则以陕北左村为例考察了当下城市化与市场化浪潮下祭祖仪式的变化。她指出古老的祠堂开始衰落，代祭、补祭、路边祭等新型祭祖形式在当代出现，现代化的元素开始介入祭祖仪式，专业化的祭祖经纪人出现。

---

① 王柏中：《黄土文明一题：后土神的历史演变及域外变化》，会议论文打印稿。

② 李菲：《黄土文明地方信仰的历史结构与文化认同：介休张壁村个案考察》，会议论文打印稿。

③ 徐嘉鸿：《黄土高坡托起的圣仪——陕北柞村祖先祭仪变迁》，会议论文打印稿。

古老相传的祖先崇拜通过这些新的形式得以延续。徐嘉鸿认为，祭祖是维系传统道德与家族凝聚力的重要手段。传统的祭祖仪式已很难恢复，复兴的只能是通过家族组织所要传达的精神。

（三）“黄土人”的历史追溯

徐杰舜教授与莫蓉副教授合作的《山西人：黄土文明创造者的一个样本》从历史的角度梳理了山西人的形成过程。文章将山西人的形成过程分为发端、襁褓、摇篮、童年、形成五个阶段，分别对应原始文明、春秋晋国、战国三晋、从秦汉到魏晋、从北朝到隋唐五个历史时期。文章认为，隋朝的统一实现了山西各民族长期互动、磨合、整合、融合的一次洗礼，在隋唐时，各少数民族最终完成汉化，历史上正式出现山西之名，山西人正式形成。

青年学者姜约[①]通过对介休东西大期居民的族别考察，展开了民族融合问题的思考。姜约通过调查发现东西大期的居民尽管民族身份登记上显示为汉族人，但在历史渊源上却是蒙古族人。由此，他对当下官方民族识别与登记的结果表示质疑，并认为应当仔细考察民族融合的问题。姜约进一步指出了东西大期的人在现实中采取的对外通婚与灵活转变身份的生存策略。姜约提供的案例是我们重新审视中华文明形成过程中民族交融问题的宝贵文本。

另外，邱仲麟[②]先生对山陕乃至两京教坊司与诸王富乐院的乐户的生存情况及其原因进行了研究。邱先生指出，明清承元旧制，乐户世袭，身份不得变更，造成乐户身份卑贱，饱受欺压。清雍正年间诏令改良，削减或禁止蓄用乐户，反而将乐户驱离城市，身份更加边缘化。邱先生描述出了一副山陕乐户悲情的历史画卷，让我们对历史上生活在这片黄土地上的人有了更加丰满的认识。

（四）乡土地理散论

安介生教授以《寒食节文化与介休乡土地理新论》为题，对介休、介子推、寒食节之间的关系进行了梳理与考证[③]。钞晓鸿教授针对“泾渭分明”的说法，对泾河、渭河的水文情况进行了环境史的考察，指出泾渭的水文条

---

① 姜约：《蒙汉之间——以张壁村东西大期为例》，会议论文打印稿。

② 邱仲麟：《明清的山陕乐户——兼及两京教坊司与诸王富乐院》，会议论文打印稿。

③ 安介生：《寒食节文化与介休乡土地理新论》，会议论文打印稿。

件是变化的，泾清渭浊并非恒定现象①。孙九霞教授根据黄土高原城市化进程中自然环境被破坏的情况，提出了以发展新型旅游业为中心的城镇化策略②。此外，张继莹博士还对降雨与灌溉对山西旱作的农业时序的影响做了研究③。赵巧艳对山西窑洞的建筑风格与栖居模式进行了解读④。

黄土漫漫，岁月悠悠，千年来，在这片流传着“炎黄共祖”与“黄河摇篮”传说的土地上，南来北往，王朝兴替，孕育出了灿烂的文明。通过学者的讨论，我们进一步认识到中华文明的包容性与多元性。今天的黄土人，是在民族交融的历史流变中形成的，他们既有着多元的文化基因，又有着慷慨的现实认同。无论是妥协互助的分水理念，还是多元并存的信仰体系，都折射出先民博大的胸怀与深邃的智慧。

9 月 28 日下午举行了“乔健与中国人类学”分论坛暨闭幕式。

结　语

经过两天的讨论，本次论坛在两方面取得了可喜的进展：一是正本清源，将“黄土文明”放在多元视角下，重新审视中华“始源”与文明的具体历史形态，还原了历史上黄土文明在多民族的交融中生长壮大的真实过程，展现了黄土文明下活生生的人在多民族、多文明交汇的环境里通达豁然的态度与包容共荣的智慧；二是将“生态文明”的研究视角重新引入人类学研究的主流视野之下，推动人类学反思民族志的写作方法，强化文献归纳整理能力的训练，加大对宏观文明交流与对话的关注，促进中国人类学在“村落模式”之外另寻道路。

茫茫黄沙万里长，遍地皆沧桑。“黄土文明”是中华文明的滥觞。苍茫的黄土地犹如天然的熔炉，将游牧文明与农耕文明，将汉文化与戎狄文化，将中原礼仪与西域风情，交融成黄土人实实在在的生活画面。沧海茫茫，可容百川，天地浩大，生养万物。我们应该用更加宽容、更加丰满的眼光去看待这些现实中复杂而生动的人与文明。

---

① 钞晓鸿：《泾渭清浊：清朝的考察辨析及其功用意义》，会议论文打印稿。

② 孙九霞：《黄土文化地区的旅游新型城镇化》，会议论文打印稿。

③ 张继莹：《降雨与灌溉：山西旱作的农业和时序》，会议论文打印稿。

④ 赵巧艳：《大地之居：窑洞的栖居模式解读》，会议论文打印稿。

多元记忆与层累历史

——山西介休洪山实地考察

李国太[1]

摘　要：介休洪山是黄土高原上一个具有悠久历史的聚落，由于地处南北向走廊之中，并一度位于农耕与游牧的分界地带，其历史呈现出层累结构。又因源神池水万古长流，形成了典型的泉域社会。文章围绕洪山之名的民间表述、洪山人的历史变更，以及洪山水的从生到死等问题展开论述，力图还原洪山以水为中心的层累历史，以此对黄土文明的多元构成提供微观个案。

关键词：介休洪山　多元记忆　层累历史　民间表述

介休，古名“界休”，地处晋中盆地南部，境内雀鼠谷是汾河谷地重要的关隘，历史上有数次战争发生于此，也是晋中盆地与晋南盆地的重要分界线。洪山位于介休东十五公里，东靠晋中盆地，西临绵山脚下。其山名“狐岐”，早在《山海经》中便有“狐岐之山，无草木，多青碧。胜水出焉。而东北流注于汾水，其中多苍玉”[2] 的记录。历史上的洪山并非交通要道，却以其手工业的兴盛闻名于世，是介休重要的集镇。除此之外，以源神庙为中心的信仰世界和以源神池为源头所形成的介休水利灌溉系统，也是其声名卓著的重要因素。2014 年 4 月 2 日，笔者跟随四川大学“黄土文明与介休范例”调研团队，第二次进入这个在介休历史上被誉为“胜水流膏”的地方。

一、“洪山”之名的民间表述

有关洪山的文献资料，最早见于《金史・地理志》，其中有如下记载：

---

① 李国太，四川大学文学与新闻学院文学人类学专业博士研究生。

② 袁珂译注：《山海经全译》，贵阳：贵州人民出版社，1991 年，第 73 页。

> 汾州，上。宋西河郡军事，天会六年置汾阳军节度使，后又置河东、南、北路提刑司。户八万七千一百二十七。县五、镇二：西河有谒泉山、比干山、文水、汾水。镇一郭栅。孝义有胜水。介休有介山、汾水。镇一洪山[1]。

这是“洪山”之名首见于文献，这段文字中明确提到，在当时的汾州，“洪山”是其仅有的两镇之一。由此可见，至少在金代，洪山已经是晋中重要的集会之地。但洪山的繁盛不可能一蹴而就，在此之前洪山应该已有较长的历史[2]。遗憾的是，在文献中几乎找不到证据。

如果说以文字文本保存下来的史料代表了传统“信史”，那么，民众口耳相传的记忆却以另一种方式存在。在追溯洪山村的历史时，这种现象也经常出现。因此，笔者在考察中十分关注洪山人对洪山历史的记忆，发现狐狸与凤凰构成了洪山人记忆中有关洪山历史的重要内容。关于洪山得名，在洪山人口中流传着这样一个传说：洪山村原名狐岐山，山中有一洞，洞中住着一只狐狸，狐狸成精后每天晚上都要到村子里伤害人畜。后来，西汉谋臣张良回汾阳，顺道看望驻军汾州的樊哙将军，路过此地时借宿村内，狐精居然不敢下山。于是村民祈求张良留下，后张良让村民将其画像贴在门上，狐精就再也不敢来村子里了。张良走后的第二天，狐岐山就着火了，一连烧了几天。把狐岐山烧得通红，狐精也被烧死在洞中。从此以后，人们就将狐岐山改为红山，时间长了，红山便成了洪山，张良留宿的村子也因此改名为张良村[3]。

此故事至迟在清初已经见诸文献，康熙《介休县志·地理·山川》：“狐岐山，在县东南二十五里，中有狐洞，可通十里。山腰有泉。《禹贡》‘狐岐之山，胜水出焉’即此。”[4] 所谓狐洞，实乃一岩溶地貌所形成的天然洞穴，至今犹存。这个看似荒诞的故事，在洪山以及周围的村子里可谓人尽皆知。不仅如此，今天洪山镇仍有东狐村、西狐村以及张良村。在村民的集体记忆

① 脱脱：《金史》，北京：中华书局，1975 年，第 631 页。

② 从源神庙中那通镌刻于大中祥符年间的《源神碑记》可知，早在北宋年间，洪山便已经有了专门管理瓷窑税务的官员。窑磁业的繁荣，必将促进集镇的繁荣，洪山或许也不例外。

③ 《洪山村与张良村》，《介休民间故事集成》，太原：山西人民出版社，1991 年，第 60～61 页。

④ 王埴纂修，侯清柏标断：《介休县志》（康熙），太原：山西人民出版社，2012 年，第 15 页。

中，这些村子的得名均源于此传说。可见，从文献中的“狐岐”之名，到现实中的“狐狸传说”，再坐实到对村名的本土阐释，在整体上建构出洪山及其周边地区人们的“历史”观，最终甚至塑造了外来者有关洪山历史的印象。如清代文人王世松《游鸑鷟泉即事》有“山自仙狐遗有穴，泉从神鸟去仍流”① 之句，便已将传说融入诗文中。

或许我们应该追问的是，这种建构是如何产生的？实际上，“狐村”原名“胡村”，民国十三年《介休县志·疆域略》：“东狐村，古狐作胡。”② 现存于源神庙中的一通明万历十九年（1591）王一魁《源泉诗四首有小序》碑碑阴文字有：

胡村与洪山同用一河，有南北古石堰一条，以致通流至洪山村心，分为两河。四六水平。洪山本村分水六分，狐村分水四分，溉地至大许村十五里③。

同一行文字中，对胡村的书写便出现了两种方式，是铭刻者笔误，还是胡村当时已经存在两种名称？带着这样的疑问，笔者查阅了源神庙藏的所有碑文，结果发现在这通碑以前的所有碑文中，此村均被写作“胡村”，而在此碑之后，“狐村”便取代“胡村”而成为村子的新名字④。这不得不令笔者疑惑有关胡村和洪山村得名的故事是如何建构出来并成为今日村民的集体记忆的。明代万历十九年那通碑文中的错讹是有意为之，还是无意之误。如果无意，为何在此之后的胡村便统一完成了向“狐村”的转向⑤？

除狐精故事之外，洪山村有关凤凰的口传资料也很丰富。这在当地流传的源神池来源的传说中有充分体现：在很久以前，洪山并没有水源，完全是

① 徐品山、陆元鏸编修，侯清柏标断：《介休县志》（嘉庆），太原：山西人民出版社，2012年，第598页。

② 张庚麟督修，侯清柏标断：《介休县志》（民国），太原：山西人民出版社，2012年，第202页。

③ 黄竹三、冯俊杰等编著：《洪洞介休水利碑刻辑录》，北京：中华书局，2003年，第184页。

④ 但“胡村”之名还能在一些文献中见到，如乾隆《介休县志》的“村落图”中，仍标明为“东西胡村”。

⑤ 在洪山调查期间，有村民无意间说道，狐村有马姓，皆系回族，其祖上早在明以前便来到此地，如今仍有诸多遗迹。联系到中原民族统称北方民族为“胡”的历史，“胡村”之得名是否与回族居住于此有关？由于缺乏证据，笔者不敢遽下结论。但“狐村”之“狐”来自于“狐岐山”之“狐”应该是没有疑问的，这种望“字”生义是由谁来完成的，或许才是问题的关键。

靠天吃饭。有一年遇上严重干旱，三月初三那天，人们正在求雨之时，一只华丽的大鸟轻轻地落在了地上，连叫三声后又展翅飞上天去。有老人说，这种鸟就是凤凰，而凤凰是一种无宝不落的仙鸟，既然凤凰落在那里，说明地下一定有宝，因此人们用镢头在凤凰落过的地方挖了下去，不一会儿，一股泉水便喷涌而出，这就是源神池水的由来①。康熙《介休县志·地理·山川》载：

鸑鷟泉，即狐岐山源泉，世传胜水。宋至道间碑有鸑鷟池名，故老以为当日泉涌，有鸑鷟鸟鸣，故名。按《山海经》云："狐岐之山，胜水出焉。"即此②。

可见，清初纂修县志时，此故事已在洪山故老中广为流传。在洪山调查了两天后，笔者才发现这个传说并非洪山凤凰传说的孤例。洪山村民郭恒瑞告知笔者，洪山村的村落空间布局形态就是一个凤凰图案，其中源神庙恰好位于凤凰的头部，东头片是凤凰的胃，堡则和西头片是凤凰的翅膀，北头片是凤凰的尾，南街则是凤凰的脊骨。整个村落便是由这几个堡构成的一只凤凰。除此之外，村中寺庙华严寺也有一则关于凤凰的传说。华严寺是村子里面旧时二十二个寺庙之一，如今仍残存在南底沟旁的斜坡上，三间普通的窑洞式建筑。一通康熙四十二年的石碑，记载着华严寺的历史。华严寺与凤凰相关的传说如下：顶火珠先生曾在华严寺修炼，有一天他告诉身边的童子说要在华严寺内闭关四十九天，在这期间任何人不得打扰。童子谨遵师命，但到最后一天童子实在忍不住心中的好奇，于是在窗口偷看。只见寺内墙上壁画中的凤凰的一只翅膀已从墙上脱落，眼见凤凰就要活过来了。但童子的偷看，却使得另一只翅膀再也下不来了③。

这些流传在今日洪山人口中的故事，不知起源于何时？也不知是否与文献中的"凤鸣岐山"有关，但它确是洪山人对村落过往的记忆。因此，也是洪山历史另外一种有别于官方的、文字的民间口头文本。在洪山人的心中，官方的文本作为一种"遗产"，似乎具有情景性，而民间的口头文本，则更

---

① 郭恒瑞搜集整理：《源神池的传说》，《介休民间故事集成》，太原：山西人民出版社，1991年，第53～54页。

② 王埴纂修，侯清柏标断：《介休县志》（康熙），太原：山西人民出版社，2012年，第16页。

③ 此故事不见于《介休市民间故事集成》，由郭恒瑞为笔者提供。

具有生活的常态性。

二、“洪山人”的历史溯源

村名如此，千百年来洪山人又经历了怎样的变化？带着这个问题，笔者在洪山村走访故老，希望能得到解答。遗憾的是，几天下来并无结果[①]。但在文字文本之外，洪山村人的历史却还以传说和遗迹的形式保存于今日洪山人的记忆中。“打开灵石口，空出定阳湖”，是介休人人皆知的典故，但这一传说在洪山却与洪山人的历史紧密相连。由于洪山村位于定阳湖畔，因此灵石未开，便早已有人类居住，只不过那时的人类以渔为生。调查期间，当地村民郭恒瑞多次提及此传说，并带笔者参观了诸多被他视为洪山最早的人类居住遗迹，如挽船撅和土窑洞。而在驾岭河沿线，数十眼土窑洞一直延伸到今天的洪山村文化活动中心。如果说定阳湖的传说过于久远，那么这些土窑洞却无疑是历史上洪山人的家园。另外，洪山的“南街”如果按今日的村落布局形态来看，也并不居于南，但却在这数十眼土窑洞之正南，其原因或许就在于南街是当年居住在土窑洞中的洪山人为其命名的。当然，窑洞已是人类定居以后的产物。在这之前，洪山或许也驰骋着以游牧为生的人群。

顾炎武《日知录》卷 31“晋国”条下云：“晋自武公灭翼，而王命曲沃以一军为晋侯，其时疆土未广，至献公始大……若霍太山以北，大都皆狄地，不属于晋。”[②] 著名考古学家邹衡先生谈及晋国早期疆域时也说：“西周初至战国早期，山西南部与晋国（包括三晋）并存的还有许多受周封的姬姓或异姓小国以及戎、狄等少数民族，从晋穆侯以来才逐渐被晋国兼并。不用说，在晋兼并前的晋始封之时，这些小国或少数民族所据之地绝不可能是晋

---

① 村民说洪山村最初有七姓，至于是哪七姓卜居于此，却没有人能说得清楚。调查中发现，这个人口如今已超过四千人的北方村落，其姓氏不下五十个。且有的姓氏内部也并不统一。以郭姓为例，便至少可分为三个不同的家族。笔者一度希望能通过族谱对家族历史的记忆来部分复原洪山村的人口来源，但完全有别于南方家族的是，洪山村居然没有一户人家保存有家谱。一般在言及三代以上的祖先姓名时已经含糊不清。调查中，只发现一户人家还保存了绘制有六代祖先姓氏的神纸。据村民说，六代已经是村子里有关祖辈最久远的记忆了。但诸姓杂居已经预示着洪山村家族社会的发展程度有限，其内在的原因或许与洪山历史上一度手工业非常繁盛有关。手工业的发展吸引了大量外来人口进入洪山，这些人中的一部分定居洪山，其后裔构成了今天洪山村人的重要组成部分。

② 顾炎武著，张京华校释：《日知录校释》，长沙：岳麓书社，2011 年，第 1210 页。

国领地，晋国只能局限于很小的范围内。”① 这一观点，在历史地理学者的研究中也被证实。近人史念海在综合文献勾陈、考古发掘和田野考察的基础上，勾勒出西周时期一条东亚大陆的农牧分界线：

由陇山之下东北行，绕今甘肃的灵台县，折而东南行，由今陕西泾阳县越过泾河，东北经白水县而至于韩城市龙门山下，再越过黄河，循汾河西侧，至于霍太山南，又折而南行，过浍河上源，至于王屋山，更循太行山东北行，绕过现在北京市，东南达到渤海岸边②。

到春秋时期，此分界线在今陕西境内的变化并不大，但在山西境内却呈现出明显向北移动的趋势：

春秋时显然和西周时有很多的不同。……陇山以东，则由今陕西凤翔、泾阳、白水、韩城诸县市之北，直抵龙门山下，再东越黄河，循吕梁山东麓东北行，至于今陕西阳曲县之北，又东南绕今盂县之南，东至太行山上，再循太行山东麓，绕今北京市北，东南达到渤海岸边③。

两相对照，春秋时期今山西境内的农牧分界线已经从霍太山移到今太原以北的阳曲地区。地处霍太山以北，阳曲以南的介休洪山，自然也从“狄地”的游牧形态转变为农耕形态。当然，这一转换在后世仍有反复，魏时在洪山一带筑六壁城以防离石诸胡便是明证。郦道元在《水经》“文水注”中有“（胜）水西出狐岐之山，东径六壁城南，魏朝旧置六壁城于其下，防离石诸胡，因为大镇”④。可见，六壁城的位置正好在今天的洪山一带⑤。从“防离石诸胡”可以看出，魏时的六壁城是军事要塞，目的在于防范北方的

① 邹衡：《晋始封地考略》，《尽心集——张政烺先生八十庆寿论文集》，郑州：中国社会科学出版社，1996年，第220页。

② 史念海：《论两周时期农牧业地区的分界线》，《黄土高原历史地理研究》，郑州：黄河水利出版社，2001年，第546页。

③ 同上。

④ 郦道元著，陈桥驿校证：《水经注校证》，北京：中华书局，2013年，第164页。

⑤ 关于六壁城的地理位置，也有人认为在孝义境内。如民国十三年《介休县志·古迹考》：“六壁域，在洪山村。详大事谱中。《府志》云：介休故城在介休县东南二十五里，北魏太和八年所置。俗目为六壁城者，误。六壁城当在孝义县境。”（张庚麟督修，侯清柏标断：《介休县志》（民国），太原：山西人民出版社，2012年，第240页。）

胡系民族。这或许反映出，当时的洪山一带正是华夏民族与胡系民族的交界地带。实际上直到清末民国时期，关于六壁城的记忆仍能在洪山村找到踪迹。如旧时，洪山村下西门门楼对联为："狐岐山下青龙舞，六壁城前白虎飞。"① 源神庙正殿原来前四柱楹联共两幅："水绕四河圣禹泽，山回六壁魏王风"；"忠和孝修身要道，读与耕治家良谋"②。联系自唐至宋金时代洪山的兴盛，六壁城位于洪山一带或许并非民间故老相传的野史。

不过在此前后，南来北往的人群在洪山地区到底留下了多少足迹，并没有文献的载录。但如今仍在洪山村人口中流传的"鞑子寨"和"biao 窖"的传说却与遗迹相印证，表明历史上这里曾是多民族活动的舞台。

洪山鞑寨子与洪山村隔南底沟相望③，直线距离约两百米。故老相传，鞑子寨是蒙古人驻兵的军营，因此地势不仅要求较为平坦，而且还要有城墙护卫，以防当地人对蒙古兵的反抗。更有甚者，蒙古人还将当地人的大拇指剁掉，使其手不能握刀，以此杜绝反抗。当然，这只是洪山一带村民的集体记忆，为了寻找历史的真相？笔者开始在史料中寻找线索。详见下表：

资料来源	详细描述
康熙《介休县志·建制·城池》	隆庆元年，蒙古入犯……（万历）二十六年，蒙古警甚急，城西门、南门外旧无藩城④。
康熙《介休县志·天文·兵劫》	嘉靖二十一年，蒙古大举入寇，至城下。遍地举火肆掠，攻破石屯、王里二堡。隆庆元年九月十五日，蒙古大举入寇，自汾州西南向阳峡入，四乡多被杀掳焚劫⑤。
民国十三年《介休县志·兵防略》	明嘉靖二十一年七月朔，昼晦星见，如深夜。俺答大举入寇，直薄城下，破石屯、王里二堡⑥。

由此可见，明嘉靖二十一年蒙古人确实曾驻扎石屯，因此，石屯和与之相邻的洪山之鞑子寨的传说或许便是历史的真实呈现了。但蒙古人是否如村民所描述的那样，为了防止反抗而剁掉了当地人的大拇指呢？民国十三年《介休县志·古迹考》：

① 王祖川：《山川走笔·洪山镇洪山村》（未刊稿），2009 年 4 月。

② 黄竹三、冯俊杰等编著：《洪洞介休水利碑刻辑录》，北京：中华书局，2003 年，第 177 页。

③ "鞑子寨"不仅在洪山留有遗存，在石屯等村落也多有发现。洪山与石屯两村的"鞑子寨"相隔不远。

④ 王埴纂修，侯清柏标断：《介休县志》（康熙），太原：山西人民出版社，2012 年，第 23 页。

⑤ 同上，第 9 页。

⑥ 张庚麟督修，侯清柏标断：《介休县志》（民国），太原：山西人民出版社，2012 年，第 240 页。

万人墓，在史村西郊，墓已漫灭，堰侧有《石志》：万历二十二年，村人本俺达之乱杀伤甚众，僧明晓、遣秀、真千掘坑埋之[①]。

虽记史村之事，但从中也可看出战争确实为百姓带来了严重的灾难，灾难的记忆虽经历人口的数次迁徙、重组，在时间上跨越近六百年，仍在村民的脑际延续。

鞑子寨的传说还能在史料中寻找到与之对应的记载，而当地村民口中的“biaɔ 窨”却隐在历史的迷雾中，难以找到具体的对应时间和事件了。有关“biaɔ 窨”的功能当地有两种说法：一种认为是早期洪山人的居所，另一种认为是“活人墓”。关于活人墓的说法立刻引起了我的重视，因为一方面这些位于悬崖上的洞穴从大小和位置来看都很难做居所之用，另一方面当地流传的“活人墓”的传说与广泛流传在中国北部的“六十生藏”的故事情节如出一辙。著名民族学家马长寿先生曾以山西昔阳等地的“六十生藏”为例，探讨了这一故事广泛流传的内在机制。他认为：

中国远古的游牧时代，在今人意识中虽然淹逝了，却留下了一段六十生藏的传说。传说在传诵中也快黯淡了，在山西的深山里却留下了些生藏再现的遗址[②]。

笔者对比了洪山村的“biao 窨”与山西其他地区的“生藏”遗址，再结合这一故事与其类同性后发现，“biao 窨”正是“生藏”遗址在洪山地区具有地方特色的名称。而在马先生看来，山西汉人“生藏”传说记忆与历史上“北族”数次南下有着密切的关系。他甚至还根据文献记载、历史遗迹和口头传说构拟出一幅生动的“生藏”画面，再现了在北族南下时，人们不仅恢复了“六十生藏”的记忆，还因此实践了早已成为历史的远古习俗：

在异族入华兵荒马乱之秋，年壮的人可以挈妻曳子，游离四方，而年老

① 张庚麟督修，侯清柏标断：《介休县志》（民国），太原：山西人民出版社，2012 年，第 300 页。

② 马长寿：《中国古代花甲生藏之起源与再现》，《马长寿民族学论集》，北京：人民出版社，2003 年，第 41 页。

者体力不足，感伤尤多，最易趋于厌世悲观一途。前世既有六十生藏之说，于是托古筑藏，淹留其中。子孙亦以此为仿古之道，与其使父母暴骨于道路，不如筑藏山林，使父母居之，偷活人间①。

如这种推测成立，那么具体到洪山的历史，有关“biao 窖”传说或许与鞑子寨的传说一样，预示着处于南北通道上的洪山所经历的诸多民族多元互动的历史。

综上所述，从西周时期“狄地”的游牧之野，到春秋战国时期并入中原方国地域之内的农耕形态，再到魏晋时期成为防离石之胡的前沿阵地，后虽经历唐宋时期的相对安定，但元明时期再次成为北族南下的重要据点，洪山在历史上的绝大多数时间都处于多种文化的交接地带。洪山也因此数易其主，具备了走廊之“走”的特征，正可谓“铁打的营盘流水的兵”。“谁是洪山人”的问题也只能在追溯洪山历史的过程中若隐若现。

三、“洪山水”的由生到死

无论洪山之名在历史上几经变更，也无论洪山人几经改变，洪山的水却从远古一直流到 2013 年的冬季。洪山可谓因水而兴，历史上的洪山水是洪山人的骄傲。北魏郦道元《水经注》对洪山水有“胜水出于狐岐山，东流入汾”的记载。在历代介休县志中，洪山水和狐岐山都被列入介休重要的山川名录。“胜水流膏”作为介休十景之一，也是历代介休县志“舆地图”中必不可少的组成部分。笔者拟对洪山水与洪山历史地理环境、工农业生产以及人们的日常生活之关系，略作说明。

（一）“胜水流膏”：洪山水与自然景观

山因水幽，水因山曲。源神池水所经之处在宋以前的面貌虽不得而知，但至少在宋代仍芳草萋萋，柳荫依依。庙内现存宋代祥符元年《源神碑记》对当时的洪山有如下描述：“佳人游玩，骈阗车马，画毂雕鞍；诗伯道仙，

① 马长寿：《中国古代花甲生藏之起源与再现》，《马长寿民族学论集》，北京：人民出版社，2003 年，第 44 页。

玩水爱山；钓叟樵翁，寻溪绕涧。”① 这通碑文虽被后世指责为文过于质，但在笔者看来，它却是最早对洪山生态作详尽描述的文字。并明言“林幽境媚，盖自灵泉”，一语道破景妙之缘由。虽为骈俪之体，或许也并非随意而为。从所引两句中，洪山之清幽可见一斑。明清时期，洪山均被描写为有山水之乐的胜地。如康熙四十一年《创建自得荠碑文》：

离城二十里，名曰洪山，山石玲珑，泉水澎湃。半山有自得荠，楞高数丈，下临大河。面对金屏崖，后倚商山坡。东西水沟，奔注大河，古名二龙抱珠②。

实际上在文人的诗文中，对洪山之景物记载颇多，其中对洪山水的赞扬尤为突出，如清代享“艺林宗匠”之誉的介休籍诗人茹纶常在《狐岐途中即目漫成兼呈同游诸公》中对洪山之景有如下描述：

石桐数里间，青冥递相映。兼之众籁清，一洗人世听。飞流更超越，转觉心与竞。望古溯及岐，四载涉寥敻。水注暨山经，千秋可互证。何必修禊游，乃擅觞咏胜。日午卓松阴，风和恬鸟性。因思胜水源，澄绿定如镜③。

寥寥数语，从石屯到洪山源神池的旅途景物便呈现在世人眼前，其中的“青冥”之静、“飞流”之动交相辉映。春暖花开，风景如画，使洪山成为介休人踏青的首选之地。2014 年 4 月 6 日，笔者在洪山调查期间，正是桃花盛开之时，洪山虽已不复当年盛况，但介休县城小学的一百多名师生还是如期到来。水已不复流，景非昔时景。洪山踏青的传统仍镌刻在介休人的心中。

（二）“民田千顷”：洪山水与农业生产

介休虽地处汾河谷地，地势平坦，但由于干旱的气候，以及地狭人稠的

---

① 黄竹三、冯俊杰等编著：《洪洞介休水利碑刻辑录》，北京：中华书局，2003 年，第 143 页。

② 此碑文为笔者于 2014 年 4 月 6 日调查所得。碑现立于洪山村华严寺檐下，碑首刻“福田心地”。碑身正文共 10 列，每列 50 字，另有题首、落款三列。字迹稍显模糊。据郭恒瑞介绍，华严寺内另有一碑，已被文物部门征集。

③ 徐品山、陆元鏸编修，侯清柏标断：《介休县志》（嘉庆），太原：山西人民出版社，2012 年，第 578 页。

现状，使农业生产很难养活众多的人口。光绪《介休县志·总序》中便说：

介邑人稠地狭，田亩所产不足养给，稍有干材者，皆谋生于四方。而陇亩之功，委之游堕之农，益以“卤莽灭裂”而不治[①]。

有学者据明清《介休县志》记载统计出，近五百年间，介休共发生特大旱灾6次，平均83年发生一次；大旱灾20次，平均25年一次。20次大旱灾几乎全部是连续旱年，连旱平均为3年，有的长达4年之久[②]。由此可见，十年九旱是介休的自然气候特征，也是介休民众无法选择的生存环境。基于此，介休历史上的农作物种类有限，树木也仅限于数种。民国十三年《介休县志·物产谱·农桑辑要》：

县境土宜宿麦为多，秫、粱、豆次之。柳树、桑树、枣树遍地皆是。近年试种棉花，亦稍稍获利[③]。

但洪山可谓例外，历史上不但鲜有人口外流，而且还曾吸引了大量外来人口，是介休人口较多的镇之一，这自然与洪山水密不可分。洪山河流域的农业生产较为发达，乾隆《介休县志·田赋·仓储》：“介邑原捐社谷共九千七百石有奇，今计息谷共六千九百一十石，储于各村者凡一百四处。……洪山村贮谷四百六十四石零。”[④] 其数量最多，反映出当时洪山农业生产的面貌。除种植旱地农作物“谷子”外，水稻也是流域内重要的作物，直到1962年，洪山河仍灌溉了大约8万亩的稻田。洪山流域灌溉农业的生产到底起源于何时？已无从考证，现有文献均将洪山水开发为农业生产重要资源的历史上溯到介休籍的宋代宰相文彦博。康熙《介休县志·食货·水利》：

---

① 李敦愚编辑，侯清柏、封和安标断：《介休县志》（光绪），太原：山西人民出版社，2012年，第3页。

② 张俊峰：《介休水案与地方社会——对泉域社会的一项类型学分析》，《史林》2005年第3期。

③ 张庚麟督修，侯清柏标断：《介休县志》（民国），太原：山西人民出版社，2012年，第197页。

④ 王谋文纂修，侯清柏标断：《介休县志》（乾隆），太原：山西人民出版社，2012年，第76页。此处所言之“谷”，并非指水稻。乾隆《介休县志·风俗·物产》中“稻”、“谷”分列，其释“谷”为“即五谷中之粱也。脱壳则为粟米，今直名曰谷”（第88页），今日介休民间仍将小米称之为“谷子”。

相传宋文潞公始开三河，饮水灌田。水迤西一分为东河，一转而北，至石同，分为中、西两河。大约计之：东西河地额六十顷，水程六十日。中河地四十顷，水程四十日。其泉水发源处据上流者为洪山河，自狐村下者又名狐村河。旧册日报浇地二十七亩，水程一十七日①。

嘉庆《介休县志·山川·水利》对此记载得更为详细，不仅言及“始开三河”的历史，而且一一罗列了三河流域的村庄：

定阳滨汾河，胜水注之。民田六千顷，旱则资溉，涝则资泄。川、涂、沟、浍相通，膏腴之所以坐拥也。水之为利大矣哉！经理而切究之，是在守土者。鸑鷟泉，即胜水，出狐岐山，俗谓之源泉。水利所在，民讼罔休。宋鸑鷟始立石孔，分为三河。迤东为东河，伏流于地，见潭大小者三，泻于磨沟村，南度樊王、石河，灌连福、宁远、东西狐村、盐场、武屯、张良大小堡，暨下庄、李屯、曹家湾、王里三堡等村。越涧河溉东西杨屯，过官道，灌沙堡、南辛武、孟、董、霍三村、南北盐场，至北张南而止；中西两河至石屯，立铁孔分四六，中河用水四分，灌石屯、三佳、下磨头、洪善、宋安、东西段屯、邸屯等村暨东西湛泉镇；西河灌南北褚屯村、曹麻、南北堡、东西宋丁村暨崇贤、温村、城东厢。而石屯、三佳亦分溉焉②。

如今保存在源神庙中的大量碑刻，记载了洪山源神庙修葺的历史，以及自宋迄金，后历经元、明、清到民国整整一千年的水利史。这股泉水在20世纪60年代还灌溉着介休13个乡87个村庄的11万亩农田，但如今已滴水未有。

（三）“桔槔共鸣”：洪山水与手工业生产

洪山河水不仅是附近十里八乡最重要的农业生产要素，而且还是手工业发展的唯一动力，这使洪山成为介休历史上瓷器和香的重要生产地。手工业

---

① 王埴纂修，侯清柏标断：《介休县志》（康熙），太原：山西人民出版社，2012年，第72页。

② 徐品山、陆元𬭚编修，侯清柏标断：《介休县志》（嘉庆），太原：山西人民出版社，2012年，第30～31页。

的繁盛与洪山河因落差较大而形成的动力密不可分。康熙《介休县志·艺文》中载有程万钟名之为“源水流膏”的诗：

狐岐蓊郁涌源泉，流到春深更沛然。谁作三渠分圣水，尽将千顷注绵田。闲中夜静天河落，石上朝看瀑布悬。无事桔槔同雨路，此方岁岁卜丰年①。

“闲中夜静天河落，石上朝看瀑布悬”，充沛的水力和较大的地理落差，使水磨业在洪山地区相当普遍。这些水磨一方面可以磨面以供生活之需，另一方面则用于磨制、生产陶瓷和香的原料。据有关文献记载，民国时期由洪山源神庙至石屯沿河磨房计有 21 盘，主要利用洪山泉及洪山河水；由架岭河至东狐村，计有磨房 19 盘，主要利用洪山河水；由东河桥往磨沟至洞儿磨计有磨房 13 盘，主要利用东河水流②。三河之上水磨繁忙作业的情景其实早在清中期便已如此，陆以润《游狐岐山》中有“水碓迎滩急，炊烟隔树迷”之句③。正是对水磨繁忙作业的生动描写。20 世纪 50 年代末，洪山人还利用水力建造了介休最早的水力发电站，如今还可以看到当年发电站的遗址，流水的痕迹清晰可见。

正是因为洪山水所带来的充沛动力，使洪山成为晋中瓷器和制香两大产业的重要生产地。早在宋代，洪山瓷已经声名远著，朝廷还设置了专门征收瓷器税的官员。北宋大中祥符元年《源神碑记》中有“前瓷窑税务武忠”的记录。介休民间歌谣《数村村》中也有“洪山的柏香和瓷器，国内国外也有名”。康熙《介休县志·食货·物产》：

介土弹丸，生殖有限，然五谷、六畜、蔬菜、瓜果亦足以裕民生，资日用，与他处无异。惟北乡芦苇，西南煤炭，辛武盐场，义棠铁器，师屯、磨

① 王埴纂修，侯清柏标断：《介休县志》（康熙），太原：山西人民出版社，2012 年，第 244 页。

② 王祖川：《山川走笔：洪山镇洪山村》（未刊稿），2009 年 4 月。

③ 徐品山、陆元鏸编修，侯清柏标断：《介休县志》（嘉庆），太原：山西人民出版社，2012 年，第 616 页。

沟、洪山等处瓷器，则颇足为利①。

除瓷器，在“物产·货属”中还有“香，出洪山”、“雀粪石，出洪山”的记载②。能在县志中占有一席之地，说明当时洪山之瓷器和香的生产已颇具规模。这种繁盛的局面一直延续到清末民初。

当时全镇共分为二十五个闾，每闾又分为三个邻，每邻十户人家，全镇共七百五十户，连同外籍工人，大约有三千人口。当时镇内开办的陶瓷有南窑、北窑、果则院、枣圪塔等十六座③。各类大小商业店铺四十余家。制香小手工业作坊，几乎家家皆是。集镇行业齐全，物资流通，商客不断，购销兴隆。群众谚称：“洪山日进斗金斗银。”④

当时，洪山村仅香的生产便达日产300箱，而每箱的重量为60斤，按当时人均一天仅能生产十斤香的工作量可计算出洪山仅生产香的人员就达到1800人，这还不包括与之相关的材料运输、销售以及服务等人员，其繁盛程度可见一斑。加之生产陶瓷的人数，洪山的非农业人口占据了绝大多数⑤。民国时期，由于市场、技术等原因，洪山手工业发展面临新的挑战。民国十三年《介休县志·物产谱·出境物产谱》：

洪山香房共百四十余家，行销最广。近售于本省各县，远及于河南、两湖等处。瓷器窑共二十三家，亦为多年工业，惜不知改良，进步甚迟⑥。

“不知改良，进步甚迟”，寥寥数字已掩饰不住洪山延续千年的瓷器生产所面临的窘境。虽如此，但洪山瓷器生产仍断断续续地延续到21世纪初。

---

① 王埴纂修，侯清柏标断：《介休县志》（康熙），太原：山西人民出版社，2012年，第90页。

② 同上，第93页。

③ 从今保存于洪山源神庙的一通清光绪十八年（1892）《公同义阖碗窑行公议规条碑记》的补记中可以看出，民国七年，洪山的瓷器窑有19家之多。

④ 郭恒瑞：《洪山镇建设调查资料》（未刊稿），1986年3月。

⑤ 当时农业人口仅2000余人，所占比重较小。此处数据来自于对郭恒瑞的访谈。

⑥ 张庚麟督修，侯清柏标断：《介休县志》（民国），太原：山西人民出版社，2012年，第196页。

不过随着源神池水的干涸，饮水已成问题，生产用水更无法满足，陶瓷厂也迁往介休县城，如今在洪山只剩下废旧的厂房和高耸的烟囱，以及制造陶瓷时的模具作为砌墙的原料而时不时出现在街头巷尾，数千年的历史画上了句号。

由此可见，洪山水不仅成就了源神池作为著名的游览胜地的清幽秀丽，而且也是流域内农业生产的先决条件，同时还是沿线手工业生产的重要动力。洪山水对农业与手工业的生产固然重要，对村民日常生活的影响也不容忽视。如果用“河渠纵横”来形容洪山村的沟渠，也许并不为过。20 世纪 80 年代的洪山人仍坚守着与水为伴的传统生活：

各街路旁都有河渠，常年流水，供居民饮水、洗刷和雨后排水。居民饮水非常方便，习惯于早晨担饮用水。民约规定上午十点之前，不准在河内洗刷衣物①。

（四）洪山水现状

2014 年 4 月 2 日是农历三月初三，也是洪山源神池传统上放水的日子，但笔者一行人看到的场景却完全是另一番模样：源神池内滴水未有，但池中却树立着“发展水利”的标语。池旁一废弃的工地是洪山水利管理处未竣工的办公楼，由于泉水干涸，修建了一半的建筑被迫停工。当初建筑时用的脚手架还屹立在工地上，成为遗物。离源神池约 200 米左右的一堵墙上书写着“防御山洪，人人有责”的斗大标语，而另一堵墙上则是落款为“介休文物局宣”的“保护文化遗产，珍惜文物遗存”几个大字。

离源神池一百余米的地方修建了一座水塔和一个水池，政府准备用水泵抽水入水池，然后通过水塔的水压再运送到居民家中。水池旁一个新建小屋的墙壁上书写着：“节约用水，从我做起；定时送水，遵守制度；接水有序，关心老幼；爱护设备，坏了误事；互相理解，谢谢合作。”旁边还标明了送水时间：“上午 7：00—9：00，下午 5：30—7：00。”村内的街巷旁，摆放着白色的盛水塑胶桶，村民说从去年开始，几乎家家都买了这种水桶，用来拉水。后来几天在村内调查，还看到两个澡堂，询问老板，被告知早已停止营业，如今人畜吃水都困难，哪还有水开澡堂。南底沟、驾岭河等河也因为

① 郭恒瑞：《洪山镇建设调查资料》（未刊稿），1986 年 3 月。

无水而逐渐变成宽度不到一米、深度不到半米的小沟。水磨繁忙作业的情景也已成为过去，如今除在村内的某些院落角落里还能见到水磨，河流上一个水磨也未曾保留下来。只有河畔整齐的杨柳抽出新芽，预示着春的到来。

这就是历史上以“胜水流膏”而名之于世的洪山的现状。村民在言及洪山的历史时，水是无法绕开的话题，而今天，他们整日焦虑的问题却是祖先从未想到会发生的问题。在“介休吧”中，一位名为“阿尔杰”的网友对源神池有这样一段怀旧的文字：

曾经，喷薄而出的源神泉水是那样的令人神往不已。夏季游览源神池，在百米以外就能听到泉水涌流的涛声，并感到丝丝的凉意，池边绿树婆娑，远眺山清水秀，恍然如入世外桃源，身心俱感豁然开朗。

那次我重新踏上了洪山源神池那一片曾经带给我无限的美好和遐思的土地，我看到了一个令我感觉今非昔比、世事沧桑的洪山源神池，说句很令人痛心的话，这样一个数千年来汩汩不绝、灌溉了大片土地的洪山源神泉水正面临着日益干涸、行将消失的窘境。……而这样一个变迁的跨度也不过是仅仅十几二十年的时光。……当我终于亲眼看到曾经汩汩流淌的源神泉水有两眼早已干枯、另外一眼也行将干枯时；当我再次踏上那座形单影孤的里面供奉着一代名相文潞公的源神庙时；当我回头再望当年那五个为了给家乡人民多争点儿源神水资源，而不惜把手伸进滚烫的油锅抓取铜钱，最后被烫伤而死的年轻男子所遗留下来的“五人墓”时，我真的突然有一种想流泪的感觉。

那样一座曾经流淌了数千年的洪山源神池，终于干涸了，而用去的时间不过短短十几二十年的光景。相信吗？又是因为私采滥挖？但岂止是私采滥挖这么一个原因?![1]

在后面的13条回帖中，有4位洪山人表达出对源神池水干涸后的无奈之情。这或许正是洪山人的共识。郭恒瑞在陪同笔者调查的过程中也数次感叹，洪山已今不如昔，没有水，村里很多人都迁到城里定居。洪山村人口越来越少，衰败之象显露无遗。洪山水由生到死，洪山传承千年的文化是否也会随着水的消失而由生到死呢?

① 阿尔杰：《洪山源神》，参见 http：//tieba. baidu. com/p/222026419。

余 论

黄土高原上类似洪山的泉域非常普遍。在山西霍县、洪洞、平遥，陕西延安、黄陵等地，均有泉源遗迹存世。检索历代文献著录，相关记载也颇为丰富。如笔者在查阅《全辽金文》时，便发现有关泉源的记载不下二十处。而历代地方志对这一文化形态的记载也不遗余力，如仅《介休县志》记载，介休境内便存在数个围绕泉水而形成的微观社会体系。闻名于世的太原晋祠之水母信仰，同样源于对泉水的崇拜。2014 年 4 月 9 日，笔者随团队考察晋祠，有如下印象：主殿圣母殿中便已经体现出浓郁的水文化，如在大殿悬挂的诸多匾额中便有“永锡难老”和咸丰九年六月题写的“灵源惠泽”。大殿门联为“溉汾西千顷田三分南七分北浩浩同流数十里淆之不浊，出瓮山一片石冷于夏温于冬洌洌有本亿万年与世长清”。作为晋祠的主殿，竟如此突出泉水的重要性，实属罕见。圣母殿右侧的“台骀庙”也与水有关，庙建于明嘉靖十二年。庙门口的介绍文字说：“相传台骀原为张氏始祖，后因治水有功，被尊为汾水之神，简称水神。”“台骀庙”右边便是晋水的源头之一——难老泉。泉上建楼阁，匾额书“难老”二字，“晋阳第一泉”也高悬其上。此泉历史悠久，早在《山海经》里便有“悬瓮之水，晋水出焉”之句。在元人笔下有“喷薄湍驶，流不数步，遂可以载舟楫，汇为巨陂，派为通渠”，以致“稻塍莲荡，延绵百余里，望之令人渺焉有吴儿渚之想”①。由于过度开采导致地下水水位下降，难老泉水量减少，如今看到泉中喷薄之水乃人工所为。历史上可“载舟楫”和“稻塍莲荡”的景象已不复存在。创建于嘉靖二十年的水母楼与难老泉位于同一中轴线上。楼下有石洞三窟，水母端坐“瓮形”之上，与介休源神庙一样，表现出人们对水神的共同崇拜。总之，洪山仅仅是黄土高原上一个普通村庄，其悠久的历史在今日只能通过口述和支离破碎的文献穿成并不完整的一串。但就是这样一个貌似“无根”的村落，却代表了黄土高原水文化的一种类型——泉域文化。

① 《元好问全集》卷 33，《惠远庙新建外门记》。

塬上有壁：介休张壁村与黄土文明的人—地育生观[1]

李　菲[2]

摘　要：本文主要考察晋东南介休张壁村的地方历史脉络。从“人—地”关系维度出发，追溯张壁村塬上有壁、依壁建堡、由堡而村的建构过程，探讨黄土文明自然历史与人文历史层累交织的建构动力。黄土高原地貌构筑了张壁村独特的人文景观，“张壁村”的历史与现实、记忆与实践，均是黄土文明多元族群与文化交融互动的深刻表达。

关键词：黄土文明　张壁村

中国华北地区的黄土高原，是世界上黄土分布最典型的区域。它质地均一、颗粒细小、结构松散、节理发育、堆积厚度大，在水力、重力和其他引力作用下，极易发生侵蚀，形成了黄土区特有的侵蚀沟谷系统[3]。河流切割较微之处，平坦的高原面貌得以保留。但是大部分地区由于河、沟割切，使地表千沟万壑，支离破碎，形成了独具一格的黄土地貌[4]。

张壁古堡，地处介休市城区东南 10 公里的龙凤镇，位于黄土高原东南部汾河流域太原盆地的边缘，背靠绵山，毗邻汾河支流龙凤河，区域地势起伏，沟壑深切，为典型的黄土地貌。张壁海拔 1040 米，方圆 1300 平方米，总面积约 0.12 平方公里，整个地势形态呈南高北低。由于保存了较为完好

---

① 本文系国家社科基金重大项目“中国多民族文学的共同发展研究”（11&ZD104）、人类学高级论坛—介休市政府战略合作项目“从文化自觉到自觉发展：黄土文明与介休道路”的阶段性成果。

② 李菲，教育部重点研究基地四川大学中国俗文化研究所副教授，中国多民族文化凝聚与国家认同协同创新中心副秘书长，四川大学文学人类学博士。主要研究方向：人类学与遗产研究、文学人类学、艺术人类学。

③ 朱显漠：《黄土高原水蚀类型及其有关因素》，《水土保持通报》1982 年第 3 期，第 40—45 页。

④ 张保昇、张仁慧：《黄土高原自然地理的特点》，《中国水土保持》（*Soil and Water Conservation in China*）1984 年第 10 期，第 11 页。

的古村形态、风貌格局、庙宇建筑、居民院落和明堡暗道，张壁村于2005年9月16日第二批入选“中国历史文化名村”，此后又屡获嘉誉，成为晋东南黄土文明聚落的典型代表。作为中国华北黄土文明区域传统乡土空间的重要载体和类型，张壁“村”与张壁古“堡”，二者常常是重合的。近年来已有学者将张壁古堡作为中国华北乡土建筑的典型案例，对其空间布局、建筑形制、建筑功能与历史等进行了详细考察、记录与绘制，初步探讨了其乡土建筑与文化的关联①。而本文考察张壁村的地方历史脉络，则力图强调从“人—地”关系维度出发，追溯张壁塬上有壁，依壁建堡，由堡而村的建构过程，探讨黄土文明自然历史与人文历史层累交织的建构动力，进而提出，黄土高原地貌构筑了张壁村独特的人文景观，“张壁村”的历史与现实、记忆与实践，均是黄土文明多元族群与文化交融互动的深刻表达。

一、“原”：本土知识脉络与人—地观念

今天世所熟知的“黄土高原”，是中国地理学上一个重要的地理、地貌单元。作为从西方引入的近现代地理学知识概念，“原”主要指一种地貌形态，一般为广阔而平坦的陆地，如“平原”（英文为Plain、Flatlands、Planitia)、“高原”（英文为High Plateau、Highland、Table Land）等。从历史逻辑来看，黄土高原特定区域的形成演变，必然早于“黄土高原”这一地理学范畴的命名。相较于西方科学知识对于“黄土高原”的再发现，中国本土的“原”，则有着一套颇为不同的知识脉络。

《说文》云：“原，水泉本也。”从词源学来讲，“原”为会意字，其小篆字形象泉水从山崖里涌出来。从厂（hǎn），象山崖石穴形。从泉。

金文和篆体的“原”字②

“原”之本义为水流之所出处，即水源。后引申为起源、根本（如《礼记·孔子闲居》云“必达于礼乐之原”）与推原（如《原道》、《原毁》等）

① 陈志华：《张壁村》，石家庄：河北教育出版社，2002年。

② 甲骨文转换器：http：//www. chineseetymology. org。

等多义。原又指原野，如《尔雅·释地》曰："大野曰平，广平曰原。"《说文》则释曰："高平曰原，人所登。"到了后世，人们才在"原"字的左边加了个"氵"，形成了左形右声的新形声字"源"，指水源；而本来的"原"字则相应窄化，只代表"平原"。也就是说，在上古并无"源"字。一个"原"字既表示"水源"，又表示"平原"，既与水相关，亦与土相关。因而，黄土文明的内在构成，内在地包含了黄土高原之土地文明与黄河流域之江河文明，水与土都是不可或缺的维度。

我国著名历史地理学家史念海先生认为，黄土高原的黄河干流和主要支流远在地质时代就已形成，本区域的高山峻岭也在那时耸立起来。随着河流的冲刷侵蚀，黄河中游流域的原，在那时已经有了雏形。而古代黄土高原的地形地貌也并非如此破碎、崎岖。在古代，黄土高原有许多面积广大而平坦的地面，称为"原"。从史料文献来看，"原"的名称在西周春秋时期才开始有了记载，如《尚书·禹贡》说古九州之雍州"原隰底绩，至于猪野"；又如《诗经·大雅·绵》描写周人的发源地"周原膴膴，堇荼如饴"；《诗经·小雅·鹿鸣之什·皇皇者华》描写周人君教使臣"皇皇者华，于彼原隰"等等。西周春秋时最著名的大原是周原，周原也是黄河中游最早见于文献记载的原。除了周原外，还有一个太原，今天甘肃庆阳县西南尚存董志原，在唐代叫作彭原，就是那个太原的一角。此外，秦咸阳古都也是倚着咸阳原修筑的。再往前追溯，渭河以北有不少仰韶文化遗址和龙山文化遗址，都发现在靠近河流的原上①。

华夏文明的源头之一孕育于"原"。在中国古代典籍中，"原"至少包括以下意涵：(1)"原"是一套具有内在差异性、丰富性的生态环境系统，如《尔雅·释地》云"大野曰平，广平曰原"，又云"下湿曰隰"。李注："可食者曰原，陂者曰阪，下者曰隰。"《公羊传·昭公元年》："上平曰原，下平曰隰。"《诗经·小雅·鱼藻之什·黍苗》："原隰既平，泉流既清。"(2)"原"催生了初民耕牧交融、养桑麻、育六畜、采集、狩猎的谋生方式，如《尚书·禹贡》"原隰底绩"；《诗经·大雅·绵》"周原膴膴，堇荼如饴"；《诗经·小雅·鱼藻之什·黍苗》"芃芃黍苗，阴雨膏之"；《诗经·国风·秦风·黄鸟》"交交黄鸟，止于桑"；《诗经·小雅·鹿鸣》"呦呦鹿鸣，食野之苹"；《诗经·国风·召南·驺虞》"彼茁者葭，壹发五豝"。(3)"原"，也象

① 史念海：《黄土高原历史地理研究》，郑州：黄河水利出版社，2001年，"序"，第8页，第2—3页，第9页。

征着一种本原，为天地至大之道的范式原型，如《管子·水地》“地者，万物之本原”；《董仲舒传》“道之大，原出于天”。由此，在本土知识脉络当中，“原”揭示了黄土高原区域源生性的人—地关系模式，也包含了华夏文明起源的天—地—人息息相通的育生观念。

二、塬上有壁：黄土文明的聚落形态

我国著名地貌学家罗来兴先生总结黄土高原地形发育的模式为：黄土原经流水侵蚀形成的冲沟分割，形成长条形的黄土梁，后者再被侵蚀分割形成馒头形的黄土峁，即所谓“原—梁—峁”的发育模式[①]。也就是说，黄土高原全区在构造运动的内营力作用下，加剧了以流水作用为主的外营力的侵蚀作用，因而形成现代的黄土塬、梁、峁及岩岛地形[②]。

值得注意的是，“塬”与“梁”、“峁”等，均为自古居于黄土高原的不同人群的方言词汇，后来被引入地貌学，成为黄土高原几种地貌类型的正式学术概念名称。此外，如两峁之间有地势显著凹下的分水鞍，称为“墕”；分水鞍被两侧沟头所侵蚀，残余成为极窄的长脊后称“崾崄”，均为地方性知识的表述概念。其中的“塬”，即是中国西北地区群众对顶面平坦宽阔、周边为沟谷切割的黄土堆积高地的俗称。

今天可见张壁村之所在，古堡顺塬势建造，南高北低。向东 2.5 公里处有龙凤河自南向北汇入汾水，向南 6.5 公里为绵山横亘。从堡北向下俯视，左、中、右三面均有深沟向下延伸。堡西为窑湾沟，峭壁陡坡，深达数十丈，沟底有一小股泉水，叫作“龙涎水”。堡东居高临下，有沟堑阻隔。堡南则有三条向外的通道，可谓“易守难攻，退进有路”。张壁村充分体现了黄土文明聚落善于利用黄土地貌因势利导加以建构的特点。这种因势利导的聚落发展策略也由于黄土地貌的多样性而显示出多元化的样态。

介休干调秧歌《数村村》几乎唱遍了介休地名。截取其中一段，便可窥见黄土文明聚落这种复杂多样性特征：

……疙垛嶅则岭夹道沟，看见窗户进不了门。嶅则岭，吃水难，刮风下

---

① 史念海：《黄土高原历史地理研究》，郑州：黄河水利出版社，2001 年，“序”，第 8 页。

② 张保昇、张仁慧：《黄土高原自然地理的特点》，《中国水土保持》（*Soil and Water Conservation in China*）1984 年第 10 期，第 11 页。

雨汯底担。站在山上往下看，窑则头（崇贤村）就在眼跟前。窑则头有棵木瓜树，这哝哝高，这哝哝泼（pō），没啦见过光听说。唐王庙，唐木瓜，说起来就人人夸。往南看还有一座塔，河东儿峪子打对面，道比（桃坪）就在半山上。黑鱼坪，没人烟，北沟岭下来鬼门关。瓦吴（龙凤）村，出粉则，粉下的鞋（hái）底底白又白。南北庄，紧相跟，张壁的地道寻不见门。去遐壁，下道坡，东西宋壁一路行。闯过世务开过眼，常到洪山担过碗。……龙头龙尾石河村，打下的麦子囤接囤。……大小靳，打对面，独拦住在半山腰。走靳岭，到"报虎"（保和），最最（渠池）翻沟焦家堡。……绵山十景真不错，下来跑到董家庄（zhù）[①]。

介休地处黄土高原东南部太原盆地边缘，高原沟壑纵横的地貌特征在此亦得到了鲜明的体现。上述秧歌唱词中的村落均依地势而成，高者位于岭上、山头、坪上、半山腰，低者位于峪口、沟底、河畔。从村落命名方式来看，大致可以发现三种主要因素的影响：（1）以自然地貌得名，如疙垛、嶅则岭、桃坪、河东等；（2）以聚居形态得名，如张壁、宋壁、南庄、北庄、焦家堡、董家庄等；（3）以人文典故得名，如漏土村、龙凤村、唐王庙等。在黄土文明大背景下，每个村落都有着一部自身独特的自然与人文交织的生长史。其中，以张壁为代表的众多以壁、堡、屯为名的村落，在更大范围内与黄土文明耕牧嬗替、多元族群交互的广阔历史图景有着深刻的内在关联。

黄土高原畜牧文化发生在先，农耕文化后起。但就黄土高原多民族来说，两者长期并存，互有消长。在长达数千年的长时段历史中，耕与牧的对峙在这片土地上曾经经历过十一个阶段，八次嬗替，最后农耕文化才随着耕地农业的稳定而定位于黄土高原[②]。据史念海先生考证，早在西周时期这条牧耕分界线便自山西地域穿越而过：

具体说，这条分界线是由陇山之下向北绕过当时的密，也就是现在甘肃灵台县，折向东南行，由今陕西泾阳县越过泾河，趋向东北，相当于今山西白水县北的彭衙之北，东至今陕西韩城市，越过黄河，循汾河西侧，至于霍太山南，又折向南行，过浍河上源，至于王屋山，更循太行山东北行，绕北

① 文进：《山西介休地方音乐集锦》，北京：中国文联出版社，2009年，第50—51页。

② 任继周、胥刚：《传统农耕文化在黄土高原上的困境与机遇》，《草业科学》2010年第3期，第7页。

燕国都城蓟之北，再东南至于渤海岸上[①]。

自西周之后，无论朝代更迭、封国割据还是北方民族南下，山西长期位于农牧分界线附近，成为耕牧交替、族群交互的前沿地带。山西历史上有着众多以壁、堡、寨、屯、垒、坞为名的聚落形态。这些聚落形态均是依凭地势修筑壁垒，抵御外患，而彼此之间又存在一些区分。

从分布来看，如王绚等人依照《山西省地图册》（山西省测绘局 1994 年版）进行统计得出多项结论，包括："堡"分布最广，其次是"寨"，相对而言，后者常位于山地；"屯"、"营"多分布于行政中心附近，以及交通便利处；"壁"、"坞"名称多出现在晋中、晋南地区的县界山区，反映了"坞壁"据险而建的特点[②]。

从形制来看，壁，如介休张壁、宋壁，多位于地势较高的塬上，堡则不限；寨与堡同为修筑高墙壁垒抵挡外患，不同之处在于人长居堡内，寨则是人遇外患才入内躲避。如张壁附近的龙头村、河东村、龙凤村、东狐村等，在村边小山顶上，都有一圈夯筑的土墙，叫作"寨子圈"，平时土寨中种庄稼，一旦发生战乱，举村避进土寨，据高困守以待乱平[③]。

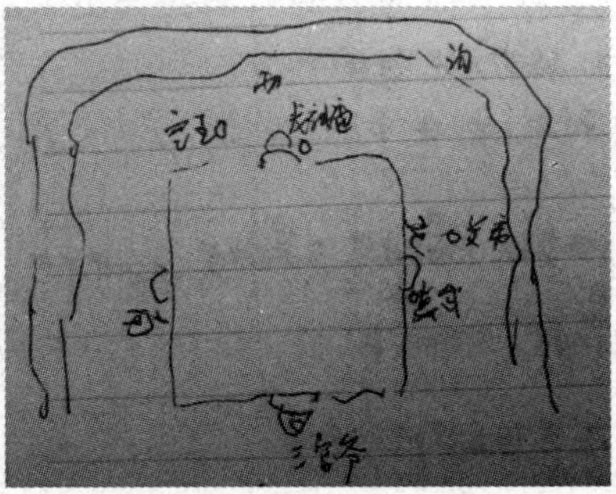

龙凤河谷峪子村的村与寨手绘地形示意图

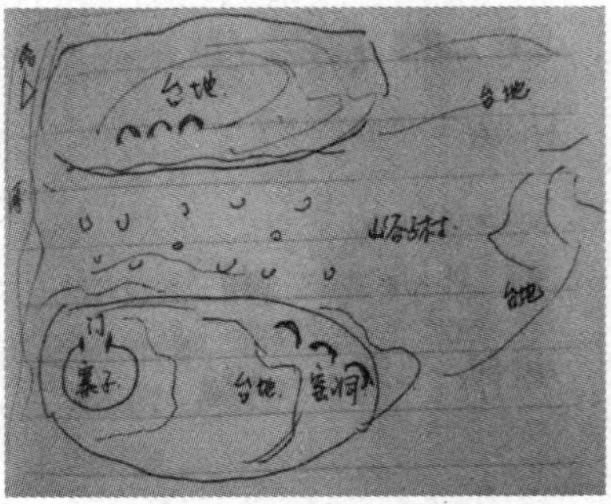

西宋壁村手绘地形示意图

介休区域内众多的壁、堡、寨、屯，呈现出鲜明的设防秩序性[④]，即是

① 史念海：《黄土高原历史地理研究》，郑州：黄河水利出版社，2001 年，第 521 页。

② 王绚、黄为隽、侯鑫：《山西传统堡寨聚落研究》，《建筑学报》2003 年第 8 期，第 59 页。

③ 陈志华：《张壁村》，石家庄：河北教育出版社，2002 年，第 53 页。

④ 王绚、黄为隽、侯鑫：《山西传统堡寨聚落研究》，《建筑学报》2003 年第 8 期，第 59 页。

该区域各个历史时期华夏与非华夏多元文化与族群冲突、交融的产物①。

龙凤河畔峪子村旁小山顶上的峪子寨

三、从塬上壁到天上壁：张“壁”之人文地理的多层含义

关于张壁村之“张壁”得名的来历，李书吉认为，张壁的建造与十六国时张平的壁垒有直接关系②。近年来，古堡方位布局与星象学的关系备受关注，又有张壁为古代星象村的说法，认为“张壁”其名分别对应于天上二十八宿之张宿和壁宿。有关“张壁村”的确切文字记载，最早见于南堡门外一号金代墓葬中圹志碑铭：“维大定四年岁中二月丙辰朔十一日丙寅，汾州灵石县张壁村祭主张竌伏为安葬父母并已请灵。”③ 由此推论，至迟在金墓建筑年代，即公元1164年以前，“张壁村”的名字已经存在。当然，张壁地方人文历史的起点则远不止于此。因此，张壁之名还应置于黄土文明聚落历史发展的脉络中加以考察，以探究其中积淀的多层次文化含义。

---

① 以清嘉庆版《介休县志》为例，其中“疆域”之“乡村”一项就记载了县域内8个“壁”、9个“寨”、14个“屯”和39个“堡”，另“堡寨”一项下列40座“堡”和9座“寨”。参见陆元鏸纂修《介休县志（清·嘉庆版）》，侯清柏标断，刘保全督刊，太原：山西人民出版社，2012年，第16—18页。

② 李书吉：《张壁古堡的历史考察》，太原：三晋出版社，2013年，第75页。

③ 参见《张壁村南门外一号金墓圹志》，见张壁古堡文化研究院整理《张壁古堡碑铭辑存》目录：http：//www. zgzbgb. com/mlgb/&FrontComContent _ list01－1342410423856ContId%3D05d2cbc8－7fd5－4b23－89c8－30bfc886e6b0&comContentId%3D05d2cbc8－7fd5－4b23－89c8－30bfc886e6b0. html。

（一）临危曰壁：黄土文明早期聚落的生存策略

考古资料表明，张壁是目前所知介休境内最早的人类定居点之一。2003年，山西省考古研究所研究人员在《介休张壁古文化遗址调查报告》中指出："张壁遗址的发现表明，最晚在距今6500年前的庙底沟文化时期，张壁就有人类定居和活动。到了庙底沟二期文化时期，曾经形成一个相对繁荣的小型聚落……"① 其后两千年左右的时间里，居住范围逐步扩大，囊括了张壁村西北、东北的广阔地带。

当地流传有"先有寨子疙垛，后有张壁"的民谣。"疙垛"在当地方言中指突起的土包、土台等。寨子疙垛位于堡西北约一公里处，东、北、西三面临沟，仅南部有一条小路与外界相通，长200米，宽60米，地势北高南低。遗址内的地形，多为2—3米高的断崖，土层里可见红、褐、灰、黑色夹砂陶和泥质陶片。在遗址断崖处的文化层中，除清晰可见的陶片和残断石器、骨器外，也可见灰坑、窑址等遗迹。20世纪50年代，曾有村民在寨子疙瘩塌陷的地洞内取出过带有铭文的青铜器以及石斧等完整器物。张壁村堡外碾头、夜孤圪嘴等高地的断崖上也发掘过新石器时代的陶器、石器和骨器。2009年的全国第三次文物普查，使张壁村周围的渠池、东西宋壁等村的史前时期仰韶—龙山文化遗址得到鉴定。可以说，"在距今6500—3000年前的时间段内，龙凤河西侧的广阔土地是人类频繁活动的区域和相对集中的居住点"②。

---

① 朱慧、宋建国：《再读张壁》，参见山西新闻网－山西日报：http：//www. daynews. com. cn/sxrb/cban/C1/628085. html. 2008－9－23。

② 苏长生、郑广根：《文化多面体——张壁古堡》，参见新华网－山西频道：http：//www. sx. xinhuanet. com/ztjn/2012－09/27/c_113233920. html. 2012－9－27。

寨子疙垛地形：三面为深沟断崖，前方沟底现为水库，远眺左前方，沟对岸电力塔处为东宋壁村

村北堡外碾头地形，多为 3—5 米断崖

从张壁堡内向外看为深沟断崖

从堡西北沟对岸远眺，沟壑深切，地势险要

“壁”，《说文解字》曰：“垣也。从土辟声。”清段玉裁注：“按，壁自其直立言之。”“壁”本意为墙，引申指陡峭的山崖，此意恰与“原”之山崖出泉水的原初意象相符合。早期黄土高原聚落选址为了生活的便利和对不利因素的避让，也多选择这样的聚落环境。如西安半坡聚落，约形成于距今五六千年前的仰韶文化时期。遗址位于西安城以东6公里的浐河二级台地上。如下图所示：

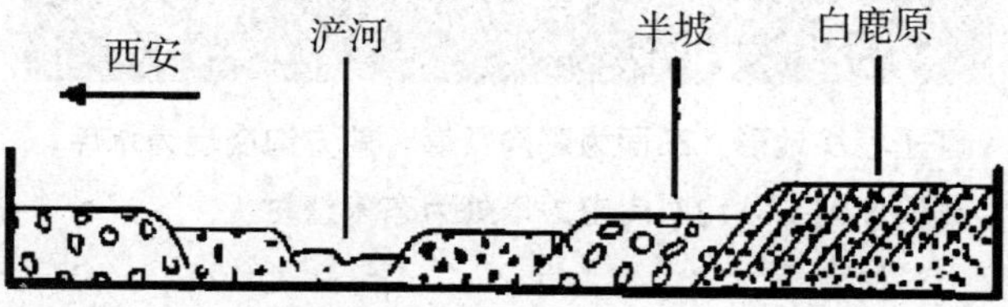

半坡坐落于浐河二级台地示意图

这种功利观思想在黄土高原上体现为多选择冲沟、河川地或山崖建村落。类似情况至今仍可见于如山西汾西县的师家沟窑居村落、陕西米脂县的冲沟村落以及延安的小寺沟村落等①。千年古村落张壁，也延续了本区域如寨子疙瘩、碾头等史前遗址的选址原则，显现出黄土文明早期聚落临危据险的功利性生存策略和生存智慧。

（二）军垒为壁：张壁建堡的历史考察

壁的另一义是军垒。古代军营用来防御敌人的围墙或防御工事，也叫壁，常“壁垒”连称，或“坞壁”连称。《汉书·高帝纪》载：“帝晨驰入韩信、张耳壁，夺之军。”《史记·项羽本纪》载：“及楚击秦，诸将皆从壁上观。”其中“壁”都指军垒②。在华北，凡历史上有过族群冲突、征战纷扰的地区都有相当数量的“壁”作为地名保留下来。前述清嘉庆版《介休县志》中载介休村落名中有“壁”者共8处，其中东乡两处，即马壁和木壁；西乡有两处，即郭壁和岭壁；南乡有四处，即张壁、宋壁、西宋壁和遐壁。

① 高静：《黄土高原传统村落文化重构——“枣园新村”规划建设的启示》，《西北建筑工程学院学报》2001年第4期，第36页。半坡遗址图示参见全实、程建军《风水与建筑》（上册），北京：中国建材工业出版社，1999年，第193页。

② 马叔骏：《碛·壁·坞》，《汉字文化》2013年第5期，第77页。

谭其骧在《山西在国史上的地位》一文中写道：山西在国史上具有显赫的地位，体现为其“主要是处于亚洲游牧民族和农耕民族的分界线上，和平时期贡献着自己的商业和包容力，战争时期则作为华夏农耕文明的屏障”①。华北地区，包括山西地区大量修筑坞壁的历史大约从北方胡族南侵中原开始②。不仅汉族筑壁以抵御北方非汉族群，非汉族群进入中原后也充分利用了“壁”的军事堡垒来图谋经营。如永嘉初，“胡部大张㔨督、冯莫突等拥众数千，壁于上党”③。又如后秦姚兴的将领王奚“聚羌胡三千余户于敕奇堡，（赫连）勃勃进攻之”④。张壁村等相关地名遗存在相当程度上便是介休历史上为华北多族群你来我往、攻防迂回、争战拉锯的历史反响。

张壁古堡军事建筑遗存：瓮城（左）、堡门（中）、堡墙（右）

张壁拥有为世人所称道的“明堡暗道奇”，即所谓地下暗道万余米，地上古堡千余年，易守难攻、可进可退的独特人文景观。虽然张壁建于何时，从其自身建筑和文献实物中无法找到直接的证据，但迄今关于张壁古堡修建始末的推测也都与特定的军事历史相联系。如张壁人口碑相传，说古堡始建于隋唐时期，为隋末“定杨可汗”刘武周抗击李世民所建，此说为郑广根和王融亮所赞同；侯清柏、宋建国认为，古堡为北魏权臣高欢为防范“荒胡”和对抗西魏所建⑤；靳生禾和谢洪喜认为，古堡为隋朝汉王杨谅为对抗隋炀帝而建⑥；李书吉虽未明确指出古堡的修建与哪位历史人物相关，也推测其

① 谭其骧：《山西在国史上的地位》，《晋阳学刊》1981年第2期。

② 李书吉：《张壁古堡的历史考察》，太原：三晋出版社，2013年，第222页。

③ 《晋书·石勒载记·上》，北京：中华书局，1974年。

④ 《晋书·赫连勃勃载记·上》，北京：中华书局，1974年。

⑤ 侯清柏、宋建军：《考朔州军人踪迹　解张壁古堡诸密》，《山西日报》2007年7月17日C1版。

⑥ 靳生禾、谢鸿禧：《山西介休张壁古堡巡礼》，《太原晚报》2011年12月12日第14版。

修建时间最有可能是东魏、北齐与西魏、北周对峙期间，甚至可能更早，在十六国后赵时已经成型[①]。

无论古堡为谁所建，都毫无疑问在历史上确实曾作为一个完备的军事壁垒存在，是军事征战的产物。值得注意的是，除了探寻古堡创建始源这个引人瞩目的谜题之外，尚有其他不容忽视的研究维度。当我们转换提问角度，将目光从“历史的起点”转向“历史的过程”，将看到，坞壁向村落的转变是中国华北基层社会变迁过程的一个重要环节，正是张壁村与村中之人的古今往来变迁与信仰民俗的生活实践，方使其成为今天黄土文明中极具代表性的一道人文景观。

（三）天上壁宿：古星象村的文化遗存与再阐释

张壁村于黄土塬上依壁建堡，为人们提供了一个在战乱中保障生命的基本生存空间。在由堡而村的岁月变迁中，人们对此空间进行了长时期的利用、阐释与再造。因而，今天张壁村内所有建筑并非是一蹴而就、一次性完成的。村民们根据经济文化生活的需要在历代不断加以增建、修补，同时也不断将新的意义注入其中。于是，在黄土文化积淀、壁垒军事遗存、地方信仰与村民日常生活的糅合影响下，今天张壁村的村落格局面貌最终得以形成。其中，尤以风水堪舆与星象学两种思想的影响最为凸显。

张壁村的整体布局显现出鲜明的风水堪舆特征。一方面，为了军事防御的需要，坞壁的修筑背山面沟，据险以守。张壁村南面背靠绵山北麓，因此坐南朝北，以符合风水术“坐虚向实”的要求。这和它的庙宇、祠堂以及绝大多数住宅都坐北朝南正好相反。另一方面，为了避免村落地势南高北低“直泻无余”，在北门上造了二郎庙，又造真武庙。村民宅院也多开南门或东南门，因为按《相宅经纂》所言，张壁村的房子大多都是坐北向南的坎宅，坎宅的朝向以离（南）、巽（东南）和震（东）为吉[②]。此外，村北约三百余米阻挡深沟走泻风水的“照壁”、南门外百米左右的风水桥“藏风桥”、堡南关帝庙东院的“龙神庙”、曾迁建于藏风桥以东二百米左右的“魁星阁”，以及村外西面深崖沟底的沼泽，合称为张壁村的“五行”。

与五行风水特色相比，更引人关注的讨论还在于张壁村作为一个古老“星象村”的再发现。有研究者认为，张壁古堡的构成符合星象学的建造原

① 李书吉：《张壁古堡的历史考察》，太原：三晋出版社，2013年，第223页。

② 陈志华：《张壁村》，石家庄：河北教育出版社，2002年，第86—91页。

理，至少包括六个要件：(1) 张壁古堡外围堡壁与奎宿吻合；(2) 堡内十一口水井同毕宿、心宿对应；(3) 玄武庙置于北堡门上方，与道教北方天神对应；(4) 狼石雕（笔者按：目前经考证已被基本否定）；(5) 堡内六棵古槐与堡外七棵古槐，分别对应天上南斗六星和北斗七星；(6) “张” 和 “壁” 的报名，对应于二十八宿中的北方玄武七宿之壁宿，张宿为朱雀七宿之一。李书吉认为，虽然很难考证张壁村最初的设计和建造是否是按照星象学理论来完成的，但张壁村存在星象现象是不能回避的①。

在今天张壁村旅游开发的新背景下，黄土高原古老的“星象村”俨然已成为张壁对外营销推广的又一个新亮点。对张壁村星象文化的再阐释是发掘和传承本地话语传统的一种值得肯定的举措，但在此过程中将村中多处地点与星宿形成一对一的关联，如将戏台对应于翼宿，军需库对应于觜宿，大将军窑对应于参宿等，想象性成分太浓，也明显显现出了过度阐释的问题。

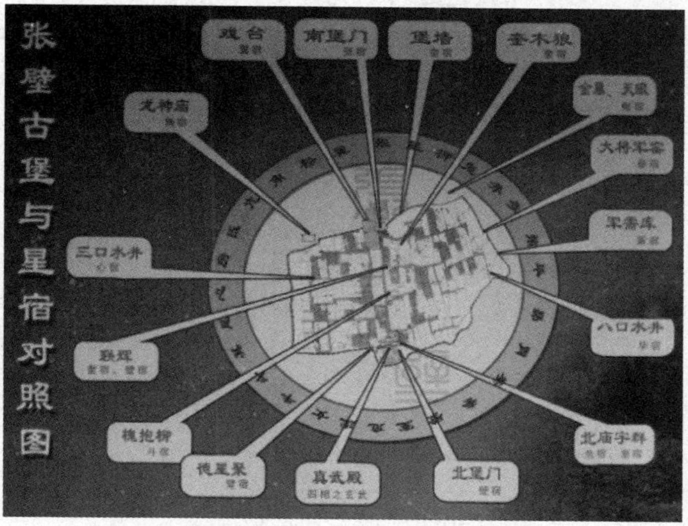

张壁研究院所绘制“张壁古堡与星宿对照图”

从塬上壁，到天上壁，多元交融的历史汇聚塑造了张壁村今天的文化面貌，对星象传统的过度阐释，恰恰导致了张壁村历史文化丰富内涵的挤压和窄化，值得反思和警醒。

① 李书吉：《张壁古堡的历史考察》，太原：三晋出版社，2013年，第223页。

小 结

黄土高原的特殊生态环境构筑了张壁村独特的聚落形态和村庄建制，张壁村塬上有壁，依壁建堡，由堡而村的历史过程，亦充分显示出黄土文明地理语境所内蕴的天—人—地共生和谐的内在关联。与此同时，张壁村所代表的黄土坞壁聚落文化也在华夏多族群文化交融的过程中，发挥了更为深远的影响。以客家民系认同为例，有学者即在对客家民居与客家文化身份关联的研究中指出，汉魏晋北朝中原宗族坞堡聚居方式与大宅与坞堡建筑的居处制度，与客家人南迁之后的生存发展相结合，形成了客家独特的居处方式，在客家民系形成中具有决定意义：凡实行这种居处方式的南下流民，就有可能成为客家人；凡是没有实行这种居处方式的南下流民，则未能成为客家人[①]。简而言之，黄土文明的人一地育生观念，不仅体现为黄土高原族群互动与融合的深刻表达，也在长时段的历史中持续而深刻地影响了华夏多族群的大规模迁徙互动与认同形塑的变迁过程。

① 黎虎：《汉魏晋北朝中原大宅、坞堡与客家民居》，《文史哲》2002年第3期，第128页。

蒙汉之间：东、西大期刺姓居民民族身份考察

姜 约[①]

摘 要：对表述实践展开理论探讨是一件有意义的事情。山西省介休市东、西大期两村刺姓人群在表述实践表现出两个层面的张力结构：一是他们对于自身民族身份亦汉亦蒙的自表述呈现一种稳定的张力结构；二是他们对于相互关系或“主仆”或“兄弟”的矛盾表述也呈现一种稳定的张力结构。这种稳定的表述张力结构的形成，折射出一种宝贵的表述民主。

关键词：刺姓人群　表述实践　张力结构　表述民主

引 言

根据徐新建先生对表述所作的精彩界定——“表述的实质就是生命的呈现和展开，也就是存在及其意义的言说”，结合生活世界的现实依据，可以说，表述问题不仅是文学人类学学科的起点和核心，而且“也是人类世界的起点和核心”[②]。既然表述问题如此重要，对之进行深入的探讨定会是一件非常有意义而且特别有趣的事情。

2014年4月，我参加《黄土文明与介休范例》课题组四川大学团队，到山西省介休市进行田野考察。在介休市义安镇东大期和西大期两村考察时，发现一个有趣的现象：东、西大期刺姓人群对自身民族身份存在两种不同的表述；同时，东大期刺姓人群和西大期刺姓人群对相互关系的表述也形成一种有趣的张力结构。

对东、西大期刺姓人群的表述实践展开深入分析，并从理论的层面进行

① 姜约（1974—），四川文理学院助理研究员，四川大学美学专业博士研究生，研究方向为审美人类学。

② 徐新建：《表述问题：文学人类学的起点和核心——为中国文学人类学研究会第五届年会而作》，《西南民族大学学报》2011年第1期。

一些探讨不仅是有趣的，而且可能对表述理论的进一步发展提供某种动力。

一、关于身份的自表述张力

介休市义安镇的东大期村和西大期村，相隔不到一公里，从方位上讲，一个靠东，叫东大期；一个靠西，叫西大期。东、西大期周围的地势非常平坦，几乎连丘陵都看不到，这表明两村在地貌上还属于晋中平原地貌。村里的民居纵横交错，分别形成街巷分明的聚落，很像是一座浓缩了的城市。

东、西大期两村的村民大都姓剌。翻看他们的户口簿或身份证，发现在民族一栏均显示为“汉”，口头询问他们的民族身份，他们的回答也是“汉族”。但是，如果翻看他们的族谱，就会发现，在族谱的记载里，他们都是蒙古弘吉纳部落的后裔，而此时再问他们的民族身份，他们都会异口同声地说自己是蒙古人。以下是我在当地考察时的访谈记录：

访谈记录一

时间：2014年4月6日上午

地点：东大期村

访谈对象：剌焕保（男，40来岁，东大期村村支部书记）

问：请问贵村有多少人口？

答：900多。

问：村里人是什么民族？

答：都是汉族。

问：据说你们村住的是少数民族，有没有这么回事？

答：有这么回事，但也不全是少数民族。我们姓剌的是少数民族。

问：刚刚您不是说你们村都是汉族吗？怎么姓剌的又是少数民族呢？

答：是这样，我们原来是蒙古族，解放后人口普查的时候就登记成汉族了。

问：村里姓剌的人有多少？

答：600多个，大概占全村人口的百分之六十多。

问：您是什么时候知道您是蒙古人的？

答：十多岁的时候。

问：是谁告诉你的？

答：老人们说的。

访谈记录二

时间：2014年4月6日上午

地点：东大期村

访谈对象：剌福元（男，77岁，原介休市水利局职工，退休后回东大期村定居）

问：请问您是什么民族？

答：汉族。

问：听说您家里有族谱？能不能借我看看？

答：有族谱，我拿给你看。

……

问：族谱上不是说您的祖上是蒙古过来的吗？您怎么成了汉族呢？

答：我的身份证是汉族，但是我本来是蒙古族。

问：为什么身份证上不写成蒙古族呢？

答：这个不清楚，好像是解放后统计人口的时候村干部统一填成汉族了。

问：那您觉得身份证上写成汉族好呢，还是写成蒙古族好？

答：没关系，都一样。

问：关于您是蒙古人的事，是谁告诉您的？

答：是老人们说的，还有就是我们家族谱上也说我们是蒙古弘吉纳部落的后代。

访谈记录三

时间：2014年4月6日下午

地点：西大期村

访谈对象：王君（男，46岁，西大期村长，西大期新族谱编撰者剌祚业妻侄）[1]

① 村长王君虽不姓剌，但他作为村长，对该村的情况较为了解，而且他和西大期剌姓之间有千丝万缕的亲戚关系，而且他关于西大期剌姓的相关表述直接来自西大期剌姓人群，故而我把他表述等同于西大期剌姓人群的自述。

问：请问贵村有多少人口？

答：1500 多人。

问：人口最多的是哪个姓？

答：姓剌的人最多，有 700 多人，占全村总人口的一半多。

问：村里有几个民族？

答：只有一个，汉族。

问：据说贵村姓剌的居民是少数民族，对吗？

答：他们登记的是汉族，其实是蒙古族。

问：您家是祖祖辈辈都生活在这里吗？

答：不是，我们家是在我老爷[①]那一代从河北逃荒到这里来的。

问：那你怎么知道剌家是蒙古人呢？

答：我的姑父就姓剌，他们家有老族谱，而且前几年他们又编了新的族谱，族谱上写得很清楚。

访谈记录四

时间：2014 年 4 月 6 日下午

地点：介休市

访谈对象：剌亿龙（西大期村村民，现居介休市，男，39 岁，西大期村新族谱编撰人剌祚业之子）

问：请问您是什么民族？

答：汉族。

问：听说你们其实是蒙古人，对吗？

答：对的，我们的祖先是蒙古贵族。

问：那您的身份为什么不是蒙古族，而是汉族呢？

答：这个我不清楚，可能是以前报错了。

问：您是什么时候知道您是蒙古人的？

答：十几岁的时候听大人们说的，后来看了家里的族谱就更清楚了。

① 指曾祖父。

从上述四段访谈可知，东、西大期剌姓人对自己的民族身份有着两种完全不同的表述，他们时而说自己是汉族，时而又说自己是蒙古族。一方面，他们对于官方登记的民族身份“汉族”并不反感，也习惯于以“汉族”作为自己正式的民族身份，另一方面，他们又对自己高贵的蒙古贵族血统念念不忘，不仅通过口耳相传，将自己曾经是元朝皇室贵戚[①]的身份记忆不断延续，而且通过神纸、族谱、祭拜仪式等有形的表述方式巩固、强化后代们的身份记忆。

东大期剌家新族谱封面

东大期剌家老族谱外观照

西大期新修族谱封面

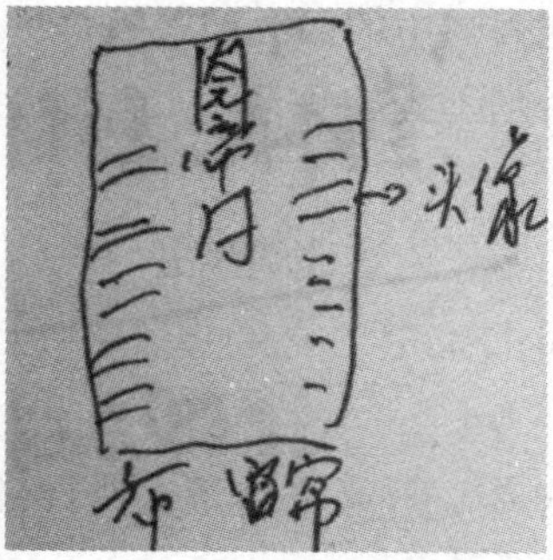

东大期原居民、介休市退休职工剌士栋手绘的东大期神纸图[②]

如果把表述分为两类，将表述者对于自己的表述称之为自表述，而表述者对于他人的表述则可称之为他表述。按照这样的分类方式，则东、西大期剌姓人群关于自身民族身份的表述应当算是自表述。

理论上讲，文化持有者对某一特定事象的自表述应当是前后一致的，但

① 据东大期剌氏族谱编纂者剌廷元收集的研究资料显示，蒙元王朝10余位皇后当中，只有1位皇后不是出自弘吉纳部落，而且弘吉纳部落男性中有很多人先后成为蒙元王室的女婿。

② 神纸正中自上而下书写的是“大元帝国”四个大字，两边的横杠表示神纸上所画的剌氏历代祖先头像。据剌士栋回忆，他在“文革”前还看到过东大期的神纸，但现在已不知去向，估计在“破四旧”时被毁掉了。

表述实践中，在不同时间、地点、场合下，自表述往往会不完全一致，甚至截然相反。东、西大期剌姓人群对于自身民族身份的自表述就有趣地表现出这种自相矛盾，从而呈现为一种张力结构。

二、对于关系的他表述张力

在相隔不到一公里的两个村落中，分住着两群同姓的人，在双方的表述中，他们都一致认为彼此之间有着某种密切的联系，但是对于这种联系的性质，双方却有着迥然不同的看法。

（一）口头叙事的张力

我从口头和族谱两个方面分别考察了东、西大期两村剌姓人群对相互关系的表述。为方便集中讨论，以下分别予以展示。

他们是仆人：东大期表述中的西大期

对于东、西大期两村剌姓人的关系，东大期人的表述如下：

访谈记录五

时间：2014年4月6日上午

地点：东大期村

访谈对象：剌焕保（男，40来岁，东大期村村支部书记）

问：听说西大期也有很多姓剌的人。

答：是的，西大期那边姓剌的没有我们这边多。我们这边剌姓人口占百分之六十多，他们那边没有这么高的比例。

问：请问西大期姓剌的和你们是一族的吗？

答：是一族的。

问：那么他们和你们是同出一宗的吗？

答：不是。

问：你们和他们之间是什么关系？

答：听老人们讲，我们这边过去是主人，他们那边是仆人。

访谈记录六

时间：2014 年 4 月 6 日上午

地点：东大期村

访谈对象：剌福元（男，77 岁，原介休市水利局职工，退休后回东大期村定居）

问：西大期也有不少姓剌的人，对吗？

答：嗯，他们那边不少，但是没有我们这边多。

问：我看你们的族谱里好像没有西大期剌姓的信息，你们和他们之间有什么关系没有？

答：原来有关系。

问：有什么关系？

答：原来他们是我们这边的仆人。

问：既然是你们的仆人，为什么不住在东大期，而住在西大期？

答：原来住在一起（都在东大期），后来才搬出去住的。

问：你们和西大期剌姓人之间有没有什么来往，比如在操办红白喜事的时候？

答：没有什么来往。

访谈记录七

时间：2014 年 4 月 6 日上午

地点：介休市城区

访谈对象：剌士栋（男，82 岁，原介休市广电局副局长，退休后住在介休市）

问：请问您是东大期村人吗？

答：是。

问：您是什么时候离开东大期的？

答：我 20 多岁的时候就离开了。

问：您是否知道东大期剌姓和西大期剌姓是什么关系？

答：知道。

问：是什么关系呢？

答：东边是主，西边是仆。

问：是谁告诉您的呢？

答：这个是祖祖辈辈传下来的说法。

问：西大期的剌姓人同意这种说法吗？

答：他们不同意，他们说和我们是兄弟。

他们是兄弟：西大期表述中的东大期

不同于东大期人对于东、西大期两村剌姓人主仆关系的表述，西大期人对两村剌姓人关系是这样表述的：

访谈记录八

时间：2014 年 4 月 6 日上午

地点：西大期村

访谈对象：剌亿龙（男，39 岁，西大期村新族谱编撰人剌祚业之子）

问：请问您知道东大期有姓剌的人吗？

答：知道。

问：您认为西大期剌姓和东大期剌姓是一家吗？

答：是一家。

问：东大期剌姓认为你们两村的关系是主仆关系，而且认为他们是主，你们是仆，您同意这种看法吗？

答：他们说得不对，我们和他们不是主仆关系，而是兄弟关系。

问：您这种看法是从哪里来的？

答：我父亲告诉我的。

问：您父亲是从哪里知道的呢？

答：应该是祖辈传下来的。

问：听说东大期那边曾经打算与你们合谱，而西大期这边没有同意，有没有这回事？

答：听说有这么回事。

问：为什么不愿意合谱呢？

答：不知道。

问：既然两边是兄弟，那你们西大期剌姓人和东大期剌姓人之间有来往吗？

答：有来往。

问：来往多吗？

答：不算很多，看个人关系。

访谈记录九

时间：2014年4月6日上午

地点：西大期村

访谈对象：王君（男，46岁，西大期村长，西大期新族谱编撰者剌祚业妻侄）

问：您是本村村长，又和剌姓有亲戚关系，应该对剌姓人的事知道得不少吧？

答：知道一些，不是很多。

问：您知道西大期剌姓人和东大期剌姓人之间是什么关系吗？

答：知道。他们是兄弟关系。

问：兄弟不是都住在一起吗，怎么一个住东边，一个住西边呢？

答：这个不清楚。反正我们村就有姓剌的人哥哥住在东大期，弟弟住在西大期的。

问：东大期剌姓人认为西大期剌姓过去曾是东大期剌姓的仆人，而不是像您所说的兄弟关系，您怎么看？

答：我听到西大期剌姓人说的都是兄弟关系，都是老人们传下来的说法。具体情况不太清楚。

问：你们村的剌姓人和东大期剌姓人之间有没有来往。

答：应该有吧。

问：东大期剌姓人认为两边的关系是主仆，不是兄弟。您怎么看这个问题？

答：我也听说过这个说法。具体情况不太清楚。

从上述五段访谈记录可知，对于东、西大期两村剌姓人的相互关系，出现了两种相互矛盾的表述。东大期的剌姓人认为自己曾经是西大期剌姓人的主人，而西大期剌姓人则曾经是东大期剌姓人的仆人，双方的关系是主与仆的关系。然而，对于东大期剌姓人关于“东边是主，西边是仆”的说法，西大期的剌姓人并不买账。在西大期村剌姓人看来，东大期剌姓人和西大期剌姓人过去曾是兄弟，后来因为某种原因[①]分村而居。一言以概之，东大期剌姓人认为西大期剌姓人是自己的仆人；而西大期剌姓人认为东大期剌姓人是自己的兄弟。

按照逻辑推理，在东、西大期剌姓人一致认为相互之间有着密切关系的情况下，就只能有一种，也就是说，他们之间的关系要么是主仆，要么是兄弟，二者只能居其一。但是在现实的表述实践中，双方对同一关系的表述却大不相同。在没有确凿的证据证明双方的关系是兄弟或者主仆以前，这两种表述就呈现出一种势均力敌的张力结构——双方都试图用己方的表述来定位相互之间的关系，但又都暂时无法让对方接受己方的表述。这种对相互关系的异质表述维持了数百年之久，已经形成了一个相对稳定的张力系统。

（二）族谱叙事的张力

东、西大期剌姓人群对于相互关系的异质表述不仅呈现在双方的口头表述中，翻阅东、西大期两村剌姓人分别撰写的族谱，就会发现，这种表述的张力结构还隐藏在双方的族谱书写中。

东大期族谱叙事

打开东大期剌氏族谱，它的序这样写道：

剌氏之传自元始也。元世祖初行征伐，甕吉剌氏佐辅有功，定鼎后，遂以剌氏为丞相，下至府县之职，无不有剌氏之族。迨至顺帝之世，我始祖为介休令。元命既去，遂弃官寻隐而馆于东北乡东大期村。相其仁里而置田五百七十亩，为安大里五甲民籍。立宗卷以传于后世，上溯至元丞相讳带，下至始祖之伯叔兄弟，咸著其爵位，以贻于后人。三世祖于大明成化二十二年九月二十一日均分产业而为三大支，至今四百余年，几二百户。旧有谱，年深日久，不无蠹蚀，爰敬录而重新之，辑为合族全谱而支分派别，世代分编，非敢更旧规也。期于分明，以示来世焉耳。

第三支十七世孙廷亨沐手敬修，命男蔚章、蔚华钞辑

大清同治二年岁次癸亥仲秋望日[②]

① 分居两村的原因，东大期剌姓人认为是仆人脱离主人，西大期剌姓人则认为是兄弟分家。

② 原文没有标点，引文由笔者标点。

在这篇序文中，那位东大期剌氏历史上的第二位修谱者剌廷亨告诉人们以下一些信息：

首先，追述了一个剌氏的源头——元朝开国功臣，改汉名为剌带的蒙古族雍吉剌带。其次，讲清了作为蒙古族裔的剌氏后裔为何居留汉地的原因——元朝灭亡，身为介休县令的始祖剌子成弃官归隐，置田地定居于此，并不断繁衍至今。其三，厘清了东大期剌姓居民各支派之间的关系。其四，在他修谱之前，已有剌姓先祖曾经修过谱，旧谱因年深日久，有所蠹坏，他只是在旧谱的基础上，将剌氏各支派的家谱统一起来，按世代进行分编罢了。

如果真如剌廷亨所言，东大期族谱已经囊括了剌子成的所有后裔——“辑为合族全谱而支分派别，世代分编”——的话，则西大期剌姓居民显然没有被收录在内。换句话说，至少在剌廷亨及其同时代剌姓人看来，西大期的剌姓居民并不是与他们同祖同宗的。为什么居住地与东大期相隔如此之近的西大期剌姓居民竟然没能进入东大期剌氏的族谱呢？

《序文》里的这样一句话引起我的注意：“旧有谱，年深日久，不无蠹蚀，爰敬录而重新之，辑为合族全谱而支分派别，世代分编，非敢更旧规也。”分析这句话，我们大致可以得出如下一些推论：东大期剌氏在同治二年（1862）以前曾经修过谱，到同治二年时旧谱已经在一定程度上蠹蚀毁坏，因旧谱是分支编写的，剌廷亨将各支分别编写的族谱进行了编辑和整合，使之成为了整个东大期剌氏的全谱。但是，让人生疑的是：既然剌廷亨对于旧谱采取的是“爰敬录而重新之”的态度，何以要在“世代分编”一语后面多此一举地跟上一句“非敢更旧规也”呢？这里的“旧规”确指的是什么？为什么剌廷亨对这个所谓的“旧规”不敢有所变易（“更”）呢？这是否意味着在东大期一直存在某种关于西大期剌氏居民的严厉规定呢？仅仅看东大期剌氏族谱，难以找到准确答案，也许还应该看看西大期的族谱。

西大期族谱叙事

翻开西大期的剌氏族谱，扉页是新版族谱撰修人剌祚业写的一篇《重修西大期剌氏家谱记》，其全文如下：

中华人民共和国是在共产党的领导下各民族人民革命建成的统一、伟大的国家。介休“剌氏”是六百五十多年来，早已汉化的蒙古族弘吉剌氏之后代。重修“西大期剌氏家谱”在于爱国尊祖，承前启后，和谐共处，发展中华。

（一）介休“剌氏之起源”

（1）现存的清朝乾隆二十六年（1772）第七世祖剌衍智书写的家谱：“剌氏出于大元，原籍蒙古上都清水源人。隋（随）世祖皇帝龙兴定业，始入中原。初居燕都（北京），乃系皇后弘吉剌氏之贵戚。元世末，镇守介休卒于任，一子留于介，介之剌氏自此始。说明了介休剌氏之起源。”

介休东、西大期是同一族、同一祖。西大期剌氏始祖，太高祖是在明朝中、后期从东大期剌氏中迁至西大期村立户，发展成为西大期的大户。

（2）据元史列传记：元太祖成吉思汗之皇后——光献翼圣皇后，名孛儿台旭真，弘吉剌氏，特薛禅之女也。特薛禅与子按陈从太祖（指成吉思汗）征伐有功，赐号国舅，封王爵以统其部族。有旨：“生女为后，生男尚公主，世世不绝。”因此，从成吉思汗起至元末顺帝北上归蒙止，共经历十四任皇帝中，有十三名皇后是弘吉剌氏人。

（3）元末明兴时，“留一子于介休”的剌子成（介休县知县）辞官就馆，购地七百余亩以谋生。定住介休东大期村，并书有家谱记载：于大元延祐元年记开大元皇后弘吉剌氏，开国之朝太祖——左府内阁、元帅、瑞王都督、驸马及曾祖、高祖等人的官职名单。明确说明介休剌氏是源于蒙古族的弘吉剌氏之后人。

（4）现存在的近四百多年前，西大期剌氏家族的“神主”挂图标记，正是蒙古族人的图腾。说明介休之剌氏是六百多年来已汉化的蒙古族弘吉剌氏之后人。

（二）

1. 对原始家谱进行了修补整理，以供后人敬阅。

2. 新增自始祖之第十六世排列的各支子孙血统名单表，使辈分明确并续记。

公元2009年　后嗣　剌祚业　拜题[①]

如果和东大期族谱序稍加比较，在两村剌姓人的关系问题上，从剌祚业所写的这篇《记》中，我们就大致可以得到以下一些信息：

① 原文为现代文体，且格式不够规范，为保持原文的本相，引文系照原文原样录入。

其一，和东大期村剌氏一样，西大期族谱也将介休剌氏的起源追溯至元末任介休县令的剌子成。

其二，与东大期族谱对西大期剌氏只字不提的态度相反，强调东、西大期是“同一族、同一祖”。

其三，对西大期剌氏的来历进行了说明，明确指出西大期剌氏是明朝中后期从东大期迁至西大期村的，说明在明朝中期以前，西大期剌氏和东大期剌氏必然有着某种剪不断的联系。

其四，西大期剌氏迁到该村时，那里已经有其他姓氏的人住在那里了，但是剌氏在西大期繁衍很快，最终发展成西大期村人口最多的大姓。

其五，西大期剌氏早在清朝乾隆二十六年（1772）时，今西大期剌氏的第七世祖剌衍智就修过一个家谱，这比东大期第十七世剌廷亨于1862年修谱的行为早了近百年。因剌廷亨在《谱序》中没有提到旧谱的编修年代，不知该旧谱是否早于西大期剌衍智的这次修谱。按照古人传统，一般只有大户人家才会组织修谱，这说明西大期剌氏至迟在乾隆时已经发展成了西大期大户。

既然剌祚业在《记》中提到了剌衍智所修的旧谱，而且在他所修的新谱中，他将剌衍智所修谱的序言紧接着附在了扉页后面，我们不妨将这篇序抄录下来：

盖闻谱葉（疑为牒，引者注）之辑，不可不讲也。由百世之下而知百世之上，察统系之异同，辨传承之久远。敦亲睦，定尊卑，收涣散，非有谱以列之不可也。故不修谱者，君子谓之不孝。然谱之为孝难言也。有征而不书，则为弃其祖；无征而书之，则为诬其祖。有耻其先之贱劳，援显人而尊之者；有耻其先之恶而私附于闻人之族者，彼皆以为智矣，而诚愚也。

夫祖岂可择哉？兢兢然尊其所知，阙其所不言；详其所可征，不强述其所□考，则庶乎近之矣。而世之知乎此者常鲜，趋乎伪者常多，大失之矣。天下有贵人，无贵族；有贤人，无贤族；有士者之子孙不能修身笃行而屈为童隶，而公卿将相常发于陇亩。圣贤之世不能传其遗业，则犹乎恒人；而缙绅大儒多兴于贱宗。天之生人也，果孰贤而孰贱乎？呜呼！富贵利达，外至者也。求之不可必得，得之不可必守，守之不可必传也。仁义忠信之道备乎心，不求而足。得之可以行，行之可以著，可以久。□□□□，思是道也，行是道也，天下不惟尊其□□□□□□□祖而祖益尊而谱益传。斯其为孝，达矣。何必为□而欺且诬哉。

夫谱因亲而立，为族而修，故剌氏族谱谱剌氏之族也。剌氏出于大元，原籍蒙古上都清水源人氏，随世祖皇帝龙兴定业，始入中原。初居燕都，乃系皇后之贵戚。元世末，镇守介休卒于任，一子留于介，介之有剌氏自此始。而谱不及者，亲尽也。亲尽则曷为不及？谱为亲作也。儿子得书而孙不得书者，何也？著代也。自吾之父以至吾之高祖，仕不仕娶某氏享年卒日而不能尽书者，何也？详吾之所自出也。自吾父以至吾之高祖，皆曰讳某字某生几男何疾终葬某茔享年卒日，而他则遂名之，何也？尊吾之所自出也。谱为剌氏作而独吾之所自出得详与尊，何也？谱吾作也。

呜呼！观吾之谱者，孝悌之心可以油然而生矣。情见于亲，亲见于服，服始于衰而至于缌麻而至于无服，无服则亲尽，亲尽则情尽，情尽则喜不庆忧不吊，喜不庆忧不吊则途人也。吾所与相视如途人者，其初兄弟也。兄弟，其初一人之身也。悲夫！一人之身份而至于途人。吾谱之所以作也，其意曰：分至于途人者，势也。势，吾无如之何也。幸其未至于途人也，使其无至于忽忘焉可也。呜呼！观吾之谱者，孝悌之心可以油然而生矣。系之以诗曰：吾父之子，今为吾兄。吾疾在身，兄呻不宁。数世之后，不知何人。彼死而生，不为戚欣。兄弟之情，如足如手，其能几何？彼不相能，彼独何心？

后嗣剌衍智盥漱百拜题

乾隆二十六年岁次辛巳八月　谷旦[1]

我们只需稍稍回顾一下前文所引剌廷亨为东大期剌氏族谱所作的《序》，就会发现，剌廷亨的《序》是一篇仅有219字的描述性文字，主要记载东大期剌氏祖源、何以现在定居东大期、如何分支、为何重修族谱这样四件事。行文上除了上文分析过的一点可疑之处外，没有任何特别之处。

剌衍智的序文则不然。通篇正文达818字，比剌廷亨所撰东大期族谱序文多出近600字，却通篇论述，似乎是针对某种言论的一篇论说文。剌衍智在这篇《序文》中议论了四个方面的问题，即：修谱与孝的关系问题；祖不可择，如何对待修谱中诚与伪的关系问题；关于入谱资格及书写详略的问题；亲与情的关系问题。而对于祖源的叙述则仅仅用了“剌氏出于大元，原籍蒙古上都清水源人氏，随世祖皇帝龙兴定业，始入中原。初居燕都，乃系

① 原文无标点，未分段。分段和标点工作由姜约完成。因原序纸张已有所损坏，复制后有些字已看不清楚。凡无法辨认的字，引文中一律以“口”表示。

皇后之贵戚。元世末，镇守介休卒于任，一子留于介，介之有剌氏自此始”这样短短 64 字。

从剌衍智的这篇序文中，我们大致可以解读出这样一些信息：

其一，西大期剌氏与东大期剌氏所以留居介休，皆源于元末介休县令剌子成——即“元世末，镇守介休卒于任，一子留于介，介之有剌氏自此始”①。

其二，关于“修谱与孝的关系”一段，表面看是讨论修补应讲究照实书写，而不应“援显”、“附闻”，实则是要通过对那种“援显人而尊之”和“私附于闻人之族”的做法的批判——“彼皆以为智矣，而诚愚也”，达到一种自我肯定的目的，即西大期剌氏族谱乃是照实书写的，没有任何“援显”、“附闻”之举。

其三，西大期剌氏族谱和东大期相似，只记录了西大期剌氏男性后裔，没有记录东大期剌姓人。但和东大期族谱不同的是，剌衍智对何以族谱未记录东大期剌姓人进行了说明：“而谱不及者，亲尽也。亲尽则曷为不及？谱为亲作也。”也就是说，在剌衍智看来，西大期剌氏虽与东大期同出一源，但因族谱是用来记录亲属关系的，而西大期剌氏与东大期剌氏之间作为亲戚的关系已经完结了，所以也就不再在族谱里记录他们了。

其四，虽同出一祖，但随着世代的发展，原先互为兄弟的人们，他们的子孙却因为亲戚关系的疏远而不再有相互之间的感情。原先如手足一般亲近的兄弟，竟成了今天“喜不庆忧不吊”的路人。

其五，序文结尾的系诗别有深意，尤其是最后一句质问：“彼不相能，彼独何心？”如翻译成现代文，意思是：他（们）和（我们）闹不和睦，他（们）安的是什么心啊？这里的“彼”指的是谁呢？为什么剌衍智要在族谱序文的最后发出这样一句质问呢？显然，这里被质问的“彼”一定是跟剌氏有关的族内人。如果结合整篇序文来看的话，读者是很容易把文中的“彼”与东大期剌氏联系起来的。

从东、西大期两村剌姓人各自所修的族谱来看，东大期剌姓人似乎有意

① 对于东、西大期剌氏来源，两村剌氏族谱的说法大同小异：东大期族谱认为是剌子成“弃官寻隐而馆于东北乡东大期村”后购地留居，西大期族谱则认为是剌子成“镇守介休卒于任”以后，“一子留于介”。具体情况如何，难以确定。在笔者看来，因剌家当时是有数百亩田地的大户，又居留汉地，肯定会想方设法留下后嗣，而东大期族谱中剌子成的三个儿子中的次子剌彦英和三子剌彦威两人却都无传，因此，相比之下，西大期的族谱可能更可信一些。

要将西大期的剌姓人遗忘，既不将其纳入谱内，也不讨论西大期剌氏何以存在，给人一种西大期剌氏与“我”无关的表象。这一点似乎与如今东大期剌姓人关于西大期是其仆人的说法相呼应，因为按照传统，仆人是没有资格进入主人的谱牒的。

西大期剌氏则不然，他们似乎对外界的某种说法大为不满，因而在谱序中一再强调自己并不是那种“援显”、“附闻”的愚蠢之徒，并且给人这样一种印象：西大期剌姓人与东大期剌姓人同出一祖——剌子成；西大期族谱之所以没有将东大期剌姓人写入谱内，乃是因为他们认为自己与东大期剌姓人之间的亲戚关系已经疏远到了“喜不庆忧不吊”的路人的程度，并且认为两村剌姓人的关系之所以弄成现在这个状况，责任全在对方——“彼不相能，彼独何心?”

这样，在东、西大期剌姓人的谱牒叙事中同样也形成了一种张力结构：东大期剌姓人以一种不置一词的忽略态度试图否定西大期剌姓人与自己同宗的关系，甚至连他们和自己同族的事实也不予言说；西大期剌姓人则似乎对外界一种于己不利的说法非常不满，试图通过谱牒这种历史性表述为自己正名，同时确立自己作为弘吉纳部落剌子成后裔的正统地位。

三、相对稳定的表述结构

从表述的角度分析东、西大期剌姓人群的表述实践，不论是他们对自身民族身份的异质表述，还是对于相互关系的矛盾说法，总体来讲，都呈现出一种稳定的结构。

第一，他们对于自身民族身份的表述呈现为一种稳定结构。按常理，一个人的民族身份应当只有一种，要么属于这个民族，要么属于另一个民族，没有理由忽而是这个民族，忽而又是另一个民族。但这一现象却在东、西大期剌姓人群的身上相当自然地发生了，汉族和蒙古族两种民族身份的存在对他们不造成丝毫尴尬。他们为两种民族身份分配了适当的出场时间和场合：在对外正式交往、填写正式表格或进入官方统计数据的时候，他们以汉族人的身份出现；而当他们回到家里，面对家人，或者在回答非官方询问的时候，他们又很自然地以蒙古人的身份出场。东、西大期剌姓人群对于两种民族身份游刃有余的处理表明，他们关于自身民族身份亦汉亦蒙的自表述已形成一个稳定的结构，在相当长的时间内，既不会发生汉族身份压倒蒙古族身份的现象，也不会有蒙古族身份压倒汉族身份的情况发生。

第二，他们关于相互关系的他表述也呈现为一种稳定结构。结合东、西大期两村剌姓居民的口头表述，再对照两村剌姓族谱，尤其是族谱的序文，可以发现，东、西大期两村的剌姓居民之间确实有着难分难解的联系。首先，东、西大期两村剌姓居民之间的关系可能是兄弟。据东大期族谱显示，东大期剌氏于“大明成化二十二年九月二十一日分居，共地五百七十亩，三股均分，从此后世遂分为三大支”。三支分别为：长子剌守行（第一支）、次子剌公贵（第二支）、四子剌公礼（第三支）。其中，第二支发展到第八世时还有 8 名男性子孙，但奇怪的是，这 8 名剌氏男性竟然集体无传。在第一支和第三支繁衍均很正常的情况下，第二支 8 名男性的集体失传是很不合情理的。个中原因，我们可以从西大期族谱结尾看似无关宏旨的发问——“兄弟之情，如足如手，其能几何？彼不相能，彼独何心？”——中看出一些端倪。或许，东大期剌氏第二支在第八代时因为某种原因和另外两支之间产生了难以调和的矛盾，被集体赶出东大期村，或者自动搬出东大期村，并定居到了距此很近的西大期村。此后，两边剌姓居民互不来往，各自独立发展，逐渐形成了东、西大期两个相对独立的聚居群落。

其次，东大期剌姓居民与西大期居民之间也可能是东大期剌姓居民所说的“主仆关系”。剌子成以蒙古贵族的身份在介休做县令，他身边除了有不少汉人奴仆以外，还可能有一定数量的蒙古族人为他管理财务、家务之类的事务。这样一些由本族平民充当的总管一类仆人，在剌子成寻隐东大期村后，是离开介休回到蒙古草原了呢，还是跟随剌子成一起到了东大期村继续为他工作呢？东大期剌氏族谱当然不会记载，但是从东大期剌姓居民关于“主仆”的说法中可以推测，当年剌子成很可能带了一些本族仆人到东大期定居。这些跟随主人剌子成到东大期定居的仆人在汉化过程中，也和主人一样改了汉姓，由于他们也是弘甲剌部落后裔，所以很自然地改了和主人一样的剌姓。

时至今日，东、西大期两村剌姓居民的关系究竟是“主仆”还是“兄弟”，仅凭现有史料和两村当代剌姓人自己的言说，已经很难做出准确的判断。其实，“主仆”也好，“兄弟”也罢，关于两村剌姓居民关系的论争都有一个共同的言说基础，即东、西大期两村的剌姓人都有一个共同族群来源——蒙古族弘甲剌部落。

在某种意义上，对于今天的东、西大期剌姓人来讲，主仆也好，兄弟也罢，那都只能代表遥远的过去。即使过去是主仆关系，也无法改变今天两者平等的权利和地位；就算过去是亲如手足的兄弟，也不能改变今天两者多少有如路人的现实。

对于我们来讲，我们感兴趣的不是他们之间的真实关系为何，而是他们对于相互关系的表述中呈现的张力结构。在东、西大期剌姓人对相互关系的表述中，东大期剌姓人在口头上把西大期剌姓人说成自己的仆人，在族谱中则有意地将其予以忽略，造成一种西大期剌姓人不得入谱的印象；反之，西大期剌姓人在口头上将东大期剌姓人说成是自己的兄弟，在族谱表述中则反复申述自己绝不“援显”、“附闻”，乃是介休剌氏之始祖剌子成的后代。这样两种相互矛盾的“关系说”可能从明代中叶即以形成，相互之间形成一种稳定的张力结构，数百年来，尽管双方都试图用自己的表述去影响对方，但都没有获得成功。在当今这个去阶级化的商品社会里，主仆关系或是兄弟关系都不实际影响双方的现实关系，东、西大期剌姓人群之间对于相互关系这种充满张力的表述在很长一段时间内都会呈现一种稳定的结构。

结　语

如前所述，在东、西大期对于自身民族身份的自表述和他们对于相互关系的他表述中，均呈现出一种较为稳定的张力结构。在对同一事件的两种不同表述之间，双方都试图影响，甚至压倒对方，却因为力量上的势均力敌，任何一方都没有在表述实践中战胜对方，产生表述上的话语霸权。正因为此，我们才能在其中看到一种有趣的张力结构。

东、西大期剌姓人群表述实践的张力结构折射出一种表述民主，即表述各方完全可以根据自己对某一事件的看法发表自己的意见，而且，即使表述各方都试图将自己的表述作为权威表述去影响其他各方，但任何一方都不会采取一种极权的方式简单粗暴地去否定其他各方的表述，从而形成一种表述上的民主氛围。反面思之，也只有在一种表述民主的氛围中，才有可能产生那种“百家争鸣”的表述张力。

遗产与认同

- 中华民族的认同再造
- 当代精神语境中的宗教难题
- 族群认同与文化表述
- 创意城市与文化遗产

中华民族的认同再造

姚新勇[①]

摘　要：本文针对转型中国所面临的中华民族认同危机的问题，考察了近三十年来中国大陆中华民族认同合法性的危机和重建的基本情况，并为良性、有效的新型中华民族合法性认同的建构，提出一些方向性的建议。

关键词：中华民族　认同　危机　反思

一、引　论

本文将以认同的合法性危机理论为视野，考察近三十年来中国大陆中华民族认同合法性的危机和重建的基本情况，并为良性、有效的新型中华民族合法性认同的建构，提出一些方向性的建议。

所谓“合法性”是指“社会成员基于某种价值信仰而对政治统治的正当性所表示的认可，是政府基于民众认可的原则来实施统治的正统性或正当性。它既是统治者阐述其统治权力来源的正当理由，也是被统治者自愿接受其统治的价值依据”[②]。因此，国家政治统治的合法性问题也就是认同的合法性问题。A. D. 史密斯认为，在现代国家中，往往存在着两种不同的具有内在矛盾的合法性价值，即现代国家（state）所推崇的科学性的“法律—理性”价值和传统的“宗教”价值。一般情况下，后者被前者所压倒、遮蔽，双重合法性的矛盾并不明显，可是当社会、国家发生危机时（而转型社会，恰恰又是由危机所促成的），两种不同性质的合法性认同，就会发生激

① 姚新勇，暨南大学教授，博士生导师，主要从事文艺学和中国少数民族文学研究。

② 张凤阳等：《政治哲学关键词·合法性》，南京：江苏人民出版社，2006 年，第 324—325 页。

烈的冲突，双重合法性危机也就随之爆发①。

虽然中国的情况与西方不同，但无论是从主导的非宗教性的国家而言，还是从国家内部的那些具有宗教传统的少数族裔而言，史密斯所说的双重合法性认同的矛盾，在特定的意义上也存在于中国，只是具体的表现形式有所差异。

例如80年代以后，"改革开放"、"走向世界"、"发展"等成了最具感召力的国家意识形态，"民主"的合法性诉求，也在一定程度上被吸纳。大陆的意识形态危机，似乎得到了暂时的控制与缓解。

根据中国国家对危机的应对和新的认同形态的建构，大致可以把近三十年的历史分成三种形态：一是"文化多元化的有力推进与国家一体性建构纲领的指向不明"（大约在80年代），二是"'中华民族多元一体格局'说的提出、普及与汉化"（大约是90年代到新千年后的头几年间），三是以"'特殊文明中国论'为核心的新型国家民族意识形态的初步成型"。下面我将大致根据这三个形态来展开分析。

二、多元化的有力推进与一体性建构的相对被动

不同于汉语主流社会，"文化大革命"结束时，中国还面临着另一重的意识形态双重合法性危机——族群意义关系上的国家认同危机，或曰中华民族认同危机。其具体表现形态为"双重民族认同"的合法性危机：即民族国家层面上的（中华）民族认同与多族群国家内的具体族裔的民族性认同的矛盾与冲突。这当然不是什么新问题，自一百多年前中国开始现代转型起，夷夏之辨的分合转换，天朝—四方之"怀柔远人"的传统帝国结构，就遇到了严峻的挑战，中国不得不开始向现代民族国家转型。也正是从那时起，具有内在合法性矛盾结构的"双重民族认同"的问题，就开始成为"现代中国"最基本的问题之一。无论是梁启超的"大小民族主义"之分，还是孙中山由"驱逐鞑虏"向"五族共和"的转变，都是同类危机的不同表现。

1949年中华人民共和国建立，新政权通过阶级斗争理念的推行、民族团结的大力强调和对"大汉族主义"及"地方民族主义"的双重批判，建立起了社会主义民族大家庭的理念，它容共产主义普世价值与中华民族价值为

① John Hutchinson, *The Dynamics of Cultural Nationalism——The Gaelic Revival and the Creation of the Irish Nation State*, London: Allen&Unwin Ltd in association with the London School of Economics and Political Science, 1987, p. 206.

一体，将次一级的族裔民族主义意识强力抑制。但是从长期的效果来看，“文化大革命”和“文化大革命”之前的民族政策实践，只是暂时抑制了族裔性因素，并没能铲除之，相反，倒为它们在80年代之后的再生，积蓄着反弹力。之所以会出现这种与国家意志相反的结果，可能主要有以下三方面的原因：

第一，国家所努力建构的社会主义民族大家庭的意识，虽然强调的是阶级、共产主义、中华民族这样的普世性、国家性价值，但其本身并没有排除血缘、种族、文化特性之基础。这种基础，虽不被意识形态强调，但却通过国家的“民族识别”和个人长期的民族身份的标识之必须，以及民族区域自治政策的施行，更为普遍、全面、潜移默化地逐渐培养着人们的族裔“民族”意识[①]。

第二，主要受列宁的民族理论的影响，新中国从一开始就自陷于“双重民族属性”和“民族自决原则”的矛盾纠缠中。而进入“文化大革命”后，阶级斗争被高度强调，几乎成了判定一切事务的唯一合法性。在文化意识方面，一切族裔性、传统文化性的东西通通都被冲击。这样，以阶级斗争为纲的社会主义民族大家庭的认同，就必须进行转型。虽然这在主流社会领域中，没有及时明确地表现出来，但却在少数族裔那里成了一个紧迫而无法回避的问题。所以，几乎是在改革开放刚刚开始，在一些规模较大、族群差异较为明显、族群记忆较强的少数族群那里，就出现了程度不一的、带有相当文化民族主义[②]色彩的、本位“民族性”认同的转向。而这种转向到了20世纪80年代中期，就由个别族裔的诉求，普遍化为少数族裔的整体性动向，少数族裔文学就表现出了强劲的族裔文化复兴的冲动[③]。

第三，这一复兴运动与改革开放之初“民族工作”的“拨乱反正”，以及随之而来的民族工作政策的调整有直接的关系[④]。国家的自我反思、自我纠错，至少为少数族群的族裔意识、文化民族主义的复兴开创了宽松的外部

---

① 马戎先生近年来非常强调这一点。实际上，西方学者也持有类似的观点，譬如Gardner Bovingdon，*Autonomy in Xinjiang：Han Nationalist Imperatives and Uyghur Discontent*，2004 by the East—West Center Washington.

② 学界对于“文化民族主义”有不同的看法，不过就我所考察过的这一时期的藏族、彝族的汉语诗歌而言，其文化民族主义性主要表现为对于本族群的“文化家园”的感伤性抒怀。

③ 参见姚新勇《寻找：共同的宿命与碰撞——转型期中国文学与边缘区域及少数民族文化关系研究》，下卷，第一、二章。

④ 当年在胡耀邦调查西藏、新疆后中央所出台的一系列相关政策以及1984年《中华人民共和国民族区域自治法》的颁布，都是这方面极具代表性的事件。

条件。

不过，虽然各种少数族裔文化复兴的诉求，包含着溢出国家边界、导向分裂的危险，但整体上此种倾向是少数族裔人民追求成为更具自主性、更多平等性之中华民族成员（membership）的诉求。正是基于此，有外国学者用“共产主义多元文化主义”来概括、审视中国国家与少数族群之间的这种既合作又冲突的文化互动①。

然而问题是，既然如此，为什么少数族裔文化复兴潮却促进了中国族群问题的日渐加剧呢？原因是多样的，既有民族政策性的原因、族群关系的原因，也有非族群性的腐败、发展不平衡、国际环境的影响等方面的原因。但从多重中国意识形态的相互作用的角度来看，可能主要在于族裔民族认同价值的取向，缺少内在的一体性有机制衡，从而影响到了一些少数族裔文化复兴运动朝着族裔民族主义的方向扩展。

但是，80年代开始转型的国家民族意识形态，虽然仍然强调着各族人民的大团结以及中国共产党的领导，但“阶级斗争”行动纲领的取消，带来了跨族群的“阶级人民”的逐渐消失，而代之以重新整体化的以族群为单位的“X族人民”；而作为推动这种转型的中国共产党，既是新型族群文化建构的间接推动者，又是族群文化过去的伤害者，所以，“拨乱反正”等善意之举，就很难不被理解为对被损害族群的理所当然的补偿，其可能带来的感恩性认同很难会有持久、普遍性；而在文化意识形态方面，“各民族大团结”的理念，主要表现为国家的宣传，而并非绝大多数文学艺术家的自觉关心。这样，重新转型的国家民族意识形态，就既未建立起更高层次的综合性认同价值，同时被重新定位了的族裔性“民族意识”又强化了“双重民族性”的矛盾，加剧了与中华民族认同价值的紧张。所以，族裔民族性认同的价值取向，无论就自觉意识还是就关系结构来说，基本都是单向性的。

三、数流并行之表与众流趋一之里

1988年8月，发生了一件相当具有历史意义的事，那就是“中华民族多元一体格局”理论的正式提出。不过此一理论当时只是在人类学、民族学

① 参见 Susank Mccarthy，*Communist Multiculturalism—Ethnic Revival in Southwest China*，2009，by the University of Washington Press. 不过这里需要注意的是，作者有些过分强调各级政府对于少数族裔文化促进经济发展的关注。其实“文化搭台，经贸唱戏”的思路，可能是到了20世纪90年代后才开始热的。

界发生了一定的反响，并未引起主流社会广泛的关注，整个90年代文化界所热衷的是后殖民、后现代、民族主义、儒学复兴等。只是到了问题激化的今天，我们才真正看出费孝通先生的敏锐与“超前”。他在体制与启蒙主义理念的冲突达到顶点的前一刻，却看到了另外一重更深层的危机——与国家解体与否之命运紧密相关的“双重民族合法性危机”，并且为危机的克服，提出了一个更高层次的国家认同的合法性纲领。

就理论与现实意义而言，中华民族多元一体格局理论的提出至少具有以下三点意义：1）标志着国家开始摆脱前十年面对双重民族合法性危机的相对被动的状态，开始了更为积极、主动的应对；2）为国家提供了一个富于弹性、整合力的综合性国家民族意识形态的纲领，来取代已失去了生命力的社会主义民族大家庭理论；3）标志着国家在民族意识形态的建构上，开始摆脱原先相对单一性的党、国家权力的主导运作，开始了国家权力与社会力量的双边或多边的合作共促。但是，尽管如此，多元一体观并没有真正充分地发挥其应有的中华民族认同的整合功能，相反，在它日益普及化的过程中，似乎还逐渐走向了反面，由一个包容性、弹性的多族群民族国家的认同纲领，转向排斥性的“汉民族国家”的意识形态的支撑。无论是中华民族多元一体格局理论自身的演变，还是同期一些相关的意识形态的“汉化”走向，都说明了这一点。

就其理论形态本身来看，中华民族多元一体格局说，在很长的时间内大致只是一种直观性的理论假设，基本停留于粗糙的“多元”与“一体”的二层结构说上，并没有形成较为完备的多层次的理论形态。学者们也多是通过历史溯源法去进行考证，以试图证明中国已经建立起了有机多元一体的中华民族关系。这样就将一个产生于现实危机的、引领未来目标奋斗的理论纲领，空洞化为了一个已经实现了的历史－现实存在。因此，虽然中华民族多元一体的说法已高度普及，但其作为中华民族认同建构的理论纲领的能量却被大打折扣①。

首先来看多种不同的思潮演变中所体现出的“爱国主义（或国家）汉化”的趋势。

爱国主义始终是中华民族的核心价值，虽然在不同的历史时期，爱国主义的具体内容不尽相同，但其主导倾向，则是尽可能地涵盖所有中华各族人

---

① 参见姚新勇《现实抑或理想纲领——关于“中华民族多元一体格局”说的思考》，《民族艺术》2010年第1期。

民，并作为巨大的精神力量，激发全体中国人民为国家的救亡图强而奋斗。但是，90年代以来，本来应该属于全中国人民的爱国主义，则似乎出现了“汉化”苗头，并与日渐强化、普遍化的族裔文化民族主义一道，撕裂着中华民族的认同。爱国主义已由中国人民的凝聚力，开始向种族主义与民族分裂的助推器方向异化。

现代中国的建构从一开始就与民族和国家救亡联系在一起，所以不少人就将近代中国以来的历史，视为中国民族主义兴起、演变的历史，因此无论是孙中山、蒋介石还是毛泽东，都被视为了民族主义者[①]。这样的观点当然有一定启发性，但是严格而论，与特定的种族认同相关联的排斥性的民族主义，除在民清交替之际发生过重要作用，并没有在现代中国历史上占据过主导性。

虽然民族主义认为他们是反种族主义的，但在民族主义思潮中，（汉）种族主义因素并非不存在。因此，虽然新兴的国家民族主义否定了传统儒家中华文化民族认同的凝聚性可能，但它却可能比儒学复兴思潮更狭隘、更危险地将中国引向种族主义的境地。

再来看主流知识界矛盾日益尖锐化与国家汉化之趋势的“同向互动性”。在90年代后期，知识界逐渐被整合成所谓的“新左派”和“自由主义”两种思潮。不过所谓的“左右之分”，并不纯然是中国现实之思想状况的客观呈现，在相当程度上是受限于体制控制的知识界的某种策略性、扭曲化的自相缠斗之表征[②]。但是随着时间的推进，左右之分似乎却越来越“实质化”：一方面，中间立场的持有者，逐渐主动或被动地被归类、站队[③]，另一方面，“左”、“右”两边的对立也越来越极端化。近年来，双方对立愈益激化地表现出来，也越来越集中地体现在中/西（美）冲突和族群矛盾的立场选择上。几乎在每一次论争中，自由主义的代表人物都更多在进行国家内部的批判：以民主、自由、理性的价值，批判网络“愤青”的非理性的爱国主义，并将此与对权力的批判联系在一起。虽然他们的用意绝非出于卖国之心，而是欲推进中国民主化进程，但是在客观上，其相关言行，恰好在一定程度上与肢解中国的外部势力和主张或同情分裂主义者的言行较为接近。

---

① 参见 Jonathan Unger（ed.），*Chinese Nationalism*，1996 by M. E sharpe，Inc..

② 姚新勇、王世诚：《虚拟的“路线斗争”——关于“自由主义”与“新左派”的思考》，《文艺争鸣》2000年第1期。

③ 就群体样板来看，当年“人文精神”大讨论中那些更富激情的知识分子的派性归类就很能说明问题；而就个体样板言，秦晖被逐渐定性为“右派”就很典型。

综上所述，从体制到社会，从学术精英到一般民众，从常规空间到网络空间，几乎所有各不相同的言说，都越来越归向极端对立性的二元分立。但是，这样的分析并不意味着，中国已经完全陷入二元对立的泥淖，面对国家认同的危机，已经无路可走，也不意味着，国家在中华民族认同重构方面一无是处。其实从另一个角度来看，在这种令人担心的日渐对立的趋势中，也包含着中华民族多元一体说的渐趋成熟。这集中表现在近年来“特殊文明中国观”的理论开拓上。

四、“特殊文明中国论”的建构及反思

需要指出的是，此处所言的“特殊文明中国论”，并非一般意义上的“中国文明特殊观”，它不是一般性的价值判断或观念，而是作为中华民族认同的综合性的理论形态，是综合化、理论化、形态化了的中华民族多元一体格局理论的新的表现形式。就所涉学科而言，“特殊文明中国论”是由历史学、社会学、民族学、人类学、政治学、文化学等多个学科的学者们各自陈述与相互补充逐渐成形，而就其理论形态而言，大致表现为这样三个层面的结构：1）“天下中国”之历史观；2）全球化语境中的中国国家尊严观；3）文化多元、政治一体观。

（一）基本内涵

1.“天下中国”之历史观。“天下中国”的理论来源混杂、多样。列文森的“文化中国说”①、拉铁摩尔的“长城中心中国说”②，60年代以来形成并不断丰富扩展的西方“中国研究”③，日本学者为代表的东亚研究④可能都对它的形成发生过程度不同的影响。它们共同从“文化中国”和“中心（中原）一边缘互动中国”这两个方面启发了中国学者，使得他们参考这些研究并结合中国现实，为转型中国提出了独特的文明共同体的中国观念，即天下

① 参见列文森《儒教中国及其现代命运》，郑大华等译，北京：中国社会科学出版社，2000年。

② 拉铁摩尔：《中国的亚洲内陆边疆》，唐晓峰译，南京：江苏人民出版社，2005年。

③ 姚大力：《西方中国研究的“边疆范式”：一篇书目式述评》，http：//www. china. com. cn/international/txt/2007－05/25/content _ 8302248. htm。

④ 如浜下武志和沟口雄三的相关研究。关于这方面，近些年来《读书》杂志和孙歌、汪晖等多有介绍。

中国观。我们在王铭铭、马戎、汪晖、赵汀洋等人的相关文章或著述中，都可以看到对此观点的形式不同、含义相近的表述。

天下中国观大致可以概括为以下几个层面的辩证关系：其一，传统中国不是种族性的共同体，而是文明或文化性的共同体，文明与否的分野构成了华夏与夷狄之分野；其二，以华夏文明为核心的传统中国的空间性表现为中心（中原）与边缘（中原四周的少数民族地区）共构的“天下中国”；其三，一方面在中华区域不同民族间政治、军事、经济的“物质性”互动的推进下，另一方面更在华夏文明核心观之精神性纲领的统辖与整合下，就在空间上形成了幅员辽阔的以朝贡制为基本体系的中华帝国，在时间上形成了绵延不绝数千年的文明中国；其四，进入近代以后，在帝国主义进逼下，传统天朝不得不由“天朝”向现代“民族国家”转型。现代中国的基本结构形态正是由这种复杂的历史文化时空关系演变而来的。因此，中国并不是什么怪异的传统帝国残留形式①，而是特殊的、不同于世界其他各种国家形态的特殊的共同体②。

不过这种“天朝”观与其所借鉴的理论存在两个重大的差异：列文森眼中的的文化中国是一个过去式，而“天朝”中国观则强调文化中国的现代承传；拉铁摩尔的“中国一边疆”的互动形态，是农耕文明与草原文明的对等形态的互动，而天下中国观则更强调华夏文明的核心性。然而也正是这两种差异表明，新型的“天朝”观直接指向中国国家拥有和治理边疆的合法性。它从地域范围、文化认同、族群关系、国家结构等四方面奠定了现代中国的基础。因此，就不能按照西方殖民主义与其被殖民地的关系来理解中原与“原边疆”地区的关系，前者是无历史互动关系支撑的、漂洋过海跨地域的征服与被征服、殖民与被殖民的关系，而后者则是一个中华大区域间的不同地区人群之间的长期互动所形成的中华民族共同体的关系。

2. 全球化语境中的中国尊严观。这一层面，既包含着传统的爱国主义

---

① 在许多西方人的眼中，中国是一个难以理解的怪异的存在，即便相当理性、富于西方文化批判意识的哈贝玛斯也认为中国是“史前”传统帝国的怪异性的现代遗存。（哈贝玛斯：《后民族结构》，曹卫东译，上海：上海人民出版社，2002 年，第 74 页。）

② 这部分的内容是多年杂读的结果，很难一一给出相关的参考文献。此处，笔者主要是将相关方面的观点，集聚到一个具体的论题中加以阐释。若想从这里的阐释中发现与各种具体的“天下观”不一致之处非常容易。比如说我们这里强调的是“天下观”格局中的中心（中原）与边缘（边疆）之间的二元格局，到了晚清或清中叶之后，才将更远、更外围的西方世界纳入视野。但是，王铭铭先生则认为中国的天下观几乎是从其初具形态之时就是“中心汉族区域一少数民族区域一海外区域的三圈”形式。为此，他的《作为世界图式的“天下”》进行了颇为壮观、浩繁的考证。

观念，更有着新条件下产生的多种新的因素。比如汪晖所代表的第三世界反抗说的尊严政治观等①。这些观点的侧重各有不同，但却在近几年来汇聚在一起，成为国家意识形态认同的重要组成部分。如果说天下中国观为中国提供了“历史一空间”的合法性的话，那么中国尊严观，则为其提供了“现实一空间”的合法性；并且发挥着重新激起国人爱国主义的作用。

3. “文化多元、政治一体”说。此为近年来马戎先生极力主张的观点。如果说“特殊文明中国观”的前两个层面，主要为中国的存在提供了意识形态性的合法性理念，那么“文化多元、政治一体观”则试图为新的认同理念提供具体的法律与政治的构架。

上述分析表明，以“特殊文明中国论”为核心的中华民族多元一体理论的深化，已经为转型中国初步建构起了一个包含历史、现实、文化、政治四方面合法性的中华民族认同纲领。这显然比 20 世纪所理解的中华民族多元一体观要充实、丰满、完备得多，所以也可能更具现实的理论能动性。

但尽管如此，这一理论形态还处于初期阶段，还存在诸多内在矛盾，如果真想使其完备、成熟，成为有效的中华民族认同的意识形态的纲领，需要清醒认识其所存在的问题，使之得以进一步完善。

（二）缺陷

1. 儒家文明“泛中国化”的努力与儒学“汉属”之普遍指认的矛盾

新型天下中国观的持论者不仅努力将儒学这个“老圣王”开出新知，而且也在努力地将儒家文明“泛中国化”。这表明了持论者对于中国多族群民族构成现状的自觉，对于当下中国族群问题的重视，所以，可以说是对外来理论的中国性的转化、改造，而且这种转化改造绝非凭空臆造，而是从多元一体的视角重新看历史、激活历史的努力。在漫长的中国历史中，有许多史实可以证明，儒家文明并非只是汉族文明。儒学的形成、丰富、发展、普及，都有着非狭义之汉或非狭义华夏因素的贡献。别的不说，就说对今天多族群国家形成发挥了重要作用的元、清两代，儒学被非汉政权接纳为正统，并借助更加中央集权化的国家控制，更大程度上波及了遥远的边疆，就是典

① 汪晖：《东西之间的“西藏问题”》，北京：生活·读书·新知三联书店，2011 年。

型的华夷之辨、道治辩证的史实[①]。尽管如此，毋庸置疑的是，在一般人的观念中，儒家文明正如所谓“炎黄子孙”等文化符号一样，即是中国的。

2. 儒家文明恢复与全球民主化趋势的矛盾

毋庸置疑，当下世界发展的主体潮流是民主化。全球民主化的进程，固然伴随着西方谋取、维持、巩固世界霸权的历史，但也是后发型现代国家人民自我的选择。自现代科学、民主观念进入中国之后，就逐渐成为中国人民为之奋斗的目的，在近百年的中国现代历史上，即便不同的政党对于民主有不同的理解，但是建立一个自由、民主中国之理念，是哪一个政党都不能也不敢公开反对的伟大目标。2007 年温家宝总理就说过：“民主、法制、自由、人权、平等、博爱，这不是资本主义所特有的，这是整个世界在漫长的历史过程中共同形成的文明成果，也是人类共同追求的价值观。”[②] 虽然很多年前海外学者就已经开始在探讨儒家文明现代性转化的问题，虽然现在一个有着激进反传统之传统的政党，积极主动地去拥抱传统，重扬传统文化，固然是放弃极端、走向理性的进步表现，但是夷夏之辨、道统大于治统之说本身，是建立在华夏对非华夏族的教化、感召之基础上的，这显然与现代族群平等观是相矛盾的。更为重要的是，儒学虽有其朴素的民本主义思想，但相当程度上不过是“内法外儒”之专制制度的粉饰、润滑剂而已。从民主角度看，中国社会矛盾日益激化、族群冲突日益激烈的基本原因，恰恰是权力与资本相互勾结的结果，如果不从根本上改变权力过分集中的问题，那么，任何补救性文化制度构想，都是徒劳的。

3. “文化多元与政治一体性”之构想的“文化一体性”何在？

马戎先生的文化多元、政治一体说主要参考了美国的国情，但是他只看见了美国的文化多元主义和国家政治的“一体性”，却忽略了这两者重要的文化一体性基石——“美国价值”或“美国梦”。它由两个基本方面构成，一方面是自由、平等、天赋人权的理念，另一方面是这一理念紧紧地与美利坚共和国联系在一起，每一个人都可以通过自己的双手，在美国这个自由的国度里取得成功。不错，没有人能够否定美国梦、美国价值的意识形态的某种欺骗性，但是我们不得不承认，正是这一核心价值，为不同族群、文化背

① 在这么明显的情况下，更包含着许多具体的个案。举一个较为特殊的例子。元朝征服了云南地区后，信仰伊斯兰的回族也在那里进一步成型。为了适应新的环境和元王朝推崇儒学的政策，一些回族伊斯兰学者努力探索儒学与伊斯兰教教义的结合。参见 *Communist Multiculturalism—ethnic revival in southwest China*，University of Washington Press，第 64—65 页。

② http：//www. ce. cn/xwzx/gnsz/szyw/200703/16/t20070316 _ 10718768. shtml。

景的美国人提供了一个普遍的合法性基础，让他们去争取自己的权利和幸福。也就是说，美国梦、美国价值，为不同阶级、不同族群的美国人，提供了一个既属于个体又属于群体和国家的、极具生命活力的共同的民族意识形态纲领，它询唤着一代又一代的美国人成为、内化为美利坚合众国的公民①。因此，忽略了“美国价值”这一重要前提去谈文化多元、政治一体，不说是本末倒置，恐怕也是见表不见里了。

4. “文化”、“文明”取代“种族”、“民族”的理论困境

可见，试图以儒家文明为代表的传统文明来说明现代中国国家形成的独特性，这当然不是简单地拾取历史遗迹为现实服务，更不应该定性为开历史倒车。姑且不论其中所存在的一定的历史实在性，仅从国家认同的内在双重困境来看，这种尝试恰恰可能内含着时人克服“政治认同”与“文化认同”内在矛盾的努力，并试图在这两者之间取得某种平衡。这正如七八十年前某些中国学者的努力一样②。但是，儒家文明带有相当的“汉属性”，当人们试图将其超种族化建构为中国认同的文化根基时，很难阻止人们将这两者联系起来，其结果就有可能是，表面上好像用文明、文化取代了种族、民族，但在根本上不过是换了个名词，由“汉文化民族主义”取代了“汉种族民族主义”而已。

5. 爱国主义何以不会堕入国家法西斯主义？

一种有效的国家认同意识形态，必须具有激发本国人民对自己国家热爱、骄傲的能量。但问题是，它的性质如何？它在激发人民爱国热情的同时，对内是否会成为以国家的名义侵犯公民权益的口实，对外成为鼓动侵略扩张的理念，是否会成为国家法西斯主义？就当下国家民族主义思潮来看，并非没有这种危险。严酷的国际竞争的现实，告诉国人在这资源有限的地球中，中国的崛起必将遭到以美国为首的西方世界的打压，这对于帮助国人破除对西方世界一厢情愿的幻想、树立危机意识无疑是有正面作用的。但是，民族主义者们的思维并未走过社会达尔文主义，其思维逻辑——围绕有限资源的竞争，国家的危险，努力发展壮大国家实力，冲破列强的围堵打压，确

① 参见姚新勇《民族意识形态的生产：从美国看中国》，http：//blog. sina. com. cn/s/blog_60f25ed70100e605. html。

② 这里所说的“政治认同”与“文化认同”的内在矛盾详见许纪霖的《共和爱国主义与文化民族主义》，《华东师范大学学报》（哲学社会科学版）2006 年第 4 期。虽然此文并未提到史密斯的双重合法性认同危机，但两者的内在实质是相通的。在这里我们也可以体味出许友渔与“自由主义”主张“共和（宪政）爱国主义”之观念的微妙差异。

立自己的强国地位——与昔日帝国主义的逻辑并无实质性的差别，很容易在特定的条件下，演变为国家法西斯主义。

6. 由“天朝”中国转向民族国家之中国是纯然无辜的吗？

由天朝中国向现代中国转型的历史阐释，的确说明了现代中国形成的独特性，这为在一个中国的前提下处理并发展两岸关系、维护少数族裔地区的稳定、发展多族群中华民族关系，提供了有力的历史合理性。但是，此一阐释在辩证性地将现代中国转型纳入全球资本主义扩张的视野下加以把握的同时，却把中国简单地视为了一个天然的整体，强调了它受帝国主义压迫、侵略而不得不痛苦转型的一面，却忽略了与其相关的国家内部不同地区之间的现代性整合过程中所存在着的中心地区对于边缘地区的国家权力的压抑性扩张问题。虽然这不是什么中国对边疆地区的殖民扩张，不能简单地用内部殖民主义来加以解释，但转型后的现代中国的中心与边缘的高度一体性关系，显然已经完全不同于传统朝贡制下的松散的中原与边疆的关系。现代国家中央一体化过程的完成，是现代国家建构的必须，但也的确存在着国家强力的推进以及地区、族群间的不平衡、欠平等。所以，我们在用天朝观来解释中国合理性时，不应该只强调儒家文明的统合性和四周边缘文明的向心性，而忽略中华文明圈中的非儒家文明区域的相当程度的自我管理性和自在性。

（三）完善之思与辩证之思的意义

针对“特殊文明中国论”所存在的诸多问题，我想就可能有助于完善之的两个方面做些讨论。

1. 准确定位国家、族群、个体之间的关系

中华民族的认同之所以存在危机，中国的族群关系之所以日趋紧张，与人们对于“国家”、“族群”、“个体”三者关系的定位之误有内在的关联。首先，在国家定位上存在着“人民利益高于一切”和“国家利益高于一切”的差异。虽然抽象地说，两者似乎都是“正确”的，但实际上在许多情况下，本应该落实于具体、群体的人民利益，往往可能被所谓的国家利益所取代，到头来人民利益和国家利益都没有得到保障。所以，究竟是具体、可见的人民利益为第一位，还是较为抽象、宏观的国家利益为第一位，需要明确定位。

如果不牵涉国家统一、分裂与否的问题，相信绝大多数人都会选择将具体的人民利益放在第一位，但是当涉及国家主权尊严、统一还是分裂的问题时，这时候“国家的利益高于一切”恐怕就有了更大的合法性。一个国家当

然要有维护自身统一的决心，如果在国家统一还是分裂这样重大的问题上轻易让步、妥协，那么国家就很容易分崩离析。

但是，尽管如此，我们以为就是在国家统一与否这一重大问题上，也应该明确地将人民的利益放在第一位。国家之整合人民、整合民族的目的，并不在其本身，而在于：从理想的层面看，要尽可能为每个或绝大多数个体、群体谋取最大的精神与物质的福祉；而从现实主义的层面看，则至少要为人民保障最低限度的安定与和平。只有同时满足这两个条件，或至少满足最低要求，那么国家用强力维护国家的统一与安定才是合法的。

再来看个体定位，其本位性无疑应是“公民身份认同”。公民定位对于个体来说至关重要，而且对于国家、个体、族群之关系来说，也具有基础性与中枢性意义。公民的定位首先意味着要建立起一套真正界定、规约国家、个体、族群的规律、法规系统，没有这样的法律系统，个体的公民权利是无法得到保障的，它不仅可能遭受国家权力的干涉与剥夺，还可能受到来自族群的非法或超越法律的过分约束。但是，我们在强调公民本位意识的同时需要警惕，不要简单地将公民权与国家对立起来。一些片面热衷于民主体制者往往没有认识到，一个良性、有效的民主制度的建立，是需要国家内部和外部条件的。他们往往本能地在一种“真空”状态下思考中国的民主体制的建设，主张简单地移植西方的民主模式，以为只要施行了自由宪政民主体制，中国的内部、外部问题都可以自然解决了。所以，国家在他们的意识中就显得无足轻重，甚至还有人去缅怀古代中国道家所倡导的小国寡民理想①。因此，他们也往往忽视在残酷激烈的国际竞争中，国家对于保障国民的重要作用，从而导致他们对爱国主义的过分批判。也就是说，公民身份本位意识一方面既意味着对国家行为和权力的制度约束，另一方面，也意味着对国家责任的承担，两者不能偏废。至于说公民本位意识之与个体与族群、族群与族群间关系的调整，同样也是非常重要的。

最后，我们再来看族群的定位。近30年来，中国多种族群的文化复兴运动一直绵绵不绝，但是，鲜有人思考，作为国家层面下的族裔民族身份的认同究竟应该处于什么位置？它与国家认同、公民权利之间的关系又该如何？这不仅影响了族裔身份认同的片面强调，带来了对国家认同的冲击，而且在某些族群内部，族群文化的规约（主要表现为宗教条律）甚至不同程度地违反了公民的基本权利，将其文化规约凌驾于国家法律和公民权利之上。

---

① 刘军宁：《为什么大一统是乱世之源?》，《南方周末》2008年1月23日。

正是存在这样的认识误区，时不时会发生这样的情况：一些人常常用不平等、不民主、不自由来抨击国家对宗教、族群事务的管理，但是在另一方面，他们又直接或间接地违背国家法律，强行剥夺其所属的公民自我选择权，强制性地推行某些特殊的宗教、文化规范①。

综上所述，在国家、公民、族群三者的关系中，哪一方都不应片面强调自己而偏废他方，不过三者中，公民身份、公民权利应该是最基本的、神圣不可侵犯的。

2. 辩证综合把握多元一体形态的多层面意义

从公民、国家、族群三者关系看，第一层面的“天下中国观”的意义，主要在于解释现代中国所拥有的幅员以及国家对其多族群人群管理的合法性，说明中国多族群、多地域的共同性一面，而不应简单地认定为什么儒家文明传统对于今天转型中国体制建构的合法性，更不是什么汉族作为一个文化群体高于其他族群的合法性。也就是说，无论是传统的儒家文化还是现今的汉族占人口 90%以上的事实，都不能作为结构新型中华民族关系的核心。当然，这并不意味着排斥传统中华文明对于新型多族群国家体制建构的意义，这个意义不在于用中华历史的儒家主导性和汉族的文化性来说服少数族裔同胞简单地接受现在的状况，而恰恰可能在于传统天下观中所包含的既一体又多元的制度性文明内涵。

传统的道治之辨、夷夏之辨，就其作为结构中华大陆之文明历史的这一基本历史功能看，可以说是当时中华大陆历史空间中的“普世性”“文明标准”。虽然它在起源、基本内容、主要表现方式上，的确带有很大的汉族属性，但其基本价值却并非只属于汉族。“自由民主”价值就是起源于西方，但又更带有现代普世文明的“制度性”价值。虽然世界发生了巨大的变化，历史上曾经作为先进文明标准的夷夏之辨说，也的确存在着许多严重的问题，但是就其“文明、包容、多元”的“普世性”制度文明价值的精髓而言，今天仍然对于我们中国乃至世界都可能是非常有意义的。

具体到本文的主题来说，就是：我们应该怎样创造性地转换传统的“天朝”理论与实际历史，激活其所包含的中央一周边的既一体又相应自在多元的关系，从而探索出一种既非高度集权，又非松散漶漫的中央一地方关系；也即既统一又自治、既集中又灵活、既密切又松散的关系。它的具体制度形

① 近些年来，一些地区愈演愈烈的回民禁酒运动中就包含这样的情况。有心者可以上互联网去搜索相关信息。

式是什么我们无法确定，但我们难道不可以想象它是同时汲取了传统与现代多种国家一地方关系模式的“绿色生态”的制度形式吗？而这一方面，实际上一些少数族裔已经通过文学写作，给予了形象性的思考。例如，哈萨克族诗人乌曼尔阿孜·艾坦对于千古以来“细君泪”、“昭君怨”传统的以哈萨克文化为基地的大中华视野的反向重构[①]；满族诗人巴音博罗穿过鸦片风云的历史屏障，让“那条名叫‘女真’的河流从我们的血液中汩汩流往华夏的海洋”的“浩瀚的人文景观”[②]；再如栗原小荻用“神马之种”转换中华老迈“龙图腾”的恢宏巨制[③]。然而，很可惜，在所有主流文化圈中的“特殊文明中国论”中，我们根本看不到任何有关少数族裔同胞的“特殊文明中国论”建构的踪迹。

第一个层面的中华文明观当作如是论，那么具体到第二个层面，也自然要求我们严格限定其中的国家达尔文主义的边界，认识到它的意义仅在于，提醒国民抛掉幻想，意识到在这资源有限的空间中中国生存的危险，从而通过危机意识激发我们的爱国主义，而绝不能任其扩张，引导我们走向扩张主义、法西斯主义。因此，对于爱国主义的建构来说，可能最值得我们吸收并加以培育的应该是理性、民主、公民意识的爱国主义，其主导倾向与建立一个自由、民主、法制中国的理想是一致的。

而对于文化多元、政治一体观来说，其目标应该是不断通过超族群的普适性精神价值的建构，为文化多元、政治一体理念的落实，寻找到真正具体而坚实的“公民价值基础”，建构文化爱国主义与宪政爱国主义相互契合的制度性基础。

只有当中华民族寻找到能够真正有机地协调公民、族群、国家三者关系的文化认同，并建构起与之相适应的制度模式，中国的转型才能真正成功完成，多元一体的有机和谐之中华民族关系，也才能真正形成。

---

① 乌曼尔阿孜·艾坦：《天狼》，张孝华、叶尔克西译，乌鲁木齐：新疆青少年出版社，2001年。

② 语出巴音博罗《龙的纪年——巴音博罗诗歌精选》“自序”，长春：时代文艺出版社，2004年。

③ 参阅其《东亚圣马》（收于《背水历程》，南宁：广西民族出版社，1990年）和《血虹》（成都出版社，1995年）。

当代精神语境中的宗教难题[①]

杨煦生

【主持人语】梁昭：今天我们有幸请来杨煦生教授给我们做一个专题讲座。在杨煦生教授开始正式演讲之前，我给同学们介绍一下杨老师的背景。杨煦生教授是德国图宾根大学哲学博士，师从世界著名学者孔汉斯（Hans Kung）及著名学者李泽厚，现任北京大学世界宗教与普世伦理中心主任，兼任四川大学文学与新闻学院特聘教授等职。他是我们这个学期开设的“文化遗产与文化凝聚”平台课的教学团队教授之一。今天，我们特别邀请杨煦生教授来给我们授课，题目叫作“当代精神语境中的宗教难题”。下面请杨教授开讲。

感谢梁昭老师的介绍。今天到场同学如此之多，实出乎我的预料，感谢大家。我今天的讲稿形式实际上不是一个常规的形式，也不会用一般的命题语言构成的学术论述方式来展开，我会以提出疑问的方式来跟大家共同思考一个开放性的问题，或者说是一系列跟宗教问题相关的开放性问题。

我的讲演题目叫作“当代语境中的中国宗教问题”，或者说“中国当代精神困境中的宗教难题”，这个问题可以说意义重大并且意义独特，它不但是一个文化主题、思想主题，也是一个现实的社会主题。我舍弃了资料烦琐的直接性表达方式，但我会很严肃地对待这些问题，我所要做的是揭示出跟这个问题相关的一些悖论，以期打开一个新的视野。

难题一：宗教概念在中国的特殊语境：名与实

在当代中国，关于宗教问题，尤其是在中国特殊的精神语境中关于宗教

① 杨煦生，北京大学世界宗教与普世伦理中心主任、四川大学文学与新闻学院特聘教授。

概念的问题，有一个基本悖论，就是名与实的问题。宗教是人这种有限的存在者与超越世界的不同方式的对话。宗教也可以说是个体对超越世界的一种倾听和回应性的方式。当然，它有强烈的个体性、民族性、地域性等特点。所以它应该是一种特定的方式。我们需要注重的是，宗教是以超越世界为背景的、为生活世界立义（Sinngebung）的方式。我这里用了一个德语词“Sinngebung”，康德有一个“立法”的概念，是指关于认识的制度性范式。而这个“立义”，就是为生活建立意义，跟康德的“立法”在意义上是一种对立的东西，但“立义”更多与价值世界相关，事关我们每一个人具体语境中的精神生活。宗教是以超越世界作为背景的为生活世界立义的精神活动和社会行为。这是我个人对宗教的初步定义。

讲到宗教，我们用学术的方式来谈论它时，首先会面临一个问题，我们国家的“宗教学”这一学科，在西方，到今天为止，常常被称为“比较宗教学”，这是一门很年轻的学问。假如我们说哲学学科，大概可以追溯到2500年前；假如我们说历史学科，在古希腊或者古中国，可以追溯到2600年前，这之中有孔子的《春秋》、希罗多德的《历史》等相关著作。但是，宗教学是一门很年轻的学科，大约1870年在英国诞生，由德裔英国学者马克斯·缪勒（Max Müller）创立，当时这个学科的诞生伴随着一个学术事件和精神事件，就是由马克斯·缪勒（Max Müller）主编的《东方圣典》在英语世界的问世。马克斯·缪勒（Max Müller）是一个梵文学家，一个在印度经典和比较语言学方面有很大建树的宗教学者，类似于季羡林先生对于中国当代学界的意义。而这部《东方圣典》的面世，是一个很重要的精神事件，由这个精神事件促成了宗教学的诞生。这期间，一个正活跃在中国香港、广州一带的苏格兰传教士理雅各（James Legge）跟中国学者王韬合作，用英语译介了许多中国经典，而这个学术译介事件则是这场盛事的重要有机部分。

当今中国学术界，在探索宗教问题时，实际上会用一种与比较宗教学关系不大的方法，即发源于闪米特文化圈的属于亚伯拉罕世系的三大启示宗教或先知宗教，就是一种以犹太教、基督教、伊斯兰教为基本范式来透视我们自身或其他文化的宗教传统的方法。而宗教学诞生时被称为“比较宗教学”，它是由比较语言学，尤其是古典语言学比较门类里的各种学问催生的。为什么一个德裔英国学者能创立这门学科？反观近300年德国精神史或者说思想史，德国的思想界一直有一股对东方的神往，尤其德国浪漫派思潮。在德国文学理论领域，从施莱格尔兄弟执着于对3500年前印度及印度河谷的雅利安人踪迹的追寻，对由印度、波斯到古希腊的前苏格拉底阶段的整个思想线索的梳理，到尼采，再到海德格尔，通过这条精神线索，欧洲人在用他们的启蒙主义视野眺望东方时，就诞生了一门叫作比较宗教学的学问。而我们当今学界却用很荒谬的方式，反过来以闪米特文化圈里这三种宗教的基本模式作为我们理解宗教的基本方式，所以这是一个非常荒谬的问题。

宗教学意味着欧洲人眼光的“世界化”，并且传达出他们对东方智慧或者神秘主义的探寻欲以及他们承认并且急切希望探索到其他类型和模式的宗教经验的求知欲。而我们谈到宗教时却往往倒过来，认定宗教是那种以三大一神论宗教为模板的学科。所以根据这点，在碰到中国宗教问题时，我们往往会陷入困境。

在中国的典籍里，宋代潘自牧所辑录的《记纂渊海》卷二十八中有一段“宗教”条目：

宗教：(史汉元始五年) 于郡国置宗师，以纠皇室亲族世氏，致教训焉。选有德义者为之。有冤失职者，宗师得因邮亭上书。晋咸宁三年，置宗师，使皇室戚属，奉率德义，有所施行，必合咨之。

唐武德三年，诏天下，每州置宗师一人，以相统摄。本朝崇宁初，蔡京请置敦宗院，又云令置学，立师为量试之法……

史汉元始五年（这是我加进去的年份），这是东汉时期。可以看到，所谓的宗教在潘自牧看来，是“设宗师以为教”，这是当时中央选拔有德有能的人，为郡县、郡国置宗师的特定制度，目的也不过是助一国一方之教化，“设宗师以为教”是传统儒家教化的重要概念，假如一定要从传统文献里找到“宗教”这个词，我们找到的大概就是这样。而在晋、唐、宋三代，可以看出宗师制度也无非关乎教化一旨。这里的宗教是将宗师级的人物、有德望并得到皇权信任的人物派遣到地方，他们是一种道德上的或者政治上的钦差大臣。

实际上，在各种佛教典籍里头，如《弘明集》、《宋高僧传》、《五灯会元》、《禅林僧宝》、《林间录》、《佛祖历代通载》等文本中，“宗教”一词虽以不同的频率出现，但基本意义大致是“宗于某教”——即认肯、皈依某种思想流向，或直截了当地意味着“宗门之教”。我们知道佛学入华、佛教入华大概是东汉时期，五百多年以后，到了隋朝，才开始有中国的佛教宗派，第一个是天台宗，第二个是华严宗，还有唯识宗、律宗等等。当然，名声最显赫的是禅宗。我举一个典型的禅宗的案例：

（长沙和尚）上堂："我若一向举扬宗教，法堂里须草深一丈。事不获已，向汝诸人道。尽十方世界是沙门眼，尽十方世界是沙门全身，尽十方世界是自己光明，尽十方世界在自己光明里，尽十方世界无一人不是自己。我常向汝诸人道，三世诸佛法界众生，是摩诃般若光。光未发时，汝等诸人向什么处委悉？光未发时，尚无佛无众生消息，何处得山河国土来?!"

——释普济《五灯会元·卷四·湖南长沙景岑招贤禅师》

有一位叫长沙和尚的禅师，上堂开始布道说法的时候，说"我若一向举扬宗教，法堂里须草深一丈"，这是一种典型的激越并且充满悖谬的禅宗风格。这句话翻译过来是说，假如我总是在这里跟众人讨论并且褒扬我门心法，那么法堂里早就草深一丈变成废墟了。接下来，这位禅师用了一种激烈又诗意的方式，来传达他的宗教经验："尽十方世界是沙门眼，尽十方世界是沙门全身，尽十方世界是自己光明，尽十方世界在自己光明里，尽十方世界无一人不是自己。"这几句话是非常激越的先知式语言，用今天的话来说，整个世界都呈现在"沙门"、佛教的修炼者，整个世界都是他们本身。

"尽十方世界是自己光明，尽十方世界在自己光明里"很有意思，法国哲学家德里达在印欧语系的不同古老宗教里发现了一个基本元素"Deiwo"，本意是光明、光鲜的意思（雅克·德里达、基阿尼·瓦蒂莫：《宗教》，三联书店 2006 年版）。在很多宗教里，光的因素非常奇特，比如说《旧约圣经·创世纪》里上帝说要有光明，于是就有了光明。佛教对人生价值批判的最后终极，就是人的存在的最悲惨的状况，即所谓无明，刚好跟光明相对，我们自己的智慧没有打开，生活在一种自我遮蔽的阴暗里。黑格尔强调的是绝对的光明里面就是绝对的黑暗。实际上，所有的宗教或多或少会有一些相似的主题，譬如光明与黑暗，譬如这么诗情的、充满洞见的十方世界尽在自己光明的佛法。我们总是觉得佛教的世界观非常灰暗，说的是生老病死苦，但实际上对于大乘佛教到禅宗我们常常有很大的误解。佛家似乎用一种类似于解构主义和现象学的方式将我们带进一个跟自己和解、跟生活和解的天地，这个天地有如"光明"一般。所以"不修道时，见山是山，见水是水"，也就是说，用一种前反思的状态来看待生活时，山是山，水是水；而进入修道的过程后，会"见山不是山，见水不是水"，也就是说，当我们用一种反思的态度对待生活时，会获得一种批判性的眼光，所以见山不是山，见水不是水。假如从实践和生存的角度把这个活动再往前推进，就会回到“见山又是山，见水又是水”，也就是说，我们获得了一种跟自己生活世界的和解。

长沙和尚所用的方式和他所要举扬的宗教，就是用某一门派的特殊方式，或者说用佛教语言特殊的“叛教”方式所传播出来的一个法门。在禅宗里，像长沙和尚这样的一大批法师都会打破门派偏见藩篱，以期寻找跟生活和其他思想传统直接对话的途径。今天有很多人谈论关于古代中国有没有个人主义的问题，“五四”时就有中国人没有自我、缺乏个体主义等等论断。实际上这是一个非常严重的伪问题，从孔子的“有教无类”，庄子所强调的个体认识、中医的“因人施治”、“因时施治”，到长沙和尚说“尽十方世界无一人不是自己”的禅宗传统，实际上一直都在强调个体的差异性和重要性。

当代的宗教概念实际上是19世纪末时，开始出现在我们国家当时由新教徒创办的现代出版物中。这个词真正引进中国，实际上跟20世纪初康有为和他的弟子们所倡导的那场“孔教运动”有关。康有为的得意门生陈焕章有部作品叫《孔门理财学》，这是他在哥伦比亚大学的博士论文，实际上讲的就是儒家的经济伦理。这是一部从事经济伦理研究，尤其是西方人要了解中国儒学的经济思想所必读的一本入门书。陈焕章为了让康有为的“孔教运动”更有学理色彩，写了一本著作《孔教论》。他提出了一个概念“religion”，此时已经是20世纪20年代，这个“religion”才逐渐成为中国人所知并接受的词。

从现代学术意义上来说，诸家百说共同认同的一些宗教要素，实际上不存在于我刚才提到的这两种类型：一种是“设宗师以为教”这种儒学路数，另一种是刚才所讲的禅宗以某门某派的“叛教”方式作为基本法要的那种某宗之教、法门心要。但是，在《周易·观卦·彖辞》里有言：“圣人以神道设教，而天下服矣。”这里面有几个因素：第一，“圣人”；第二，“神道”；第三，“设教”；第四，“天下服”。这段话和现代学术思想范式中的宗教问题完全可以对话和沟通。在这段言说中，现代学术意义上的诸家百说共同认定的诸多宗教要素，都已经清晰显现：有被各派宗教学理论视为宗教的本质规定的超越层面——“神道”，并且是“天之神道”，即绝对的、神圣的、非俗世的超越者；有大多数体制宗教所必然经历的“设教”问题；这里所谓的“天下服”的问题，还涉及宗教社会学、宗教伦理学的重大主题，即宗教的良性社会功能的问题，也就是说，宗教不仅仅只关涉个体的性灵生活，不仅仅只为个体提供生活意义和导向，宗教的“立义”还关涉总体的社会生活世界。换言之，宗教不唯关乎私人领域，而更是一个公共领域的问题。如果用今天的学术陈述方式表达，那么人们可以说，在这段古代言说中，蕴含了一种宗教如何构建生活世界的意义、如何增进社会个体的灵性和谐以及建构于这一基础之上的社会总体和谐的问题。实际上，“神道设教”的这个问题，恰恰最符合我们今天从学理的角度对宗教学、宗教问题或宗教概念的探索。

但也恰恰是这段话留下了一个最为模糊的宗教难题。这个难题当然首先是儒教的难题。在什么意义上圣人设的教？此教的超越性层面在哪里？或者它的超越者是谁？是什么形态？它的具体模态是什么样的？它的体制性基础、它的教义体系如何说明？它的基本经典如何厘定？宗教实践的模式要如何确定？日常礼仪在哪里？神职载体，也就说圣理集团在哪里？所有这些都是今天中国宗教争论、儒教争论所必须面对的、无法跨越的难题。以宗教这个现代词去寻找古籍里头的对应段落，我们发现的东西当然跟宗教也有点关系，但不理想，而真正有意义的一些要素，恰恰并不存在和归属于宗教这个词下，这就是一种名与实的悖谬。

难题二：宗教史实与宗教精神：中国，一个宗教的国度，还是一个自始就非宗教的国度？

这个问题从近代以来一直争讼不休。四川大学有过一位非常杰出的学者——蒙文通，在上古文化和巫文化方面有很大建树。实际上20世纪40年代的中国人类学家、古史学家，他们大多视域广阔、学识渊博，比如陈梦家既有人类学的背景、人类学的思路，又有古史的训练，还是一个天才的文字学家。40年代研究中国上古问题时，曾经有过一批非常有建树的学者，比如陈梦家、徐森玉、丁山等等，很可惜50年代以后这个问题没有得到推进。直到80年代以后，美籍华裔学者张光直重提这些问题，并且很遗憾地用一个“Shamanism”，即“萨满教”这个概念来描述中国上古巫的传统，这是一个很遗憾的事情。一方面我们有非常庞大的宗教史实，且不论人这种存在实际上骨子里头就有某种宗教成分或隐或现。例如，原始人的洞窟、壁画，最近这几十年我们考古上的一些重大发现，红山文化、良渚文化。我们发现红山文化里面宗教艺术非常强烈，在良渚文化里头有那么多的玉珠，其中“琮”是一种外方内圆的玉器，其功效就是在祭祀的时候沟通天人、沟通天地。玉琮在良渚文化中大量存在的现象就是最好的说明。巫教的传统，在今天还是一个很大的难题。正因为有巫教才有后来东汉时的道教。但在这中间有一个很奇特的断裂，就是从古代的巫教到东汉的体制化道教之间，有一个春秋战国的真空期，或者说从西周到战国再到西汉这么一个断裂真空期。怎么理解？这也是一个亟待解决的问题。

佛教作为一种外来宗教，用鲁迅的话说，“中国人吃佛教这顿饭消化了一千年”，我们现在也一直在努力研究它。随着“丝路”的开通，整个丝绸之路和整个西域地区成为了世界各大宗教交汇的大舞台。在这个舞台上，除了今天所谓的印度教少有流播外，其他各大宗教如犹太教、东正教、景教、明教、伊斯兰教等也都通过“丝路”传播到长安等地区，现在长安碑林还留存有关于景教的记录。除了今天我们称作“Hinduism”的宗教，即传统印度宗教，似乎在中国或丝绸之路影响的区域找不着很严格的印象，但实际上中国佛教洞窟的雕塑既融合了一部分古希腊的因素，也融合了一些印度教的因素，所以说在中国这片土地上，我们有极其庞大的宗教史实，但是今天许多中国学者却苦恼于我们有没有宗教的问题。他们可能认为，假如我们用一种非常僵硬或强硬的一神论形式来支撑民族信仰的话，我们是不会容忍这么多宗教在中国和谐地交融互汇的。我们国家可以说是在各个大文明中唯一一个几乎没有宗教冲突的国家。虽然在丝绸之路上很多地方存在严重的宗教冲突，致使很多佛教洞窟遭到破坏，但那是局部的，以国家意志为号召的宗教战争在中国历史上没有发生过。所以，美国学者亨廷顿有点高估了我们的思想觉悟，纵观我们的历史，宗教认同问题在中国构不成大规模的或者以国家意志为号召的战争。

当我们用这种年轻的宗教学范式来看待以往的宗教史实，从马克斯·缪勒（Max Müller）的立场来看待的话，实际上问题不大。我们可以心态平衡地描述历史遗产给我们保留的各种宗教史实和史料，这本身不是个问题。但是为什么它却恰恰成为了 20 世纪精英思想界的一个热门论题？改良主义者、保守主义者、马克思主义者、自由主义者各自的阵营，一直都有一个共同的声音，就是中国是一个非宗教的民族，当然这跟“孔教运动”最后的失败也有关系，“孔教运动”在当时也遭到整个社会舆论的广泛关注和嘲弄。对于很多精英学者来讲，他们所用的范式可能是一种以闪米特先知宗教，比如说犹太教、基督宗教、伊斯兰这三大体系作为范本的范式。这自然就陷入了我所提出的难题和悖谬。而我们今天所要面对的是怎样寻找到一种我们称之为宗教的基本精神机制。

德国神学家、宗教学家古斯塔夫·孟欣（Gustav Mensching）在为权威的宗教学百科全书 RGG（*Religion in Geschichte und Gegenwart*，《古今宗

教：神学宗教学百科辞典》）撰写的“宗教”词条中对宗教的根本定义不过如此：“……宗教是与神圣的真实性的充满体验的相遇和由这种神圣之维所决定的人的回应性行为。……对象、与神圣之维相遇的方式和内容的多样性，以及回应性行为的各种典型形式，构建了宗教的现象世界和观念世界。”我们可能会担忧孟欣会不会以闪米特文化的模式来界定宗教，或者以罗马教会的体制来要求某种建制宗教的必备条件等等。但事实上，他没有塑造一个叫作耶和华或者叫作安拉的具体摹本的人格化神作为核心，而是代之以一个抽象的、泛化的神圣世界，哲学家康德将这个神圣世界理解为“物质体”，就是一种用我们的感性能力和知性能力无法穷尽，但在我们精神活动背后不会被排除的“物质体”；从现象学意义说，我们不管用什么现象学分析的方式去接近这个神圣世界，它最后总有一个像“菩萨”这样的塑造，总有一点东西是无法穷尽的。用庄子比较感性的说法，就是“一日之锥，日取其半，万世不竭”。物质的不变性使我们无法用分析等各种方式完全解构世界、粉碎世界。在宗教里头，这种方法是朴实的，所以这里讲的是充满体验的相遇。假如不带精神色彩，不带感情色彩，那么这种相遇可能就是一种哲学式的或者其他方式的相遇，这个相遇一方面很重要，但是另一方面，这里有一个很关键的回应性的行为——宗教是一种回应性的行为，是对“超越世界”的回应性的行为。没有主体的介入，没有主体的实践性的行为，那么宗教还是纸上谈兵。

另一个重要的德国神学家、普世伦理运动的发起者和推动者汉斯·昆（Hans Kueng）从他的普世神学研究和宗教对话经验出发，提出了世界宗教三大河系的理论：

> 闪米特河系的先知宗教系统（犹太教、基督教和伊斯兰教），印度河系的神秘宗教系统（佛教和印度教）和中国河系的宗教系统（儒教、道教和中国化的大乘佛教）。

具体来说，在现存的世界宗教里头有三大这样的河系。一个是闪米特河系的先知宗教系统，我们在这里还可以加进去一神论的宗教或建制性的宗教（当然讲建制性的话，犹太教这个问题还得另外讨论），最典型的建制性宗教是罗马教会。一个是印度河系的神秘宗教系统：佛教、印度教，包括今天的锡克教、巴哈伊教等，它们都隶属于一种通过个人整理经验或个人的精神修炼来重新获得人文世界、自我的和解的体系。还有一个中国的河系，这个河系以把圣贤当作理想的自我修炼目标为特色。德语有个词叫“自我教化”。那么在这个意义上，可以叫作“圣贤宗教”，但这是一个相对的说法，与印度系统相比，中国河系是更注重社会性的系统。我们通过古斯塔夫·孟欣和汉斯·昆的理论来接近、透视宗教世界和宗教史实。实际上，他们用的是一种模态学的方式。在谈到文化问题和宗教问题时，我都会特别强调这种模态学方法的重要性。所谓的模态学方法是我们可以把文化分别作为某种独立的情况来加以观察和描述，而在这个过程中不应该带有强烈的价值判断，尤其不能把不同的文化放到一个时间序列里面。冯友兰先生提出“东西之争实为古今之争”，他把东西问题或者把文化问题转化为一个古今的问题，也就是说，在一个时间序列里面不可避免地会表现出个人价值判断。所以，这种模态学的方式要求我们先不要把不同的文化形态放在一个统一的世界史的进化系列中，我们在文化问题上要少一点社会达尔文主义，少一点所谓的唯物史观。假如我们这样看的话，会发现很多我们视为理所当然的东西，包括今天生活中的中国学术共同体，以及中间被作为基本理论接受的诸多理论前提都是存在问题的。一旦模态学的方法论立场得以确立，中国古代思想世界的大量精神现象，才不但与我们发生学术关联，而且更直接地与我们当下的生活世界和精神归趋（Orientierung）发生关联。

我刚才提到的“巫”这个问题在当代中国学术圈里热起来，跟张光直先生有关系，但是，这个问题热成了一个“萨满”问题。这个问题是国际学界、人类学界、宗教学界里，各种奇怪的神秘团体和各种各样相关背景的人都共同关心的一个学术问题，也就是说，你可以用学术的方式关心它，也可以用非学术的方式关心它。所以，张光直先生为了方便，或者依他的理解，当代的萨满教问题可能就是跟中国上古时期的“巫”是一码事。先生已去，无法当面求教。但我想说，面对同样的问题，闻一多（一个斗士和诗人，一个非常有创造力和洞见的学者）就把上古的“巫”称为巫教。也许受到了闻一多（他也是我刚才讲到的40年代在黑暗中放出光明的人）他们这代人的影响，在西方世界，比如说德国图宾根大学的一位汉学教授，叫作艾士洪（Werner Eichhorn），用了一个生造的词，德语中的Wuismus，就是Shamanism来描述中国的巫教，这个词实际上就是巫教的直译。我怀疑，也许是假设，艾士洪曾经在中国当过“流浪汉”，我怀疑他在当“流浪汉”期间受到过这批学者的影响。

那么面对同样一个问题，假如说，用一个所谓的国际学术通用语言萨满教这种模式来讲“巫”，我们会碰到很多问题，并且会制造很多误解。起码一个最简单的事实是，在北半球萨满教的整个分布地区几乎绕着白令海峡走了一周，从东北亚苏联的远东地区到中国的东北内蒙古、整个蒙古地区然后再往西，就是向哈萨克族、维吾尔族等中亚的其他各民族地区延伸，再一直到阿拉伯半岛撒哈拉沙漠，这些地区直到今天，萨满教这种精神现象还一直活跃着。其中最关键的是，萨满教的载体，从民族学的角度来讲，基本上是一些游牧民族，比如我们东北的驯鹿放养人，不管他是达斡尔族还是鄂伦春族，他们基本上是萨满教这个系统的，那么维吾尔族尤其是哈萨克族、蒙古族这条线一直延伸到阿拉伯半岛的贝都因人聚居地，就是阿拉伯半岛的这个沙漠戈壁地区的游牧民族一直到撒哈拉沙漠地带，然后到白令海峡那头，实际上这些地区的种族跟印第安人的很多东西确实有可类比性，虽然印第安人今天早已不是一个游牧民族。我想说的是，整个萨满教，就在这么特殊的一圈，可以在地球仪上把这一圈大概给画出来。而我们的中原地区在上古时期，大巫们跟这个萨满系统的关系交织甚少，我们的巫文化不属于这个系统，所以，如果我们用一种国际学界通用的范式来描述中国三千年或四千年前的信仰生活的话，实际上要出很大的问题。现在研究儒家宗教伦理的很多学者大都受到张先生一系列相关著作的影响，全部用“萨满”来描述“巫”，我觉得这是很遗憾的事情。我们需要用一种模态学的眼光来要求我们不如此，萨满就是萨满，巫就是巫，而我们的任务是：能够用科学的方式或者用日常的眼光来观察、还原、再现，并给出理论上的范式。

我想谈一下“理性化”这个概念。从马克斯·韦伯（Max Weber）以来，我们有一个用来研究从整个西方现代性到非欧社会现代性的核心词，就是“理性化”。对于韦伯来说，对于整个现代的这种描述，用他的这种观念史的形式，他所要表现的是，自从进入现代，也就是人类社会最近五百年以来，在欧洲出现了一个资本主义及其精神发展的历程，这个历程决定了现代的很多风貌。但是，这些东西假如放到我们的现代化中，我们会发现我们有一些很独特的东西，我们的整个现代运动，一方面似乎是一个理性的结果，国家的政治精英集团与知识精英集团达成的一种共识，所以制定了现代化这个目标，然后我们进入了一种社会总动员，而这种社会总动员最极端的形式是什么呢？1958年的“大跃进”。它是朝向一种高度理性化目标的运动，但是这场运动本身大家应该了解。那种时代，我们用一种激情的、迷狂的方式来朝向某一个理性的目标，所谓“超英赶美”；所谓的工业核心在钢铁，所以我们大炼钢铁；所谓的农业核心在粮食，所以我们“亩产过万斤”。

我们把生活和生产活动抽象化，这种疯狂并没有在“大跃进”以后就绝迹。比如统治了中国社会30年的GDP崇拜，到今天还依然存在。今年，中央明确了GDP不再作为官员升迁的考核标准，我们似乎看到一种理性的回归。在我们的生活中经常看到由这种理性的动因所发起的疯狂，我们常常会用一种疯狂的方式来达到一种理性的目标。这个问题再讲下去会涉及环境问题、社会生态问题、文化生态问题等等，这里不再深究。

难题三：现代性建构过程中的宗教：祛魅（Entzauberung）和致魅（Verzauberung）

在这里得回到韦伯，我用这么一种概念，就是“祛魅”和“致魅”。在韦伯的概念体系里面，“理性化”这个术语是很重要的关键词，而另外一个非常重要的关键词就是“祛魅”。在他看来，整部世界近现代史实际上是一部精神上的祛魅史，而宗教就是这部祛魅史上不断被祛除着的“魔魅”之一，或者便是首当其冲的“魔魅”。这个词的词根是“zauberung”，即“魔力”、“魅力”，一件事情非常引人入胜，我们可以说“zauberung”，就是充满魅力的、充满魔力的。这个“ant”是德语的前缀，是去掉的意思。

关于世界现代史的所有中文著作都会教导我们，在有了伟大的“文艺复兴”、“启蒙运动”之后，天主教的黑暗世纪早就被扔进了垃圾堆，我们从此便生活在了理性的光明之中。真是这样吗？有一部分是对的。韦伯用这样的方式，用这个“Entzauberung”，并且随着技术理性的节节胜利和进展，使我们原来所有的那种神话的思维方式、诗意的生活方式等等，全部让位于社会目的及技术理性，让位于经验科学要求我们的那种可重复性、可再现性、可数量化等等，这其中首当其冲的就是宗教。很难再有一个完满的宗教世界了，我们的世界观被技术理性的“探照灯”给毁灭了，这就是所谓的“Entzauberung”。实际上，我们的世界史教导我们的东西只是事实的一个方面，另一方面，在整个西方社会里面，宗教或者说宗教的世界观并没有在人的整个精神生活中被毁灭掉。

这是个伪命题，根本不存在这样的事情，假如我们注意一下欧洲这500年来的宗教史，我们发现根本不是这样，并且，很有意思的是，随着工业化、技术理性的高速发展，尤其在二战以后，各种宗教运动反过来此起彼伏，很多似乎奄奄一息的古老宗教又活跃起来，焕发勃勃生机，比如说今天流传到中国的“瑜伽热”。像这样的问题日益广泛，日益热烈。但是在这中间我们怎样找到一个平衡呢？假如在我们的精神生活里头还需要一点东西，那么这个东西是不是技术理性所能提供的？是否非得满足技术理性和实验科学所要求的那种明晰性、那种可再现性和可重复性？

法国社会学家莫里斯·戈德理耶（Maurice Godelier）有一个著名演讲《西方会成为人类的普世模式吗?》。他认为，所谓的现代西方是建立在三个轴心上的，就是资本主义、议会民主制和基督教。假如我们把这个问题略微抽象化一点，就是以资本主义的自由市场推进为标志的经济生活或者经济交往方式、以代议制为标志的民主议会政治和以基督教的基本价值与认同方式支撑的精神生活。假如再抽象一点，现代性应该或者可能有三个支柱：一种是如何跟我们的时代相匹配的能够更满足、接近人的自然本性的方式，一种是能够更注重人的政治尊严的制度，还有一种是能够满足我们为我们的价值观和精神生活提供支撑的体系。假如我们要考察西方以外的现代性的话，我想，可以把这个问题转换为三个方面：一种是更尊重、更贴近人的自然本性的经济生活方式，一种是更注重、更尊重人的政治尊严的运作方式，还有一种是尊重人的精神世界、把人作为一个真正有灵性的存在物来看待，而不是当成工具，当成“螺丝钉”、“牺牲”来看待的精神生活模式。

大概来说，一个现代性里面应该包括这么三个层面。但是这样的话，我们就会碰到一个危机，在现代中国，我们的很多问题实际上都是由此而来，刚才讲到的像“大跃进”似的迷狂，像GDP崇拜，像许多商家违心持有的伪转基因产品认证等等。这些问题危机，假如放在现代性这个平台上，换一个角度来看，我们今天最大的危机就是精神生活的问题，并且是我们的价值应该奠基在什么基础上的问题。再把这个问题深究下去，就是人有没有办法为自己立法、为自己在伦理生活中立法，有没有办法为自己建立生活的意义等问题，这其实就是个宗教问题。

所以，我用一个严峻的词来表述这个问题，就是“致魅”（Verzauberung）。有人说我们可以“复魅”（Widederzauberung）。我们知道很多老年人都会像儿童那样可爱，这是很自然的表现。但假如一个中年人装成孩童的感觉，那就会变味。当我们意识到我们的精神世界已经被技术理性的“探照灯”完全攻陷击破，我们朦胧的诗意感已经没有了生存空间，而被这些现实主义、功利主义技术理性所派生的东西所粉碎。但是我们知道，我们需要朦胧和诗意，所以我们致力于这样的营建，我把这个词叫作“致魅”（Verzauberung），就是说，在我们这个已经支离破碎的世界里头，我们还有没有可能为我们的世界、为我们的生活建立一点意义，让我们既“有路可走”（当然理性主义解决的是“有路可走”的问题），还“有家可归”，我们还可以跟自己和解，而这个问题就是一个很艰难的问题，就是“致魅”，这就是我的理解。

这就是我今天跟大家分享的一点经验，也就是说，我们在谈到宗教问题时，我们会碰到很多带有悖论色彩的东西。最后的一个悖论，实际上是一个实践性的悖论，是有待于我们在社会生活和生存里面自己建立的一个东西。所以，我把宗教定义为是以超越世界为背景的为生活建立意义的一个精神行为和社会行为。我今天就讲这么多，谢谢大家。

交流回应

主持人梁昭：今天杨教授给我们讲了一个很重要的问题，也是我们在平时的学习和学术交流中经常会遇到的一个问题，就是中国有没有宗教，以及在当今世界上宗教如何生存的问题。杨教授对这些问题的梳理以及举出的诸多学者的论点，已经做出了一个很好的回答。他说的这个问题不仅是学术的难题，也是现实生活的难题，更是关乎到在座的每一位学生实际的安身立命问题，所以今天的讲座是很有意义的。下面，杨教授留出了时间给大家，同学们有什么疑问可以提出来。

李同学：法国社会学家涂尔干在《宗教生活的基本形式》中提出，佛教与西方的基督教相比，它是一种无神性的宗教，您对他的这个观点是怎样理解的?

杨教授：就像前面说的，假如我们以一种闪米特式的一神论的超越宗教来要求、界定我们称为宗教的那些文化现象的话，我们就会碰到这样一个矛盾，但是，从根本性来讲，我们可能需要将佛教做一点简单的分层。从更本性的东西来说，从释迦牟尼的生平、创立佛教以及他所流传下来的教义这一部分来说，佛教是一种无神论宗教，并且是一个高度理性的宗教。听起来似乎很矛盾，但这就是事实。基督教的神学家们告诉大家，基督教的信仰是经过理性论证的，所以我们总把理性跟信仰作为一对矛盾来看待，这是一个18世纪“启蒙时期”的典型问题，而不应该是其他世纪的问题，更不应该是今天的问题。我们所理解的佛教，在中国民间生活里面当然有它别的形式，我们很多人把佛教单纯理解为跪拜祭祀之类的活动，其实佛学很高深。简单来讲，佛学始于一种人生批判，恰恰是要我们从伪价值里面解脱出来，所以在这个意义上我们讲四大皆空。佛从人生的痛苦开始讲生老病死苦，但我们不要忘记释迦牟尼不是一个流浪汉，在一个生存缝隙中突然生出这样一个灵感来，相反，他是一个王子，他过着一种用世俗的眼光来看很完美的生活，而恰恰是这么一个人发现了人生的悖谬。我们先不要将佛学作为宗教来谈，佛学的基本东西是高度理性主义的，只不过从17世纪开始，用实验科学的方法来讲，似乎它有点神秘，那也不过是有那么一点神秘而已，所以这样讲是对的。我刚才谈到孔汉斯（Hans Küng）讲的三大河系的问题，西方的宗教学界谈到这个问题已经形成共识，所以我们把中国民间崇拜的那点佛教跟释迦牟尼的佛教要区别开来看。

王同学：针对现在的一些社会问题，比如说老人摔倒扶不扶、小月月事件等问题，有人说中国人是缺乏宗教信仰的，甚至没有信仰。您怎么看这个问题？

杨教授：这个问题是社会伦理层面的问题，但是大家在提问的时候很有意思，大家并没有去说这些问题符不符合社会规则，不去说符不符合一个成人、一个文明人或者说一个社会公民的行为规范，直截了当就说因为没有信仰。所以，我说这个提问的模式非常有意思。从我的角度来说，我谈到过，在一神论宗教里面，从先知式宗教到伊斯兰教，存在着我们从现实功利的角度说它好的东西，即社会伦理规则以宗教戒命的方式颁布出来，最典型的如《旧约》里的“摩西十戒”，摩西十戒除了第一条你不能崇拜其他的神这条充满信仰排他性的戒条之外，其他的戒条都是在教人不可偷盗、不可杀人、不可奸淫、不可撒谎等。孔汉斯（Hans Küng）在所有大的宗教传统里面，包括原住民的传统宗教里都发现了这四个因素，其实就是教人敬畏生命，另一方面，就是不能杀生。

我认为，我们国家宗教的特殊难题在于理性化过程发生得太早，从公元前12世纪到公元前6世纪，中国就完成了一个理性化的过程，但是这个理性化的过程在今天看来有很多后患，我们很多伦理规则实际上是用另外一种方式表达的，比如孔夫子说：“为人由己，而由人乎哉？”你的行为想不想符合人的这个规范，这是你自己的事情，从这个意义来说，孔子认为己所不欲，勿施于人。这成为今人能追溯的最古老的“道德黄金律”，但是，孔子的理论体系里这一类东西并不多。这个“为人由己”的问题是一个很典型的中国式问题，我们讲做人就是由你自己做成的，虽然我们讲“成人之美”，作为老师，可以帮你发现你身上美的东西，让你发扬，但是做人是你自己的事情，所以这里我想表达的是道德的个体性。

学界总是谈我们怎么虚伪、压抑人性等问题，在孔夫子的理论体系中，道德的个体性是完全得到尊重的，当然这里面需要学理的梳理。但是，我想表述一个简单的事实：孔子的整个伦理学具有很大的灵活性，比如孔子偶尔会跟弟子们发脾气、发牢骚；孔子见南子子路不悦，他也跟着不悦；学生樊迟想学稼穑，他听了不悦等等。我觉得孔子有很多对于今天的人来说值得重新建构的东西。我举一个例子，孔老夫子跟学生出游，突然下雨，学生中只有子夏一人带了雨伞，其他学生对子夏不给老师雨伞遮雨感到愤怒，但是孔夫子并没有在意，他制止了别人强迫子夏把伞拿给自己的行为，为什么孔夫子会原谅一个弟子不尊师的行为？我们从现代人的角度来看，孔老夫子在这里传达出什么信息呢，假如一个人的毛病不构成对他人的伤害，就没有必要整天唠叨，要求他改掉来当圣人。我们的生活里面就有一种孔子似的宽容，这在我们的日常生活里屡见不鲜，朋友之间、师徒之间、整个社会之间都存在着这种宽容，但是中国人为什么今天会变得像你的问题说的那样，我百思不得其解。我只能简单地讲，我们这几十年的社会发展历程中，把很多社会目的强化了，而我们实际上就是这个奇怪的社会机器里的一员，我们自己的生活目的实际上是被伪造的，虽然有时候是迫不得已的，譬如很多同学要同时考很多证书，这些东西严重扭曲了我们的人性，扭曲了我们内心深处那点最起码的良知。这个问题我没法从社会学和伦理学层面给出确定的答案，从伦理学上我们可以简单判定这个东西是什么，但是这样没有意义，我们要做的是怎么理解和改造发生在生活中的这种不起眼的疯狂。这就是我的观点。

周同学：泰戈尔《飞鸟集》中说："除了美，既没有宗教，也没有科学。"您怎么看这句话，宗教和科学是一种什么样的关系呢？

杨教授：你引述的话语已经把大学里面所有的人文学科都囊括进去了，这对我来说是难以回答的问题。但简单来说，20 世纪的印度有所谓的三大圣人——泰戈尔、甘地和阿罗频多。可能阿罗频多在中国的知名度没有前两位高。他们分别代表了三个方向：一个建立了现代印度的政治体制，领导了印度的独立运动，一个获得过诺贝尔文学奖，在西方人眼中，泰戈尔是一个超越东西界限的充满灵性的诗性导师，但对我个人来说，最关键的一个人就是阿罗频多。他曾经是一个革命党，他注释了薄伽梵歌，类似于我们中国的《诗经》。这三个人中，甘地虽然走了一条当代政治的道路，但是他提出了一个"不抵抗政策"，即不以恶抗恶的政策，因此，他是一个非常具有宗教性的政治家，而阿罗频多是另外一个很宗教性的思想家。回到你的问题，我认为，泰戈尔是一个充满宗教体验的、富于灵性的诗人，所以当诗人自己说我们不要宗教的时候，在诗人眼中，可能宗教定义在那种时态下需要另一种定义，你不要过分笃信这种诗性的表达。

至于科学，那是另外一个问题，“science”一词来源于拉丁文的 scio，后来又演变为 scientin，最后演变为“science”，这个词的词根原意就是“知”，所谓的“科学”就是“知识体系”。“科学”这个词的意义开始发生改变是在 17 世纪，但实际上不是“科学”本身的问题，是在 17 世纪的“科学”传统中出现了一个新的实验规范，即实验科学使我们对它产生了曲解。在实验科学的主导下，人必须慢慢尊重烧杯、试管和天平，我们对物质世界所作的任何论断最后都要经得起烧杯、试管的验证，就是说要经过实验验证手段达到一种超时间、超条件的结论，这就叫实验科学。今天大家所理解的这个“科学”概念其实是不正确的。“科学”这个东西很奇特，只是到了中国，突然变成了一个形容词性的词，譬如说我们日常的表述：“这个东西是科学的”，“你这个想法太不科学”等。科学成为一个很奇特的价值，这是在中国发生的，在西方并没有这样的理解与表述，所以我想说的是，诗是精神世界里一种很完美的表达方式，宗教是一种生活方式，虽然在精神生活里不见得很完美，但却未必是一种表达方式。所以说，诗不是宗教，但是我们要追究诗人那一刻的宗教观是什么，同时，诗不是科学，这是毋庸置疑的。我的回答就是这样。

主持人梁昭：杨教授讲到“成人之美”。身为人师，不论各位同学提出任何问题，杨老师都会尽力为同学们答疑解惑，杨老师所传达的思维方式相信会给同学们一定的启发。由于时间的原因，今天的讲座就到这里，谢谢杨教授，谢谢同学们！

（录音整理：李冬梅）

族群认同与文化表述[①]

——白马藏人服饰的遗产意义

王　艳[②]

摘　要：白马藏人的服饰是一件穿在身上的"史书"，通过符号、图案、颜色来表述历史，表述文化。服饰对于白马藏人而言，一方面弥补了他们没有文字记载历史的缺憾，深刻地折射出白马藏人的历史记忆，一方面又作为文化传承的载体，表达了他们对于宇宙、自然、神圣、世俗的认知理解。本文试从人类学角度对白马服饰所承载的白马藏人的历史记忆、社会习俗、宗教信仰等信息进行解读。

关键字：族群认同　白马服饰　表述　文化功能

引　言

"族群"（Ethnic group）一词作为专业术语被收录于辞书，据说始见于1964年出版的《社会科学词典》，释义为："在一个较大的文化和社会系统中的一个社会群体，根据其所展示民族综合特征所要求或被给予的特殊地位。"1969年又被收入《现代社会学词典》，释义为："一种带有某种共同文化传统和身份感的群体，这种群体作为大社会中的亚群体而存在。"[③] 马克思·韦伯（Maxweber）在《族群》（*The Ethnic Group*）一文中说："如果

① 本文系西北民族大学2012中央高校基本科研业务费专项资金项目"非物质文化遗产的传承与保护——以白马藏族跳曹盖为例"（ZYZ2012046）和国家社科基金重大项目"甘青川藏族口传文化汇典"（13&ZD13）的阶段性成果。

② 王艳，藏族，西北民族大学格萨尔研究院教师，主要从事非物质文化遗产研究与《格萨尔》史诗研究。

③ ［美］N. 格莱泽、D. P. 莫尼汉：《民族与民族研究》，见马戎主编《西方民族社会学的理论与方法》，天津：天津人民出版社，1997年，第4—5页；此注转引自郝时远：《Ethnos（民族）和Ethnic group（族群）的早期含义与应用》，《民族研究》2002年第4期，第7—8页。

那些人类的群体对他们共同的世系抱有一种主观的信念，或者是因为体质类型、文化的相似，或者是因为对殖民和移民的历史有共同的记忆，而这种信念对于非亲属社区关系的延续是至关重要的，那么，这种群体就被称为族群。”①

生活于四川平武县、九寨沟县、松潘县以及甘肃文县境内的白马藏人就是这样一个族群。他们自称为“贝”，如今约有两万余人。族群认同（ethnic identity）指族群身份的确认。“民族（族群）认同即是社会成员对自己民族（族群）归属的认知和感情依附。”② 郝时远先生有数篇论文对“族群”的概念作了辨析，并致力于这一概念运用的本土化。他说：“一个族群的自我认同是多要素的，即往往同时包括民族归属感、语言同一、宗教信仰一致和习俗相同等。”③ 民族学家和历史学家们习惯从史书中寻找“证据”，在20世纪50年代的民族识别工作中，为了“还原”白马藏人的历史进程，他们查阅了无数的历史典籍，试图搜寻出这个族群在历史中的痕迹，构建出他们的历史渊源。遗憾的是，史书对于他们的记载寥寥无几，甚至存在着严重的断裂，以至于形成了后来学术界关于白马藏人族源“氐”族说、“藏”族说和“羌”族说的讨论。族群认同建立在共同的历史记忆之上，这种“记忆”可以是文字的，也可以是文化的。白马藏人的历史由谁来书写呢？《史记》、《汉书》、《龙安府志》、《平武县志》、《文县志》中都曾出现过关于“氐”、“番民”的叙述，这些历史都是由他人书写的。徐新建先生说：“本文是生命或文化的自表述，文本则是他表述。自表述就是文化本来的样子，自在的样子，原本的样子。由此也可以说本文是文化的‘自在言说’，而文本是因为特殊需要的‘再说一遍’，第二次、第三次乃至无数次言说，亦即对文化本象再表述、他表述。”④ 白马藏人的服饰文化正是对本族群历史记忆的自表述，是白马藏人穿在身上“活的史书”。

---

① 乔健：《族群关系与文化咨询》，见周星、王铭铭主编《社会文化人类学讲演集》，天津：天津人民出版社，1997年；此注转引自万建中：《传说记忆与族群认同——以盘瓠传说为考察对象》，《广西民族学院学报》2004年第1期，第139页。

② 王希恩：《民族认同与民族意识》，《民族研究》1995年第6期，第17页。

③ 郝时远：《对西方学界有关族群释义的辨析》，《广西民族学院学报》（哲学社会科学版）2002年第4期。

④ 徐新建：《表述问题：文学人类学的起点和核心》，《西南民族大学学报》（人文社会科学版）2011年第1期，第151页。

一、白马藏人服饰的款式风貌

白马藏人一直生活在甘川交界处的大山之中，长期处于自给自足的自然经济状态，很少受到外来文化与现代文明的影响，所以白马藏人风格独特的服饰文化才得以完整保存下来。时至今日，白马人的服饰、织布、工艺、种田及养畜大抵如古，不同的是，过去妇女捻线织布，现代则使用毛呢绒线，其勤劳勇敢、善良纯朴的品质没有因社会的发展而改变。一顶沙嘎帽、一件绣花衣、一条百褶裙，就是一件极其精美的工艺品，反映了白马妇女很高的审美情趣和精湛的工艺水平，倾注了她们对生活的无限热爱。

摘自《皇清职贡图》①

俗话说："观服而知俗。"从这幅图我们可以看出文县白马藏人以前的服饰以及社会生活。依据图画我们可以看到当时的妇女是披肩发，前额有短刘海；额头上扎着条状头巾，着对开襟长袍，胸前缝有环形绣品；袍裙下摆缝有块状拼图。而男人则头戴碟形帽子，并在一端插有一根羽毛，身着搭襟圆角长袍，领口及下裙摆缝缀有条状拼图。男服明显比女服要短一些，袖口也更窄一些，也许这是为了方便劳作或者打猎吧。据皇清职贡图所配文字讲，文县与秦、蜀两地相邻，在文县的少数民族大概也是西南少数民族的一支，但是与西部边疆的少数民族不同。居住在县内的舍书、英坡山等地方。明朝

① 本图原注："文县地联秦蜀，所属番民盖亦苗蛮之一种，与西陲诸番不同。居县属之下舍书英坡山等处。明时设王、马二百户分领之。至本朝雍正八年，改土归流按地输粮由县征解。男帽插雞翎，每农事毕，常挟弓矢以射猎为事。番妇以布抹额杂缀珠石，衣五色褐布缘，边衣近亦多有效民间服饰者。性蠢愚，颇勤耕织。"（《皇清职贡图》卷五）

时设立了王、马两个百户进行统领治理。到清朝雍正八年，实行改土归流政策向朝廷交纳赋税。这个部族男人的帽子插着鸡的翎毛，每年到农事结束，常常带着弓箭打猎。女人用缝缀着珠子的布扎在额头上，穿着带有各种颜色布边的衣服。现在也有像汉民一样穿着的。他们文化程度较低，但是很善于耕种打猎。

白马人服饰里，最具特色的莫过于沙嘎帽。沙嘎帽是用羊毛擀制的，白色盘状，有荷叶边。这种帽子的最大特点在于它既不能遮风挡雨，又不能抵御严寒，只是一种纯粹的装饰品。白马人喜欢用明亮耀眼的色彩来打扮自己，无论男女老少，头上都戴着沙嘎帽，上面用红蓝两色的细线绣着不同形状的几何图案。线与帽之间插着锦鸡翎或者白羽毛，男的大多插一支，显得英俊而潇洒，女的大多插两支或者三支，显得婀娜多姿。现在很多爱美的白马姑娘还喜欢把彩色的小珠子串成一串缝在帽子上，顺着荷叶边吊下来，走在蓝天白云下，跃动的白色羽毛，随风摆动的五彩珠子，显得分外妩媚动人。还有一首歌这样唱：

天上的月亮明又亮
寨子的姑娘多漂亮
爱跳的小伙快来跳
会唱的姑娘快来唱

小伙子头上戴什么
姑娘们头上系什么
小伙子头上戴沙嘎帽
姑娘们头上系鱼排

接着，歌词还对男女青年的头饰特征和装扮后的效果做了生动的描绘：

沙嘎顶上插什么
鱼排上面系什么
沙嘎顶上插羽毛
鱼排上面系珍珠

羽毛随风飘起来

鱼排珍珠放光彩
良辰吉日这一天
白马山寨乐无边①

此外，当地有些寨子的人还喜欢戴一种类似于瓜皮帽的黑色小毡帽，然后再带上一圈由绒线串起来的用鱼骨和五彩的小珠子排成的圆形装饰品，年龄大一点的妇女还要在黑色的小毡帽外面裹上一种黑色帕子。白马妇女喜欢留长发，结成辫子，系上红头绳，缀上五彩的珠串子，辫子上辫一排系着珍珠的鱼骨，辫子盘在头上，鱼骨珍珠悬在额前，辫子尖的五彩珠子和红头绳穗子缠绕在一起垂于左耳之侧。据文县铁楼入贡山的老人班正连介绍说，这种头饰是白马妇女最古老、最传统、最具有特色的头饰，上文白马藏人千百年来流传下来的歌谣也可以印证这一点。

图一　白马妇女古老的头饰（笔者拍摄）

图二　白马沙嘎帽（笔者拍摄）

衣食住行，衣为首，白马人的服饰与白马人的建筑、风俗、宗教一样，作为彰显白马人文化的物质载体，也蕴含着丰富的文化信息。白马姑娘穿着十分讲究。她们穿着五彩的绣花长裙衫，肩袖用黑、红、绿、蓝、白等彩色的布条镶成，袖口大多由轻而薄的花布做成，前胸是用手工刺绣的各种图腾的图案，现在很多年轻人都喜欢各种颜色拼接的大三角的图案，腹前一方彩色的围裙，用宽宽的羊毛大腰带，束成窈窕的身材。下身大多穿着黑色羊毛百褶裙，质地柔软而高雅，百褶四散，呈喇叭状，走动起来，褶皱闪动，轻盈飘洒，分外俏美。冬天，白马妇女在衣服外面套上件黑色镶着花边、绣着

① 引自笔者2011年田野考察资料。

各种图案的马甲，既保暖又是一种装饰。

图三　白马男女的服饰（邱雷生拍摄）

图四　白马藏族古老的纺织机（邱雷生拍摄）

很多人以为白马男子的服装就是藏族服装。这其实是一种误解。一方面原因是因为现在我们看到的很多白马男子的服装已经藏化了，另外一方面原因是白马男子的服装和藏族服装很像，都是对开斜襟，没有纽扣，穿的时候用腰带束起来，带穗垂于臀部后面，腰间常常戴短刀。它们之间还是有差异的，比如白马男子的服装在领子、袖口以及衣襟的下摆上是不镶毛皮边的，镶的是多色条纹的花边。白马男子喜欢穿嵌花边的白色长衫，系红色羊毛腰带，除了毛织腰带外，还系嵌满了黄铜镂花饰物的牛皮腰带。天气不冷的时候，他们喜欢把左侧的衣襟边向外翻，将镶嵌在里面的装饰边露出来。

在白马人的生活中，海贝、象牙等具有普遍认同的象征意义，白马人常把小海贝挂在婴儿的手腕上，或缝于小孩背布上，以祈求宝宝健康吉祥，并像海贝一样洁白无瑕。白马人一般是女子佩戴饰品，胸前有海贝片和贝壳组成的挂件，腰间有铜钱串成的腰带。白马妇女织的腰带极其精美。据白马的老人说，以前腰带由红、黄、蓝、白、绿、黑各种不同的三角、菱形、方块组合成不同的图案，色彩极其鲜艳，图案也非常多变。家家户户都有织腰带的机子，每个白马妇女都会捻线、织布、织腰带。现在，腰带只有一种颜色了，就是红色。会用这种原始、古老的机器的人也不多了，在入贡山只有班正连老人懂得这种技艺。

白马妇女的装饰品中还有一条与众不同的“金腰带”。这种“金腰带”是大量大小相同的铜钱用麻绳串起来的，一圈一圈重叠系在腰间，象征着富有。据说，以前妇女们腰间系的“金腰带”越长，就说明她家越富有。当女儿长大成人时，母亲就把自己祖传的腰带传给女儿，犹如一件祝贺长大成人的礼物。虽然现在这种古老的“金腰带”已经被质地柔软、保暖的羊毛腰带所取代，但白马姑娘腰间的铜钱腰带，依然是富贵的象征。这就是白马人给红腰带取名“腰缠万贯”的含义。

过去，白马人夏天多穿草鞋，用杨柳枝、树皮或者山核桃树皮搓绳编成。冬天，穿的是自制的牛皮靴，剪一块比脚掌大一些的牛皮或野猪皮做底，羊毛线织的毛料做面，四边打孔，穿绳，收束成鞋状即可穿用，当地人也称之为“番鞋”。用牛皮或野猪皮做鞋底，既柔韧舒适又经久耐磨。现在胶鞋、球鞋、皮鞋已经代替了以前的草鞋，甚至白马人引以为豪的牛皮鞋，在生活中已经见不到它的踪影了。

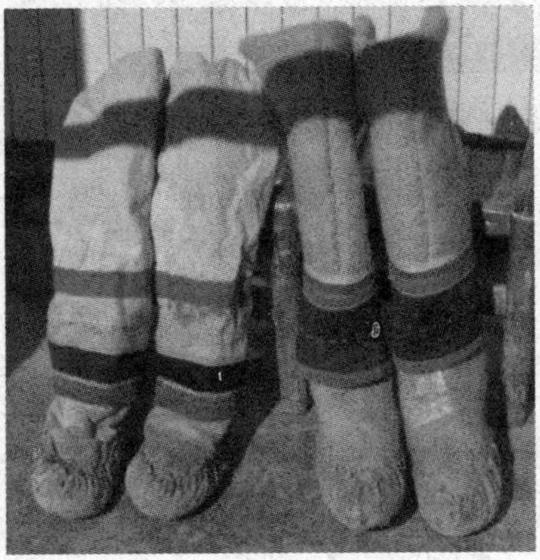

图五　白马人以前的牛皮靴（笔者拍摄）

图六　白马老人缝制衣服（邱雷生拍摄）

三、白马藏人服饰的文化功能

服饰文化是人类创造和完成自身世界与历史的第一项活动①。白马藏人的服饰是一件穿在身上的“史书”，通过符号、图案、颜色来表述历史，表述文化。服饰对于白马藏人而言，一方面弥补了他们没有文字记载历史的缺憾，深刻地折射出白马藏人的历史记忆，一方面又作为文化传承的载体，表达了他们对于宇宙、自然、神圣、世俗的认知理解。从人类学的视角来看，服饰的文化功能透露着一个族群历史发展、社会习俗、宗教信仰的信息，因而对服饰文化的解读是一个了解族群文化的重要途径。

1. 历史记忆功能

苯教是公元前 5 世纪由古象雄王子辛饶·米沃且创建的。在佛教从印度传入青藏高原前长达数千年的历史长河里，苯教是藏族传统文化的基石和脉

① 戴平：《中国民族服饰文化研究》，上海：上海人民出版社，2000 年。

络。苯教早期崇拜的内容可归纳为自然崇拜、神灵崇拜、生灵崇拜、图腾崇拜、图符崇拜、灵物崇拜、祖先崇拜等，并崇尚念咒、驱鬼、占卜、禳袚、重鬼佑巫等仪式①。这些崇拜在白马藏人的服饰文化中均有体现。

《虞书·益稷》载："予欲观古人之象，日、月、星辰……以五彩彰施五色服。"白马藏人服饰中大量运用太阳、月亮和星星的图案。白马服饰太阳纹以"米"字形为主，月亮则是圆形适合纹样花卉图案（有月亮花、牡丹花、豌豆花等）或太阳纹图案。而星星却有两种表达方式——圆形小点和三角形。在这些纹饰中，太阳、月亮、星星在服装同一部位并存，而且在太阳纹的图案中，加上圆形的小点——星星，在月亮纹饰中加进米字纹——光芒四射的太阳。在其他圆形和三角形适合纹样中，多为菊花、牡丹、月亮花图案以及蝴蝶、鱼、铜钱等图案②。这些图案是白马藏人自然崇拜的符号表述。

"卍"符号在很多少数民族的服饰中被广泛使用。在古印度，"卍"符号梵文意为"吉祥海云相"。在西藏原始苯教中具有吉祥和生命不息之意。我国佛教认为它表达了"轮回"的概念。白马藏人也喜欢把"卍"符号绣在衣服上，作为原始苯教的标志，有其特殊的象征意义。据《辞海》载："卍"是古代的一种符咒、护符或宗教标志；通常被认为是太阳或火的象征。在白马藏人服饰中，"卍"常与日、月、火的图案连用，被绣在白马藏人五彩衣的后背或者沙嘎帽上，作为一种护身符，表示永生、永恒、长存。白马藏人认为穿上有这些图案的服饰就可以平安无灾，得到神的保佑，康泰吉祥，益寿延年。

这些符号与图案，虽然不是文字，不是具体的史实，但它是文化，是信仰，是白马藏人对自己民族文化的自表述，是世代相传的族人对自己历史重要片段、历史事件的一种模糊记忆。

2. 审美认知功能

色彩是服饰的表情，对于色彩斑斓的民族服饰来说，它更具有深刻的文化意义。

红色：红色是日常生活中最常见的颜色，在白马人的传统服饰中被普遍

① 康·格桑益希：《苯教——藏族传统文化的源头》，《四川大学学报》（哲学社会科学版）2003年第5期，第60页。

② 刘吉平：《太阳、月亮、星星及鱼——白马藏族人服饰中的符号语言特征探析》，《天水师范学院学报》2010年第4期，第47页。

使用。白马人认为红色能够辟邪降福。红色是太阳的象征、火的象征、鲜血的象征，它代表着生命和正义，一切邪恶均不可与之抗衡。在盛大的民族传统节日中，白马人在身上佩戴红色饰物，这意味着神灵已降其身，保佑他事事平安。白马人的红腰带就是白马人喜欢红色的典型代表。

黑色：黑色在白马人的服饰中应用得也比较多，它总是与庄重、高贵、财富联系在一起。老人和男子喜欢用黑色来装饰自己，显示出自己庄重、沉稳、智慧的一面。以前白马人的衣服也大多以黑色为主，上面绣着各种图腾图案，后来随着时代的发展，文县白马人的服饰受到四川羌族的影响，渐渐在服饰中融入各种鲜艳的颜色。

白色：白马人崇尚白色，这可能与他们的祖先崇拜和宗教信仰有关系。据说，白马人的起源与白马有关，在白马人的宗庙里，家里供奉的祖先族谱里，白马人的祖先都是骑着白马、戴着插有白色翎毛的沙嘎帽出现。白色对于他们而言是高贵、圣洁、庄严的代名词。白马人的白色长袍、白色沙嘎帽、白色皮靴都反映出了他们尚白的心理。

3. 族群识别功能

在我国少数民族服饰中，白马藏人的“沙嘎帽”跟苗族的银牛角冠、毛南族的花竹帽、傈僳族的珠帽、彝族的鸡冠帽、白族的凤凰帽、回族的回回帽一样成为本民族的“族徽”。对于别的民族，它是区别于其他民族的标志，但是对于本民族，它却是互相认同的旗帜、结成整体的纽带。据康熙四十一年（1702）《文县志》记载，“衣服五色……戴毡笠如盖，以鸡翎插之”①。无论在大山深处还是城市里，只要看见插着白色羽毛的沙嘎帽就知道那一定是白马藏人。根据笔者 2009 年 1 月在甘肃陇南文县铁楼藏族自治乡的调查，白马藏人有一个世代相传的传说：

相传在很久以前，白马人以英勇善战而闻名，当时的统治者担心桀骜不驯的白马人会威胁到自己的统治，想消灭白马部族以绝后患。于是派军队进攻白马人山寨，白马人拼死抵抗，但由于寡不敌众，连连败退，许多白马人惨遭杀害。为了不让白马人绝种，幸存的白马勇士们把老弱妇幼送到深山里后，准备与随后赶来的敌人决一死战。可是他们太疲劳了，本想以酒解乏，但很快就都睡着了。谁知，敌人深夜发起了偷袭，悄悄逼近了营垒。白马勇

① 江景瑞：《文县志》刻本，1702 年（清康熙四十一年）。

士们却酣睡不醒。就在这千钧一发之际，一只白色的大公鸡惊醒，跳上石头，引颈长啼。嘹亮的鸡鸣唤醒了沉睡中的白马勇士，也唤醒了他们骨血中的杀气，他们将生死置之度外，以一当十，浴血奋战，终于打败了敌人。这才使得白马人免于灭绝。后来，白马人组织了一次祭祀活动，把这只白雄鸡奉为鸡神，为了纪念这只白雄鸡的功德，也为了让后人记住这段历史，就把白鸡毛插在自己的头上，一代一代传了下来。时至今日，白马人对白雄鸡仍见而生敬，把它奉为鸡神。不论在田间劳作还是在外作客，歇息时都把沙嘎帽放在洁净的高处，忌讳外人随便戴和辱没羽毛[①]。

上述传说是白马藏人对自己族源，本族生死存亡事件的历史记忆，虽然没有史书去考证它的真实性，却是白马藏人拥有的共同记忆（shared memories）。这个共同记忆深深地镌刻在白马人的脑海里，一代一代地流传下来，在对祖先共同追忆的过程中延续着族群认同。

结　语

如果说传统是活着的文化、历史是延续的记忆，那么，遗产就是正在失去的文化和历史[②]。服饰是白马藏人文化的表述，也是本族群的历史记忆。它为我们研究白马藏人提供了丰富的素材和崭新的视野。在白马藏人的生活里，每到婚礼、丧礼、祭祀礼、节庆等重要的仪式，服饰扮演了举足轻重的角色，它是白马藏人族群认同的纽带。

历史是人民创造的。文化遗产是人民的文化创造的历史结晶，是人民创造文化的历史证据。文化遗产就是能够永远保存人民的集体记忆的文化特性的历史遗留下来的物品、习俗和艺术（此“艺术”是从西文 Art 而来，泛指一切技艺性活动及其产品）[③]。对于无文字的边缘族群白马藏人而言，服饰是一种特殊的记忆手段，是他们书写历史、传承文化、承载记忆的方式。白马藏人服饰的制作以及服饰的图案、颜色、符号处处蕴含着白马文化的内

① 讲述人：余石东，就职于陇南市文县旅游局；记录时间：2009 年 1 月。

② 徐新建：《“世界遗产”：从熊猫栖息地看人类与自然的新调整》，《中南民族大学学报》（人文社会科学版）2007 年第 5 期，第 11 页。

③ 冯宪光：《文化遗产的意义》，《文化遗产研究》第一辑，成都：巴蜀书社，2011 年，第 110 页。

涵，彰显着白马藏人的社会习俗，隐藏着白马藏人的宗教信仰，凝结着白马藏人的共同历史记忆。这就是白马藏人服饰的遗产意义。

参考文献

1. 戴平：《中国民族服饰文化研究》，上海人民出版社，2000 年。

2. 冯宪光：《文化遗产的意义》，《文化遗产研究》第 1 辑，巴蜀书社，2011 年，第 110 页。

3. 郝时远：《Ethnos（民族）和 Ethnic group（族群）的早期含义与应用》，《民族研究》2002 年第 4 期。

4. 郝时远：《对西方学界有关族群释义的辨析》，《广西民族学院学报》2002 年第 4 期。

5. 江景瑞：《文县志》，清康熙四十一年（1702）刻本。

6. 康·格桑益希：《苯教——藏族传统文化的源头》，《四川大学学报》（哲学社会科学版）2003 年第 5 期。

7. 刘吉平：《太阳、月亮、星星及鱼——白马藏族人服饰中的符号语言特征探析》，《天水师范学院学报》2010 年第 4 期，第 47 页。

8. 马戎（主编）：《西方民族社会学的理论与方法》，天津人民出版社，1997 年。

9. 万建中：《传说记忆与族群认同——以盘瓠传说为考察对象》，《广西民族学院学报》2004 年第 1 期。

10. 王希恩：《民族认同与民族意识》，《民族研究》1995 年第 6 期。

11. 徐新建：《表述问题：文学人类学的起点和核心》，《西南民族大学学报》2011 年第 1 期，第 151 页。

12. 徐新建：《“世界遗产”：从熊猫栖息地看人类与自然的新调整》，《中南民族大学学报》（人文社会科学版）2007 年第 5 期。

创意城市与文化遗产[①]

王立杰[②]

摘　要：创意城市，是城市现代化进程达到一定程度之后必然选择的一种新模式与新理念，作为“人的城市”，它强调利用文化原动力、新媒体传播力，为市民打造多种独特生存体验的文化空间。为了抵抗全球化进程中的同质化趋势，每个城市只有着眼于自己所拥有的独特文化资源，才可能激发出该城市的无限创意与活力，这里的文化资源意指诸多文化遗产的内容，而文化遗产的历史延存性、未来指向性使其与当下的创意城市建构直接关联。由此，对创意城市的建设来说，文化遗产的深度挖掘、阐释与激活就显得至关重要，与此同时，创意城市的崭新理念亦为文化遗产的研究开启了一个新的可行性向度。

关键词：创意城市　文化遗产　文化产业

一、你属于哪座城市？

21世纪的今天，城市，远非就是一个居住地那么简单，当你选择落户于某一个城市、当你自称自己是某一个城市的居民时，你是否曾追问自己：是什么使你建立起对这一城市的认同感呢？事实上，选择认可并定居于某一城市，表明了你对自己收入、人际关系网络、家庭成员、社会机会等诸多因素的合法化定位，可以说，选择落户于一个城市决定了一个人生活的诸多方面，并极大程度地影响着这个人幸福感的获得。毫不夸张地说，选择一座城市，就意味着你选择了一种生活的语境，甚或是选择了一种人生。

---

① 基金项目：四川省教厅人文社科青年基金项目“中华多民族文学理论与批评实践”（编号10SB057）；宜宾学院人文社科博士科研启动项目“文学人类学探索”（编号2010B03）。

② 王立杰（1978—），女，吉林桦甸人，博士，副教授，宜宾学院中国语言文学研究所所长，主要致力于文化产业、文化遗产和文学人类学研究。

二、城市变迁

城市，是人类文明的表征物，亦是观察社会经济发展、发展集群性战略的公共空间场域。几千年来，以经济类型划分，城市经历了四种大的类型性变迁：农业经济背景下，城市的最初形态是“由集而市、围廓为城”；工业经济时代的城市更强调劳动密集型、生产规模化等特点；之后，在20世纪的近百年间，城市在服务型经济时代中突显需求、强化服务；而在20世纪90年代以来，世界范围内的诸多大、小城市正在以一种迅雷不及掩耳之势渐次走进张扬文化软实力、强调知识创新的创意型经济时代。

时至今日，众多城市还在“服务型城市”的现实选择中苦心经营之时，全球日益激烈的竞争压力已经逼至目前，与“后工业社会”、“消费社会”、“全球化”息息相关的城市，已然不再是一种自在性的本土化存在，而是自觉或不自觉的处身于国际语境之中，成为全球网络中的一个个节点——各种国际性和区域性、地方性力量在这里交汇，使其具备引导思想、服务、商品的巨大潜在动能。于是乎，地方城市“如何重塑形象”、“如何获得生机与活力”、“如何进行合理定位”就成为迫在眉睫的问题。显然，按照常规化的现代工具理性，以那种保守二元对立思维方式、僵硬的线性逻辑、过分强调科学理性的思考路径，已经无法应对上述问题了。由此，以消费引导、技术创新、文化包容、信息凝聚、捕捉快乐等为核心特征的“创意型城市”就应运而生了。

三、创意城市

创意城市，是将各种文化创意活动作为城市经济和社会运行重要组成部分的城市综合体①，是城市现代化进程达到一定程度之后必然选择的一种新模式，是城市进行产业结构升级、步入国际舞台的必要策略，亦是一种新的城市发展理念。就其实质来说，创意城市（Creative City）就是“人的城市”，在强调对建筑规划等硬件设施创新性要求的基础上，它更注重对城市文化软实力的开掘，着力为创造性人才打造释放个性、突显技能的弹性空

① UNCYAD，*Creative Economy Report 2010*，2010，12.

间。在此，城市不再是莫里斯笔下“钢筋混凝土”式的冰冷空间①，而是能够充分激发市民想象力、创造力的诗意栖居的温暖家园。在这里，创意城市利用文化原动力、新媒体传播力，为市民打造多种独特生存体验的文化空间，以此来调动市民的身体感（sense of body）和参与性，使每个人切身性地与城市对话，让大家一方面收获幸福与快乐，另一方面建立起对城市的认同感。

创意城市作为城市发展的模式而非学术概念②，在强调自身独具一格的魅力的同时，更强调通过知识资本运行于生产、加工、服务业中，达成增值目标③。目前，学界对创意城市核心要素与特征的讨论主要有：

1. 彼得·霍尔在《城市文明：文化、科技和城市秩序》中指出，创意城市是“那些旧秩序受到挑战或被推翻的地方”④，是市民社会中文化与科技在渗透与融合中激发出极大创造力的城市。

2. 创意城市的倡导者查尔斯·兰德利认为，创意是城市发展的核心原动力，而文化与之密不可分，是使城市摆脱已有发展轨迹束缚、制造创意的能量来源⑤。他还指出，创意城市的关键就是要营造“创意环境”，即通过“富有想象力的个体”、“创意组织机构”和“有明晰目标的政治文化”三者的有机统一，让创意在适宜的氛围语境中恣意成长⑥。

3. 默瑞克·格特勒认为创意城市主要是通过3C（Creativity 创造力、Competitiveness 竞争力、Cohesion 凝聚力）的相互关联提高城市经济活动，提升城市市民的生活质量⑦。

4. 格特一杨·霍斯珀斯（Gert－Jan Hospers）认为集中性（concentration）、多样性（diversity）和非稳定性（instability）三个要素是创意城

① ［英］德斯蒙德·莫里斯：《人类动物园》，刘文荣译，上海：文汇出版社，2002年。

② 厉无畏、王如忠主编《创意产业——城市发展的新引擎》，上海：上海社会科学院出版社，2005年。

③ ［英］查尔斯·兰德利：《创意城市：如何打造都市创意生活圈》，杨幼兰译，北京：清华大学出版社，2009年。

④ Peter Hall，“Creative Cities and Economic Development”，*Urban Studies* 37（4），2000，PP639－649.

⑤ Charles Landry，*The Art of City Making*，First Published by Earthscan in the UK and USA in 2006.

⑥ Charles Landry，*The Creative City*：*A Toolkit for Urban Innovators*，London：Earthscan，2000.

⑦ Meric Gertler，*Creative Cities*：*What Are They for*，*How Do They Work*，*and How Do We Build Them*? Canadian Policy Research Networks（CPRN），http：//www. cprn. org.

市得以形成的核心要素。具体说来，人口的集中加大了信息交流和社会交互的广度与密度，个体与知识、技能、行为方式、城市意象与建设等的多样性特征差异，一些危机、冲突和混沌状态等激发出的创造力，使这三个方面创意的出现成为可能，并大大增加了创意城市得以形成的几率。

5. 理查德·弗罗里达（Richard Florida）提出构建创意城市的核心要素是“3T”，即技术（Technology）、人才（Talent）、包容性（Tolerance）。其中，其理论中的“人才”指的就是创意阶层（creative class），即创意城市中劳动阶层（working class）和服务阶层（service class）之外的新兴群体，他们引领社会潮流，影响社会舆论，提升产品的文化“附加值”，转型产业结构。

6. 格里泽（Glaeser）的“3S”理论认为技能（Skills）、阳光（Sun）、城市蔓延（Sprawl）是建构创意城市的三个有效因素。

总而言之，无论理论家们如何概括与阐释创意城市的核心特点，不能否认的一点就是：创意城市与文化密切相关，文化经济的繁荣与文化产业的发展才可能催生出创意城市。

四、文化遗产与创意型城市

众所周知，“文化”通常被人们理解为：某一区域、族群、团体、时代，人们差异化的生活方式及人们对此种独特生活方式的理解与表述。而21世纪以来，随着经济与文化全球化的不断蔓延，单一的现代性逻辑导致了诸多现代城市日益出现同质化的倾向，而与之相应的，作为城市发展与创新重要构成部分的文化，尤其是在全球化浪潮中不堪一击的诸多弱势文化受到威胁，并渐次失去了生命力，而这又反过来使该城市失掉了自己独特的魅力与活力。此种情况下，每个城市只有着眼于自己所拥有的独特文化资源，对其进行文化的深度阐释与产业的适度开掘，才可能达成经济发展与文化生存并重的可能，也才可能激发出该城市的无限创意与活力，使城市建构出合适的文化精神与城市形象、城市品牌。而这里的文化资源意指历史、习俗、手工艺、建设、节庆、仪式、传说、故事、语言、饮食、服饰等诸多文化遗产的内容。

遗产，作为一个宽泛的概念，“既指那些有形的遗存，包括自然和文化的环境、景观、历史场所、遗址、人工建造的景物；亦指无形的遗产，包括收藏物、与过去相关的持续性的文化实践、知识以及活态化的社会经历”[①]。毋庸置疑的是，遗产总是与历史相关，它是前人留给社会或子孙后代加以传承的文化传统、人造物品等。这就意味着，遗产具有极强的选择性，有意或无意地，社会通过具有时空差异的某种价值体系对遗产加以筛选，使之以个人遗产、家庭遗产或某一群体共同遗产的形式存在。而共同遗产往往通过某些象征符号、神话传说、传统节庆、饮食习俗、服饰表征、建筑风格、手工艺品等多种形式形成某种集体认同感（collective identity）。正如麦里曼所说：“遗产一词的积极含义用于描述得到保护并会被传承的地区文化与风貌，而这种传承是为了满足未来人们对于身份与归属感的需要。”[②]

遗产的这种历史延存性与未来指向性使其具有了更多的当下意味，从而与文化产业发展以及创意城市建构等直接相关。正如阿什沃斯和图恩布里奇所指出的那样：“当代社会对历史的利用……对历史的解释、保存至今的古建筑和文物以及公众及个人的记忆都被用于满足当代社会的需要，这其中包括个人对社会、种族和国家认同的需要以及为遗产产业（heritage industries）商品化提供经济资源的需要。”[③] 而兰德利在《创意城市》一书中也强调指出，文化资源是创意城市的重要建构要素，而“文化资源体现在民族的历史、习俗与昔日的知识中，并通过将构想化为实际可行的方案来发挥价值”，“文化资源是城市的原料及价值基础，其中的资产取代了煤矿、钢铁或黄金”[④]。

由此可见，对创意城市的建设来说，文化遗产的深度挖掘、阐释与激活就显得至关重要，与此同时，创意城市的崭新理念亦为文化遗产的研究开启了一个新的可行性向度。

---

① ICOMOS：*Cultural Tourism Charter*. Paris：ICOMOS，1999.

② Merriman，N. *Beyond the Glass Case*：*The past*，*the heritage and the public in Britain*，Leicester University Press，Leicester，1991，p. 8.

③ Ashworth，G. J. and Tunbridge，J. E. *Old cities*，*new pasts*：*heritage planning in selected cities of Central Eruope*，GeoJournal，49：105—16，1999.

④ ［英］查尔斯·兰德利《创意城市：如何打造都市创意生活圈》，杨幼兰译，北京：清华大学出版社，中文版序第11页。

多民族文学与文论

- 多民族母语文学的跨学科交流
- 突厥语民族英雄史诗的学术史观照及思考
- 多维视野中的苗族英雄史诗《亚鲁王》研究价值探微
- 《格萨尔》圆光艺人才智的图像文本

多民族母语文学的跨学科交流

向虹瑾[①]

2014年3月14—16日，中国多民族文化凝聚与国家认同协同创新中心成员参加了在凉山彝族自治州举办的“中国多民族母语文学研讨会”。会议由中国多民族文学研究会、国家社科基金重大招标项目“中国多民族文学的共同发展研究”项目组和西昌学院联合主办，中国多民族文化凝聚与国家认同协同创新中心与四川大学文学与新闻学院、西南民族大学彝学学院协办。研讨活动的目的在于促进对中国多民族母语文学现状的深入了解，加强国内蒙、藏、维、哈、朝、彝、壮、裕固等多民族母语文学专业的学科建设经验交流，进一步推动中国民族高等教育及人才培养事业的深入发展。

出席并参与研讨的有来自各地的多民族学者，他们是：协同创新中心常务副主任徐新建教授，国家社科重大项目《中国多民族文学的共同发展研究》的相关成员、中国社会科学院《民族文学研究》主编、中国多民族文化凝聚与国家认同协同创新中心副理事长汤晓青研究员，中国社会科学院民族研究所北方民族文学研究室主任、国家重大项目“柯尔克孜族百科全书《玛纳斯》综合研究”首席专家阿地里·居玛吐尔地研究员，新疆喀什师范学院维吾尔族学者姑丽娜尔·吾甫力教授，西南民族大学彝族诗人阿库乌雾教授，以及赤峰学院蒙古族学者敖敦格日乐教授、胡格吉乐图副教授，延边大

① 向虹瑾，四川大学文学与新闻学院硕士研究生。

学朝鲜族学者李光一教授，云南普洱师范学院傣族学者薛敬梅教授，广西民族大学壮族学者陆晓芹副教授，三峡大学苗族学者吴正彪教授。此外，凉山州当地的彝族学者和作家、诗人——以阿牛木支、贾瓦盘加及时长日黑为代表的“骏马奖”获得者等也在会上作了展示和交流。

与会者们以“母语文学”话题为中心，对各民族母语文学创作、母语文学现状、母语文学教育与母语文学理论等问题进行了报告、讨论，促成了各民族母语文学之间的学习与对话。其中，彝族双语教学的成功经验、蒙古族翻译文学的包容、朝鲜族坚守的母语创作、维吾尔族丰富的母语文学生活等等，都一再成为会场内热议的话题。

会议期间，在主办方的安排下，与会学者还参加了以“凉山地区母语传承现状”为主题的实地考察活动，先后到西昌市民胜乡中心小学、凉山博物馆以及西昌学院彝族文化研究中心，现场观摩从基础教育中的双语教学、城市公共空间中的母语展示到作为“非物质文化遗产”的凉山彝族母语传承状况。大家对凉山彝族地区保存和保持较好的母语文化氛围给予高度评价，表示应向彝族成功的案例学习。

突厥语民族英雄史诗的学术史观照及思考[①]

阿地里·居玛吐尔地[②]

摘　要：阿尔泰语系突厥语民族是我国北方主要的语言使用族群之一。它包括维吾尔、哈萨克、柯尔克孜族、乌兹别克、塔塔尔、裕固、撒拉等民族。这些民族源远流长的口头传统以及数以百计的英雄史诗作品是其民族文化中最显著的标志，《玛纳斯》、《乌古斯汗》、《阿勒帕米斯》、《艾尔托什图克》等经典作品早已跨越国界成为国际性研究学科，产生了世界范围的影响。本文力求从国际视野、国内研究以及学术史反思三个方面回顾和勾勒其学术史脉络，给当今学人以比较清晰的学术史宏观视角，反思我国口头史诗传统的搜集、整理和研究中存在的普遍性问题，以期给当代年轻学人以启示。

关键词：跨境研究　突厥语　英雄史诗　学术史

一、综　述

在世界范围内，属于阿尔泰语系突厥语族的有维吾尔、哈萨克、柯尔克孜（吉尔吉斯）、土耳其、卡拉卡勒帕克、塔塔尔（鞑靼）、乌孜别克（乌兹别克）、阿塞拜疆、土库曼、雅库特、哈卡斯、阿尔泰、撒拉族、裕固族等30多个民族，人口将近一亿，分布在西起波罗的海，东至西伯利亚的欧亚大陆上，分属于十多个国家。除中国外，在俄罗斯、哈萨克斯坦以及中亚、高加索、西伯利亚以南地区，在土耳其、伊朗、阿富汗、伊拉克、塞浦路

---

① 本文为国家社科基金重大招标项目“柯尔克孜族百科全书《玛纳斯》综合研究（13&ZD144）”阶段性成果。

② 阿地里·居玛吐尔地，男，柯尔克孜族，1964年出生。中国社会科学院民族文学研究所北方室主任，研究员，中国社会科学院研究生院教授，博士生导师；四川大学中国多民族文化凝聚与国家认同协同创新中心特聘专家；国家社科基金重大招标项目“柯尔克孜族百科全书《玛纳斯》综合研究（13&ZD144）”首席专家。

斯、保加利亚、罗马尼亚、南斯拉夫、希腊、蒙古国以及地中海沿岸地区均有突厥语族民族居住。其中，在我国的塔里木盆地以及天山山脉、阿尔泰山脉、中亚的阿拉套山脉、费尔干纳盆地和帕米尔高原及其邻近地区，西亚黑海、里海、安纳托利亚等地最为密集。在我国属于突厥语族的民族主要为维吾尔、哈萨克、柯尔克孜、乌孜别克、塔塔尔、裕固族等民族，人口有1200万。

英雄史诗是突厥语族各民族文化遗产当中最让世人瞩目的部分。其中，《乌古斯汗》、《先祖阔尔库特书》、《玛纳斯》、《阿勒帕米西》、《郭尔奥格里/阔尔奥格里》、《阔步兰德》、《艾尔托什图克》、《轻铁木尔》、《库尔曼别克》、《少年阔孜与巴彦美人》、《吉别克姑娘》等都已成为世界性研究课题，在很多国家都有学者研究。由于突厥语族民族语言属于同一个语系，在历史发展过程中有过长期的交往和联系，具有复杂的渊源关系，而且许多古代部落或部族，如乌古斯、乌孙以及奈曼、钦察（克普恰克）等都不同程度地融入各个现代民族当中，成为他们的一个组成部分。因此，突厥语族民族的史诗虽然各具特色，具有丰富而鲜明的民族特色，但在很多方面都具有很多共性和相似之处。有一些作品，如《玛纳斯》、《库尔曼别克》、《阔步兰德》等仅在柯尔克孜（吉尔吉斯）或哈萨克族之中流传，而有一些史诗，如《阿勒帕米西》、《郭尔奥格里/阔尔奥格里》、《艾尔托什图克》等作品则在多个民族中流传，形成不同的异文和变体，呈现出更加丰富多彩的文化特征，给我们的比较研究提供了广阔的空间。

在突厥语族民族的英雄史诗遗产中，既有像《乌古斯汗》、《先祖阔尔库特》那样以手抄文本形式保存下来的古老史诗，也有像《玛纳斯》那样以口头形式至今流传的宏大的作品。而且，除了《乌古斯汗》等少数英雄史诗之外，绝大多数都是以口头形式传承至今，具有鲜明的口头特征，有一些甚至依然在民间得到演唱，保持着自己的活形态生命力。根据目前搜集研究的情况及其内容和流传特征，国际史诗学界通常把突厥语族民族英雄史诗分为古代书面史诗和口头史诗两类。前者主要包括《乌古斯汗》、《阿勒普·艾尔·通阿》等较早就有书面文本或是在历史文献中有记载的史诗，后者则包括 19 世纪之后从各地搜集的其他所有以口头形式流传的史诗作品。突厥语族民族以口头形式流传的英雄史诗占绝对多数，主要分为三类，第一类是具有浓厚神话色彩的早期史诗，如柯尔克孜族的《艾尔托什图克》、阿尔泰史诗《阿勒普一玛纳什》、乌古斯史诗《巴撒特斩除独眼巨人》（《先祖阔尔库特书》中的第 8 个故事）；第二类是英雄史诗，以具有神性的英雄人物为主人公，在宏大的历史背景上曲折地反映整个民族面临生死存亡的考验，以保家卫民、抗击外敌为主题的大型史诗，如《玛纳斯》、《郭尔奥格里/阔尔奥格里》、《阿勒帕米斯》、《康巴尔》、《巴额西》、《托勒托依》等；第三类是具有比较明确的历史背景，以歌颂真实历史人物英雄业绩为目的而创造的历史性史诗，如《贾尼别克》、《哈班拜》、《江额勒木尔扎》、《英雄阿尔卡勒克》等。

土耳其学者奥孜库勒·乔班（ÖzkulÇobanoğlu）按照上述三种分类初步统计出了突厥语族民族到目前为止发现的英雄史诗数量[1]。他的统计结果表明，突厥语族民族以书面形式流传或在古代文献中发现或记载的史诗共有9部；口头英雄史诗共计216部，其中早期71部，英雄史诗100部，晚近历史史诗45部。很明显，这个统计数字是很保守的。因为，我们发现，在这个统计数字中仅柯尔克孜（吉尔吉斯）族广泛流传的英雄史诗《巴额西》、《托勒托依》、《女英雄萨依卡丽》等均被遗漏。如果按照目前的研究情况，仅柯尔克孜族中发现的英雄史诗类作品就接近100部，而哈萨克族中发现的英雄史诗类作品则接近200部[2]，如果再加上土库曼、乌孜别克、卡拉卡勒帕克以及阿尔泰、雅库特、巴什基尔等突厥语族民族中数以十计的英雄史诗，那么突厥语族民族中流传的各类大大小小的英雄史诗的数量，保守地说也会接近500部。当然，这其中有像《玛纳斯》那样规模宏大、篇幅超过数十万行[3]的超大型作品，也有由数百诗行至数千诗行构成的小型史诗。

中亚突厥语族民族民间英雄史诗的传承发展有几个值得关注的显著特点。第一是数量众多，结构丰富多样，大致计算也有300余部。这一点我们从以上的介绍以及附录中可以略见一斑。第二是传承地域广泛，传承途径复杂。很多十分重要的英雄史诗作品，诸如《郭尔奥格里/阔尔奥格里》、《阿

---

① ÖzkulÇobanoğlu：*Türk Dünyasi Epik Destan Geleneği*，Ankara，2003，pp. 48－54.

② 见贾克甫·米尔扎汗：《哈萨克历史与民俗》，夏里甫罕·阿布达勒译，乌鲁木齐：新疆人民出版社，1999年，第323页。

③ 从吉尔吉斯斯坦著名玛纳斯奇萨恩拜·奥诺孜巴克（Saginbay Orozbak，1867－1930）口中记录下的《玛纳斯》（第一部）共180378行；从吉尔吉斯斯坦另一位著名玛纳斯奇萨雅克拜·卡拉拉耶夫（Sayakbay Karalaev，1894－1971）口中记录的《玛纳斯》、《塞麦台》、《塞依铁克》、《凯南》（*Kenen*）、《阿勒木萨热克—库兰萨热克》（*Alimsarik－Kulansarik*）五部共500553行；居素普·玛玛依演唱的《玛纳斯》史诗唱本共计232665行，如果把他演唱的另外一些以《玛纳斯》史诗中的一些主要人物的业绩为内容的，作为单独史诗作品进行演唱的史诗《巴额西》（*Bagix*）、《托勒托依》（*Toltoy*）、《艾尔托西吐克》（*Er Töxtük*）、《女英雄萨依卡丽》（*Kiz Saykal*）等加在一起计算，《玛纳斯》史诗集群的总容量将达到27万多行。

勒帕米斯》、《艾尔托什图克》、《阔步兰德》、《吉别克姑娘》等史诗都在不同的地域、多个民族中同时得到流传。第三是由于中亚的特殊地理位置，阿尔泰语系民族中突厥语族民族和印欧语系民族相互混杂，许多民间艺人都具有双重或多种语言身份，因此像《郭尔奥格里/阔尔奥格里》等史诗便出现了在多个民族中以不同的语言形式流传的现象。它不仅在属于突厥语族民族的乌兹别克、维吾尔、阿塞拜疆、土耳其、吉尔吉斯、哈萨克、土库曼等民族中流传，而且还在塔吉克、库尔德以及亚美尼亚等民族中流传。第四是在多文化交流融合的语境下，中亚突厥语族民族借鉴、吸收并融合了诸如伊朗语族民族和阿拉伯民族中流传的史诗和神话传说，尤其是《列王纪》（《王书》）、《先知传》，并将其同自己的史诗传统融合在一起，形成和发展成了拥有自己独特风格的变体和作品，丰富了自己的民间英雄史诗的内容和题材。比如中亚以及我国的维吾尔、乌兹别克、哈萨克等许多突厥语族民族中都流传有关于英雄茹斯塔姆（Rustam）、杰姆西德（Jamshid）、伊斯坎德尔（Iskandr）的史诗作品，而这是波斯神话中的战神以及古代诗人菲尔多希编纂的《列王纪》（《王书》）中的英雄人物。

二、国外视野

在国际学术视野中，突厥语族民族英雄史诗的记录整理工作起始于19世纪下半叶。乔佐克（Chodzok）应该说是第一个搜集出版中亚民间文学的西方学者。他早在1841年就出版了土库曼以及阿斯特拉罕（Astrakhan）人的英雄传奇和诗歌[①]。19世纪末到20世纪初，在对中亚，对突厥语民族的民间文学和史诗进行搜集、研究方面成绩卓著者主要有乔坎·瓦里汗诺夫（1835—1865）、V. V. 拉德洛夫（1837—1918）、G. H. 波塔宁（1835—1920）、E. A. 迪瓦耶夫（1856—1932）等。乔坎·瓦里汗诺夫不仅对中亚哈萨克族的民间文学进行了广泛的搜集和研究，而且于1856年、1857年数次对吉尔吉斯斯坦的伊塞克湖地区和我国的伊犁、特克斯等地进行调查，记录了大量的民间文学资料。他在考察之后撰写的《伊塞克湖日记》（1856年）、《准噶尔游记》（1861年）等著作以其丰富的民族学、民俗学资料而成

① Nora K. Chadwick and Victor Zhirmunsky, *Oral Epic of Central Asia*, Cambridge University Press, 1969, pp. 19—20.

为后世学者研究中亚柯尔克孜历史及民间文化的弥足珍贵的材料[①]。他记录的《玛纳斯》史诗中的著名传统章节“阔阔托依的祭奠”，在同后世玛纳斯奇唱本的比较研究方面具有十分重要的价值。因此，这个片段先后用俄、英、法、德等各种文字堪布，在世界上产生了广泛的影响，成为各国学者研究、参考的一个十分重要的文本[②]。

在研究中亚各民族民间文学方面具有重要意义的是由 V. V. 拉德洛夫搜集编选的丛书《突厥语文学的典范》（*Specimens of Turkic Literature*）。丛书共分为十卷，其中前七卷由他本人搜集并翻译成俄文和德文，于 1866—1896 年间由俄国科学院（圣彼德堡）出版，收录了柯尔克孜（吉尔吉斯）、哈萨克、南西伯利亚、阿尔泰等诸突厥语民族以及我国维吾尔族的史诗、民间故事、歌谣、谚语等资料。各卷所收入文本的具体情况为：第一卷《阿尔泰诸民族的方言》，1866 年；第二卷《阿巴坎（哈卡斯）方言》，1868 年；第三卷《哈萨克方言》，1870 年；第四卷《巴垃宾（Barabiner）、鞑靼（塔塔尔）、塔布勒和土满塔塔尔（Toboler and Tumen Tatar）方言》，1872 年；第五卷《柯尔克孜（吉尔吉斯）方言》，1885 年；第六卷《塔兰齐（维吾尔族）方言》，1886 年；第七卷《克里米亚突厥民族的方言》，1896 年[③]。后三卷则分别由其弟子们搜集并翻译成俄文，于 1899—1907 年间由拉德洛夫编辑，在圣彼德堡出版。具体情况是：第八卷，斯曼突厥语族民族卷，由 I. 库诺斯（I. Kunos）搜集并翻译成德文，1899 年；第九卷，乌梁海、阿巴坎鞑靼（塔塔尔）等南西伯利亚民族卷，由 N. F. 卡塔诺夫（N. F. Katanov）搜集并翻译成俄文，1907 年；第十卷，噶高斯（Gagauz）卷，由 V. 莫什考夫（V. Moshkov）搜集并翻译成俄文，1904 年。由于当时的社会环境和历史等因素，乌兹别克、土库曼和卡拉卡勒帕克等中亚的一些重要突厥语族民族的民间文学没能收入拉德洛夫的十卷本中。

---

① 参见阿·马尔古兰（Alikey Margulan）：《乔坎与〈玛纳斯〉》，载《人类的玛纳斯》，阿拉木图：哈萨克斯坦“拉万”出版社，1995 年，第 100—164 页。

② 乔坎·瓦里汗诺夫记录下的这个片段的原始资料保存在俄罗斯科学院东方学研究所。其中被他本人翻译成俄文的手稿（共计 913 行）现存俄罗斯文学资料馆。此稿首次由 N. Y. 瓦斯罗夫斯基院士编入乔坎·瓦里汗诺夫的一卷本中，于 1904 年出版。后又编入作者的五卷本中，在阿拉木图出版。1971 年，哈萨克斯坦学者 A. 玛尔古兰院士将这一章节的原始记录稿全文影印出版（阿拉木图）。之后，又将其翻译成哈萨克文出版。1977 年，英国牛津大学教授 A. T. 哈托将这一片段用标准的国际音标形式刊布并将其用散文体形式译成英文出版，书后还附了大量的注释和附录。

③ 参见 Nora K. Chadwick and Victor Zhirmunsky，*Oral Epic of Central Asia*，Cambridge University Press，1969，p. 271 页注。

在拉德洛夫所搜集、编选出版的这一套丛书中，最引人注目、对后世史诗及民间文学研究者产生广泛影响的是收入他于1862年在我国新疆北部特克斯地区，1868年又在吉尔吉斯斯坦的伊塞克湖西部以及楚河地区搜集的有关柯尔克孜（吉尔吉斯）族史诗《玛纳斯》的资料的第五卷以及为这一卷本撰写的长篇序言。有关《玛纳斯》史诗的资料占据了第五卷的大部分篇幅，收入其中的史诗文本包括了《玛纳斯》史诗第一部《玛纳斯》、第二部《塞麦台》、第三部《塞依台克》的主要传统章节。此卷于1885年在圣彼德堡出版后，又由他本人亲自翻译成德文，很快在德国莱比锡出版[①]。书中收入的有关《玛纳斯》史诗的资料共计12454行，其中，《玛纳斯》9449行，其余的3005行为史诗第二部和第三部的内容。除此之外，还有《交老依汗》、《艾尔托西图克》等另两部柯尔克孜（吉尔吉斯）史诗。这些资料以其全面性和系统性，从刊布之日起就成为西方学者了解和研究《玛纳斯》最原始、最重要的资料来源，在东方学家、古典学家中引起轰动。西方的很多东方学家、古典学家都通过这些资料纷纷开始对柯尔克孜（吉尔吉斯）史诗发表各自的看法，或开始进行研究。彼德堡大学教授艾·皮特里、维·维·罗森，法国学者巴尔比耶·玛约尔、帕费·库尔特里，德国学者特赫·穆尔·库尼等都认为《玛纳斯》史诗在西方世界的刊布是一件巨大的文化事件[②]。帕费·库尔特里通过对这个文本的分析提出：《玛纳斯》史诗中，伊斯兰教和原始的苍天崇拜习俗都有鲜明的印记，游牧民族的史诗中狩猎是极为重要的内容，史诗英雄的坐骑、猎鹰和猎犬是他不可缺少的助手和朋友。玛纳斯去世后，他的骏马阿克库拉、白隼鹰阿克匈卡尔、猎犬库玛依克比人还伤心[③]。英国剑桥大学教授诺拉·察德维克[④]、牛津大学教授亚瑟·哈托[⑤]、前

---

① 《〈玛纳斯〉大百科全书》，第二卷，吉尔吉斯文，比什凯克，1995年，第160页。

② 《人类的〈玛纳斯〉》，阿拉木图：哈萨克斯坦“拉万”出版社，1995年，第128页。

③ 同上，第129页。

④ Nora K. Chadwick and Victor Zhirmunsky，*Oral Epic of Central Asia*，Cambridge University Press，1969.

⑤ Hatto，A. T. *Plot and Character in Mid－Nineteenth－Century Kirghiz Eoic*，（Ein Symposium），ed. W. Heissig. Asiatische Forschungen，68. Wiesbaden，95－112；*The Marrriage，Death and Return to Life of Manas*：*A Kirghiz Epic Poem of the Mid－Nineteenth Century*，Turcica. Revue d'Etudes Turques，12，66－94［Part one］；14，7－38［Part two］；*Epithets in Kirghiz Epic Poetry* 1856－1869，in Hatto，Hainsworth 1980－89；*The Manas of Wilhelm Radloff*. Asiatische Forschungen，110. Wiesbaden. ets.

苏联学者日尔孟斯基[①]等都曾对这个卷本进行过系统的研究。他在第五卷前言中关于柯尔克孜（吉尔吉斯）史诗《玛纳斯》的宏赡翔实的田野调查报告对那些专门研究古希腊史诗《伊利亚特》和《奥德赛》的古典学者以及其他史诗学家们产生了深远的影响，甚至对世界民俗学研究新方法、新理论的产生起到了推动作用。比如在当今民俗学界具有深远影响的“口头程式理论”的创立者帕里和洛德就曾经深受其影响[②]。

G. H. 波塔宁本人虽然是西伯利亚土著人，但他却在搜集哈萨克族和蒙古族民间文学方面成绩卓著。他所搜集的民间文学作品大多集中在《西南蒙古纪事》、《哈萨克—吉尔吉斯和阿尔泰故事和传说》、《蒙古人的格斯尔王传》等著作中，而他关于中亚民间文学的研究著作主要有《中世纪欧洲史诗中的东方母题》（莫斯科，1899 年）、《哈萨克和西伯利亚鞑靼人古代传说、习俗和宗教的研究问题》等[③]。他所搜集的哈萨克民间文学文本中包括爱情传奇叙事诗《少年阔孜与巴艳美人》、英雄史诗《卡班拜》以及大量的民间故事和传说[④]。

巴什基尔族裔的 E. A. 迪瓦耶夫于 1890－1900 年在哈萨克地区进行了将近十年的田野调查，并将自己搜集的民族学、人类学资料汇集成 11 卷本的《锡尔河地区各种资料汇编》，于 1891 至 1915 年间出版。书里的内容包括为数众多的史诗、神话传说、民间故事、歌谣、谚语以及其他民俗资料[⑤]。《民族志学资料集》（*Ethnographical Sketches*）是他的另一部重要著作，书中除了收有《叶地盖勇士》（*Idige—batyr*）、《舒拉勇士》（*Shura—batyr*）、《比开特勇士》（*Biket—batyr*）等数部哈萨克史诗之外，还有卡拉卡勒帕克民间歌手演唱的《阿勒帕米斯》（*Alpamys—batyr*）的文本[⑥]。

除了上述学者外，19 世纪和 20 世纪交替的时代，在中亚民间文学搜集、研究方面有成就者还有俄国彼德堡大学东方系教授 V. V. 巴尔托里德（V. V. Barthold，1864－1963）、匈牙利学者赫尔曼·万波里（Hermann Vambery，1831－1913）和格里格·阿利玛西（Georg Almaxi）等。V.

---

① Zirmunskij，V. M. *The Turkic heroic epic*，Leningrad，1972.

② ［美］约翰迈尔斯·弗里：《口头诗学：帕里—洛德理论》，朝戈金译，北京：社会科学文献出版社，2000 年，第 21—27 页。

③ 《哈萨克文学史》，阿拉木图：哈萨克斯坦科学院出版社，1960 年，第 40—41 页。

④ 参见《哈萨克民间文学史》，阿拉木图：哈萨克国立科学出版社，1988 年，第 238 页。

⑤ 《哈萨克文学史》，阿拉木图：哈萨克斯坦科学院出版社，1960 年，第 45 页。

⑥ Nora K. Chadwick and Victor Zhirmunsky，*Oral Epic of Central Asia*，Cambridge University Press，1969. p. 275.

V. 巴尔托里德不仅撰写了诸如《蒙古入侵之前的突厥斯坦》等有关哈萨克、吉尔吉斯、土库曼以及中亚伊斯兰教文化方面的著作，还是第一位刊布乌古斯著名史诗《先祖库尔库特书》原文和俄文译本的学者[①]，还在《1893—1894 年中亚科学考察报告》中还论述了有关《玛纳斯》史诗的情况。赫尔曼·万波里于 1863 年化装成传教士在中亚和我国新疆地区搜集了许多史诗资料，并出版了 16—17 世纪传说《玉素普和阿合买德》（*Yusuf and Ahmed*）的韵文体科学版本[②]。格里格·阿利玛西于 1911 年用国际音标的吉尔吉斯（柯尔克孜）语和德文译文在《东方学》杂志上刊发了《玛纳斯》史诗“英雄玛纳斯与儿子赛麦台话别”一章，并对有关问题做了大量科学注释。在注释中，他对《玛纳斯》史诗的内容、诗歌韵律和结构特点进行了讨论[③]。从此以后，对于突厥语民族英雄史诗的研究成为国际突厥学的一个重要组成部分。

对于乌兹别克民间文学的搜集开始于十月革命之后。从 20 世纪 20 年代开始，乌兹别克斯坦学者从 50 多位艺人口中记录了各类规模的史诗作品 150 余部。除了古老史诗《阿勒帕米西》和根据 16—17 世纪战争传说改编的《玉素普和阿合买德》外，乌兹别克歌手们演唱了具有浓郁民族特色的、为数很多的英雄史诗和爱情长诗，比如《昆土木西》（*Kuntugmysh*）、《西林和莎哈尔》（*Shirin and Shakar*）、《阿尔孜古丽》（*Arzigul*）等。这些文本后来结集出版了两卷本作品集[④]。哈迪·扎热波夫在搜集和研究乌兹别克民间文学方面是成绩卓著的开拓者。他不仅搜集出版大量的乌兹别克民间文学作品，而且还有许多研究著作问世。他所编著的著作主要有《乌兹别克民间文学选集》（1939 年，塔什干）、《阿勒帕米西史诗的基本母题》（1959 年）等，并编辑出版了《阿勒帕米西》、《阿瓦兹蒙羞记》、《古里赫尔阿曼》、《哈

① Nora K. Chadwick and Victor Zhirmunsky, *Oral Epic of Central Asia*, Cambridge University Press, 1969. p. 272。

② 同上，第 274 页。

③ S. 阿利耶夫、T. 库勒玛托夫编著《玛纳斯奇和〈玛纳斯〉研究者》，吉尔吉斯文，比什凯克，1995 年，第 168—169 页。

④ 《乌兹别克叙事诗集》第一卷（塔什干，1956 年），收有《奥依苏露》（*Oycylyg*）、《金比勒卡玛勒》（*Qambil Kamali*）、《金比勒木达法斯》（*Qambil modofasi*）、《西林与夏克尔》（*Shirin and Shakar*）、《如斯塔木》（*Ryctam*）、《阿依尔公主》（*Malika—aier*）、《茹杉》（*Ravshan*）、《昆土木西》（*Kuntugmysh*）；第二卷（塔什干，1957 年），收有《艾德格尔》（*Edgor*）、《穆拉德浑》（*Myrodhon*）、《巴勒噶尔敦》（*Balogardon*）、《音迪扎尔》（*Intizor*）、《阿尔孜古丽》》（*Arzigul*）。

勒达尔汗》等多部史诗①。

广大民众掌握的双语的现实以及大量双语歌手的存在，使得塔吉克这个属于印欧语系民族的民间文学在题材上与中亚突厥语族民族的民间文学拥有很多共同性。比如20世纪30年代在塔吉克地区搜集到史诗《郭尔奥格里》的数个唱本，在50年代又搜集到史诗《阿勒帕米西》的塔吉克文本，这些唱本与中亚其他民族，特别是乌孜别克族文本相比，尽管有一定的变异，但在总体内容上基本一致。对于塔吉克史诗和突厥语民族史诗之间的关系，在I. S. 布拉金斯基（I. S. Braginsky）的《塔吉克文学史》（斯大林阿巴德，1956年）、《塔吉克族诗歌史》（莫斯科，1956年）等著作中得到较充分的研究。

生活在南西波利亚地区，与突厥语系中心区域相隔离的阿尔泰、哈卡斯、图瓦、雅库特等民族，由于没有受到伊斯兰教的影响，因此基本上保持了自己的原始信仰和文化。这些民族的民间文学和史诗在内容上与中亚其他突厥语民族的民间文学有渊源关系，而且由于浓郁的神话色彩和萨满教因素而在中亚史诗的研究方面有着重要意义。对于这些民族民间文学的搜集和研究，早在拉德洛夫之前就已经开始。比如圣彼德堡科学院院士安东·史夫纳（Antcn Schiefner）于1859年出版了《米努幸斯克鞑靼人的英雄歌》。另外，除了拉德洛夫所搜集的文本以外，还有《阿尔泰史诗〈阔古台〉》（莫斯科，1935年）；由A. 乌拉噶谢夫演唱的《阿尔泰的英雄们》（3卷本，1958－1960年，Gorno－Altaisk）、《玛勒奇蔑尔根》、《阿尔泰英雄史诗》（1947年，Novosibirsk）；《图瓦英雄史诗》（1960年，莫斯科）；《雅库特民间文学范例》（3卷，1907－1918年，圣彼德堡）；《雅库特民间文学范例》（1929年，列宁格勒）等。

对中亚地区民间文学的研究在第二次世界大战之后有了突飞猛进的发展。各个加盟共和国相继成立了科学研究机构，并在莫斯科和列宁格勒东方学及突厥学研究中心的支持下开展了大量具有开拓性的研究工作。哈萨克斯坦学者循着前人的足迹搜集了大量民间口头史诗，并于1957年和1959年先

① Ncra K. Chadwick and Victor Zhirmunsky, *Oral Epic of Central Asia*, Cambridge University Press, 1969. p. 284.

后出版了一卷本的《哈萨克英雄史诗》[①]，收入了《阔布兰德》、《艾尔塔尔根》、《康巴尔》等7部史诗。后来，于1963年又出版了第二卷，收入《克皮什乃》、《英雄阔萨依》等另外8部哈萨克史诗。其中第一卷还曾在德国柏林出版过德文版。由于生活地域及语言上的特殊关系，卡拉卡勒帕克史诗与中亚其他民族史诗有多方面的渊源关系。比如《阿勒帕密斯》（*Alpamys*）、《阔布兰》（*Koblan*）、《叶迪盖》（*Idige*）、《阔萨依》（*Er Kosai*）与相关的哈萨克族同名史诗，《库尔曼别克》（*Kurmanbek*）与同名吉尔吉斯（柯尔克孜）史诗，《玉素普和阿合买德》（*Yusuf and Ahmed*）、《郭尔奥格里》（*Gorogli*）同这些史诗的土库曼变体，《西林和莎哈尔》（*Shirin and Shakar*）同其乌兹别克变体等等。这些文本都是在晚近搜集的。卡拉卡勒帕克族中流传的最著名的史诗《四十个姑娘》是20世纪50年代从一位名叫库尔班拜吉娆（Kurbanbai－zhurau）的民间艺人口中记录的。史诗共计20000余行，赞颂了巾帼英雄古拉依姆的英雄业绩。在卡拉卡勒帕克史诗研究方面的著作主要有I. T. 萨黑托夫（I. T. Cagitov）的《卡拉卡勒帕克的英雄史诗》（塔什干，1962年）；K. 玛克萨托夫（K. Makcetov）的《卡拉卡勒帕克史诗的诗学》；K. 阿穆别托夫（K. Aumbetov）的《卡拉卡勒帕克故事家》等[②]。

俄罗斯读者通过古典文学家A. S. 奥尔洛夫关于俄罗斯壮士歌和哈萨克史诗比较研究的著作《哈萨克族英雄》（苏联科学院出版社，莫斯科一列宁格勒，1945年）了解哈萨克族民间文学经典。哈萨克著名作家和学者M. 阿乌艾佐夫（1897－1961）也对哈萨克族的民间文学进行了卓有成效的研究。他除了撰写大量文章外，还主编了《哈萨克文学史》第一卷《民间文学》（阿拉木图，1948年），《哈萨克文学史》第一卷《哈萨克族的民间口头文学》（阿拉木图，1960年，1964年）。他关于《玛纳斯》史诗的长篇学术

① 两卷均由M. 古玛洛瓦主编。第一卷（阿拉木图，1959年）包括：《英雄阔布兰德》、《阿勒帕密斯》、《艾尔塔尔根》、《勇士康巴尔》、《阔孜阔尔波西》、《吉别克公主》、《阿依满消勒潘》等。实际上此卷早于1957年就出版过第一版，而且还分别于1958年和1956年在阿拉木图和德国柏林出版过俄文版和德文版。第二卷（阿拉木图，1963年）包括：《克皮什乃》、《英雄阔萨依》、《卡拉别克勇士》、《朵坦勇士》、《阿尔卡勒克勇士》、《托列汗勇士》、《阿克交纳斯之子康艾西勇士》、《玛纳什之子土亚克拜》等。

② Nora K. Chadwick and Victor Zhirmunsky, *Oral Epic of Central Asia*, Cambridge University Press, 1969. p. 279.

论文《〈玛纳斯〉——吉尔吉斯人民的英雄史诗》[①] 在学术界产生了广泛的影响。卡孜噶里·珠玛里耶夫、阿里凯·玛尔古兰、阿合买德·珠巴诺夫、穆·嘎布杜林等人继承了M. 阿乌艾佐夫的事业，各自发表了很多研究成果[②]。

前苏联时期，关于英雄史诗《玛纳斯》的研究，继M. 阿乌艾佐夫之后，还出现了很多研究《玛纳斯》史诗的学者。比如莫斯科大学教授迈迪纳·波哥达诺瓦（1908—1962，Medina Bogdanova）撰写出版了《吉尔吉斯文学史》和其他为数众多的研究论文；V. 日尔蒙斯基（1891—1971）在自己的很多著作中对《玛纳斯》史诗的母题、情节、人物进行了比较讨论，并撰写了长篇专题论文《〈玛纳斯〉史诗研究导论》；史学家、考古学家A. N. 波恩什塔木（1910—1956）对《玛纳斯》史诗从历史学角度进行研究，发表了《〈玛纳斯〉史诗的产生年代》、《"玛纳斯"名称的由来》等论文；S. M. 阿布热玛卓尼（1905—1977）从民族学角度对《玛纳斯》进行研究，并发表了《英雄史诗〈玛纳斯〉中的民族学内涵》等论文。按照他的观点，柯尔克孜族生活、习俗中的很多已经被遗忘的民族学资料均可以从《玛纳斯》史诗中找到，而且这些资料对研究柯尔克孜族文化史具有不可取代的科学价值。P. N. 别尔科夫（1896—1969）的论文《阿尔泰史诗与〈玛纳斯〉》对阿尔泰史诗《阿勒普玛纳什》和哈萨克、乌兹别克等民族中流传的《阿勒帕米斯》加以比较，探讨了这些史诗的渊源关系。20世纪中期关于《玛纳斯》史诗的主要论文均收入论文集《吉尔吉斯（柯尔克孜）英雄史诗〈玛纳斯〉》，于1961年在莫斯科出版[③]。

近半个多世纪以来，在前苏联各加盟共和国学者中，中亚各国的突厥语族民族民间文学，尤其是英雄史诗的研究有了突飞猛进的发展。一些西方学

① 见作者论文集《各个年代的思想》，阿拉木图，1959年。汉译文由马昌仪翻译，见《中国史诗研究》(1)，乌鲁木齐：新疆人民出版社，1991年。

② 卡孜噶里·珠玛里耶夫：《哈萨克史诗和文学史的几个问题》（第一卷《史诗、爱情史诗和历史叙事诗》），阿拉木图，1958年；阿里凯·玛尔古兰：《乔坎·瓦里汗诺夫与〈玛纳斯〉》，阿拉木图，1972年；阿里凯·玛尔古兰：《古代史实与传说》，阿拉木图，1971年；阿合买德·珠巴诺夫：《论哈萨克民间曲目的产生》，克孜勒奥尔达，1936年；穆·嘎布杜林：《哈萨克族口头文学》，阿拉木图，1958、1964、1972年；穆·嘎布杜林、特·斯蒂阔夫：《哈萨克族英雄史诗》，阿拉木图，1966年。

③ 《吉尔吉斯（柯尔克孜）英雄史诗〈玛纳斯〉》，莫斯科：科学出版社，1961年。其中收入论文：M. 阿乌艾佐夫《〈玛纳斯〉——吉尔吉斯人民的英雄史诗》；V. 日尔孟斯基《〈玛纳斯〉史诗研究导论》；B. 尤努萨里耶夫《〈玛纳斯〉前言》；B. 凯热木加诺夫《〈赛麦台〉和〈赛依铁克〉》。

者也都纷纷投入中亚民间文学的研究当中，写出了许多有影响的专著。其中，除了上面提到的一些论著外，在世界民俗学界产生一定影响的著作还有诺拉·查德维克和日尔蒙斯基的《中亚口头史诗》[1]，日尔蒙斯基的《英雄史诗〈阿勒帕密什〉与英雄故事》[2]、《突厥语民族史诗》[3]，波拉托夫的《民间文学与文学》[4]，葛布杜林的《哈萨克族的口头文学》[5]，托马司·G·温尼的《苏联中亚哈萨克人的口头艺术和文学》[6]，卡里耶夫的《论突厥语民族史诗〈郭尔奥格里〉》[7]，葛利戈里的《中亚各民族、伊朗、阿塞拜疆史诗之间的联系》[8]，凯恩西·克尔巴谢夫的《论〈玛纳斯〉史诗的艺术特色》[9]，热·克德尔巴耶瓦的《柯尔克孜（吉尔吉斯）族口头文化形成过程中的历史因素》[10]，马克萨托夫的《卡拉卡勒帕克民间文学论文集》[11]，乌尔马曼赫耶夫的《鞑靼人的史诗故事》[12]，卡尔·赖歇尔的《突厥语民族的史诗：传统、形式和结构》[13]，巴图尔·艾尔希迪诺夫（Batur Erşidinov）的《漫游“达斯坦”世界》[14]，牢里·哈维拉提的《圣山：内陆阿尔泰口头诗歌研究》等。其中，德国波恩大学教授卡尔·赖歇尔的《突厥语民族的史诗：传统、形式和结构》一书英文版被列入由当代美国口头史诗研究代表性学者约翰·迈尔

① Nora K. Chadwick and Victor Zhirmunsky，*Oral Epic of Central Asia*，Cambridge University Press，1969.

② Zhirmunsky，V. M. *The tale of "Alpamyixi" and the heroic tale*，Moscow，1960.

③ Zhirmunsky，V. M. *The Turkic heroic epic*，Leningrad，1974.

④ Boratov，P. N. *Folklore and literature*，2-vols. Istanbul. 1982-83.

⑤ Gabdullin，*The Oral literature of the Kazakh people*，Alma-Ata，1964.

⑥ Thomas G. Winner：*The Oral Art and Literature of the Kazakhs of Russian Central Asia*，Duke University Press，1958.

⑦ Karryev，B. A. *Epic tales about "Kor-Oglu" among the Turkic-speaking peoples*，Moscow，1968.

⑧ Korogly，X. G. *Relationships between the epics of the peoples of Central Asia*，*Iran and Azerbaijan*. Moscow，1983.

⑨ K. 克尔巴歇夫（Kirbashev，K.）：《论〈玛纳斯〉史诗的艺术特色》，比什凯克，1983年。

⑩ R. 克德尔巴耶瓦：《柯尔克孜（吉尔吉斯）族口头文化形成过程中的历史因素》，比什凯克，2009年。

⑪ Maqsetov，Q. M. *Essays on the history of Karakalpak folklore*，Tashkent，1977.

⑫ Urmanxeev，F. Z. *The epic tales of the Tatar people*：*Comparative historical essays*，Kazan，1980.

⑬ Karl Reichl，*Turkic Oral Epic Poetry*，Garland Publishing，INC. New York&London. 1992.

⑭ 巴图尔·艾尔希迪诺夫（Batur Erşidinov）：《漫游“达斯坦”世界》，西里尔字母维吾尔文，阿拉木图，2003年。

斯·弗里主编的系列丛书“阿尔波特·贝茨·洛口头传统研究”之中，于1992年在美国出版，在国际史诗学界和突厥语族民族英雄史诗研究学界都产生了巨大影响。全书条理清晰，论述充分而细致，堪称目前世界上突厥语族民族口头史诗研究的经典之作，并已经被翻译成土耳其文和俄罗斯文出版，汉文翻译也已经完成，即将出版。

近些年来，吉尔吉斯斯坦学者在《玛纳斯》史诗及其他民间文学的出版研究方面取得了令人瞩目的成绩。他们不仅出版了为数众多的论文和专著，而且正在编辑出版40卷本的吉尔吉斯（柯尔克孜）民间文学丛书①。1995年出版的两卷本《〈玛纳斯〉百科全书》更是倾注众多《玛纳斯》专家学者心血的集大成之作，一经出版就在世界史诗学界产生了重大的影响。哈萨克斯坦最近几年来也有大量的研究成果问世，而且目前也正在加紧编辑出版国家级哈萨克民间文学集成，规模可能达到数十卷，将会收入到目前为止搜集到的所有哈萨克民族英雄史诗作品。

在西方学者中，对突厥语族民族英雄史诗进行研究并取得国际影响的人并不多。但长期以来坚持不懈地开展对《玛纳斯》史诗的研究、成果颇丰的英国伦敦大学资深教授、《玛纳斯》史诗专家A. T. 哈图（A. T. Hatto）却是一个特例。他根据拉德洛夫和乔坎·瓦利哈诺夫搜集的文本对《玛纳斯》史诗进行了长期的研究。他不仅是继N. 查德维克之后西方学者中研究《玛纳斯》史诗的佼佼者，而且还长期担任在西方学术界颇具影响的伦敦史诗研讨班主席，并主编了被列入“当代人类学研究会”丛书的两卷本《英雄诗和史诗的传统》②。编入这部书中的论文均为1964年至1972年之间在伦敦史诗研讨班上宣读、交流的作品。第一卷中收有A. T. 哈图本人于1968年撰写、在上述研讨班上宣读的长篇论文《19世纪中叶的吉尔吉斯（柯尔克孜）史诗》③。作者在这篇论文中，从口头传统的历史文化背景出发，对《玛纳斯》史诗在19世纪的搜集研究情况，主要是乔坎·瓦利哈诺夫和拉德洛夫的搜集研究工作，进行了进一步梳理，对史诗的内容和艺术特色进行了比较充分的分析、介绍和评价。第二卷中收入了哈图的另外一篇有分量的论

---

① 从丛书的前言部分看，这套丛书将囊括吉尔吉斯（柯尔克孜）民间文学中除了巨型史诗《玛纳斯》之外的所有史诗、神话、传说、歌谣、故事、谚语、谜语等民间文学作品，从1996年开始出版以来已经出版了20余卷，预计将出版40卷。——作者。

② A. T. Hatto, ed. *Tradition of Heroic and Epic Poetry*, The Modern Humanities Research Association, London 1980.

③ 同上，第300—327页。

文《1856－1869年吉尔吉斯（柯尔克孜）史诗中的特性形容词》[①]。在这篇论文中，作者充分运用了自己的语言修辞学、史诗学、神话学、宗教学才能，从多学科的角度对《玛纳斯》史诗中的特性形容词进行了深入研究和探讨。他将史诗中的特性形容词分为：1、传统的型，2、传统变异型，3、变换型，4、从新解释型，5、蜕变型（在传统层面上）；6、赞颂型和诋毁型的，7、循环型，8、虚循环型（从功能层面上）；9、简单型，10、复合型，11、缩略型（在形式上）等十几个不同的类型，并对每一个类进行了科学的比较研究和比较深刻的分析。此外，A. T. 哈图还先后在世界各地的学术刊物上发表了《玛纳斯的诞生》（《亚洲大陆》，新系列，第14期，第217－241页，1969年）；《阔阔托依和包克木龙：吉尔吉斯（柯尔克孜）两个相关英雄诗的比较》（《学校亚洲和非洲研究报告》，第32期，第一部分，第344－378页；第二部分，第541－570页，1969年）；《阿勒曼别特、艾尔阔克确和阿克艾尔凯奇：吉尔吉斯（柯尔克孜）英雄史诗系列《玛纳斯》的一个片断》（《中亚研究》，第十三卷，第161－198页，1969年）；《北亚的萨满教和史诗》（伦敦大学东方和非洲研究学院，1970年）；《阔兹卡曼》（《中亚研究》，第十五期，第一部分，第81－101页，第二部分，第241－283页，1971年）；《阔阔托依的吉尔吉斯（柯尔克孜）原型》（《学校亚洲和非洲研究报告通讯》，第34期，第379－386页，1971年）；《赛麦台》（《亚洲大陆》，新系列，第一部分，第18期，第154－180页，1973年；第二部分，第19期，第1－36页，1974年）；《吉尔吉斯（柯尔克孜）史诗〈交牢依汗〉史诗中的男女英雄系列》（《阿尔泰学论文集》，第237－260页，威斯巴登，1976年版）；《19世纪中叶吉尔吉斯（柯尔克孜）史诗的情节和人物》（《亚洲研究》，第六十八期，第95－112页，威斯巴登，1979年）；《玛纳斯的婚姻和死而复生：19世纪中叶的吉尔吉斯（柯尔克孜）史诗》（分两部分，分别载《突厥学》［*Turcica*］巴黎、斯特拉斯堡，1980年、1981年版）；《德国和吉尔吉斯（柯尔克孜）的英雄史诗：一些比较和对照》（载“Deutung und Bedeutung：Studies in German and Comparative Literature Presented to Karl－Werner Maurer”，ed. B. Schludermann. Mouton. pp. 19－33）等系列论文。于1977年，将这个文本转写成国际上通用的国

① A. T. Hatto，ed. *Tradition of Heroic and Epic Poetry*，The Modern Humanities Research Association，London 1980. 第71－93页。

际音标，并将其翻译成英文，加上详细注释和前言出版[①]。这是“阔阔托依的祭典”首次被翻译成西方主要语言出版，在世界范围内产生了很大影响。1990年，又以《拉德洛夫搜集的〈玛纳斯〉》（威斯巴登，1990年版）为名，翻译出版了拉德洛夫搜集的文本。书中不仅附有详细的注释，而且还有原文的拉丁撰写。这是这位1910年出生的资深教授近期出版的最重要的标志性成果之一。

20世纪末期以后，在突厥语民族英雄史诗研究方面有影响的西方学者，除了德国波恩大学教授卡尔·莱谢尔（Karl Reichl）外，还有法国巴黎大学教授雷米·岛尔（Remy Dor）和美国印第安纳大学教授丹尼尔·普热依尔（Daniel Prior）等。

雷米·岛尔教授于20世纪70年代在阿富汗北部山区的柯尔克孜族地区，从一位名叫阿西木·阿菲兹（Ashim Afez）的玛纳斯奇口中记录下了《玛纳斯》史诗的一个阿富汗变体。这个变体总共包括史诗的四个小的情节，共计616行。这是从阿富汗柯尔克孜族中记录下的唯一一个《玛纳斯》史诗的文本，因此具有弥足珍贵的研究价值。雷米·岛尔教授根据自己调查的第一手资料对当地柯尔克孜族中流传的《玛纳斯》唱本进行了研究。他的主要研究成果是：《帕米尔流传的〈玛纳斯〉片断》（《亚洲杂志》，第26期，第1—55页，1982年）；《新疆柯尔克孜族的〈玛纳斯〉》（与我国胡振华教授合作，《突厥学》，第十期，第29—50页，巴黎，1984年）等。

丹尼尔·普热依尔教授的主要研究成果为《坎杰·卡拉的〈赛麦台〉：留声机录下的一部柯尔克孜（吉尔吉斯）史诗》（威斯巴登，2006年版）；《包克木龙的马上之旅：穿越柯尔克孜（吉尔吉斯）史诗地理的旅行报告》（《中亚杂志》，第42卷，第2期，第238—282页）；《保护人、党派、遗产：吉尔吉斯（柯尔克孜）史诗传统文化史笔记》（印第安纳大学内陆亚洲学院论文，第33号，2000年）等。不仅如此，他还是目前为数不多的以研究《玛纳斯》史诗的论文获得硕士和博士学位的西方学者。他的博士论文题目为《柯尔克孜（吉尔吉斯）史诗的黎明时期》（*The Twilight Age of the Kirghiz Epic Tradition*）。上文提到的《坎杰·卡拉的〈赛麦台〉：留声机录下的柯尔克孜（吉尔吉斯）史诗演唱》是在其硕士学位论文基础上修改出

① A. T. Hatoo，ed. *The Memorial Feast For Kökötöy－Khan*；A Kirghiz Epic Poem edited for the first time a photocopy of the unique manuscript with translation and commentary. Printed in Great Britain at the University Press，Oxford，1977，London Oriental Series Volume 33.

版的著作，专门讨论、研究了20世纪初一位特殊民间玛纳斯奇的录音文本。这位玛纳斯奇不仅是1903年由俄罗斯学者用录音采录下声音文本的第一位玛纳斯奇，而且是唯一一位在演唱史诗时用柯尔克孜（吉尔吉斯）族传统的弓弦乐器“克雅柯”为自己伴奏的玛纳斯奇[①]。这位美国学者用锐利的批评眼光审视了前苏联学者以及政府在不同历史时期对《玛纳斯》史诗的评价和态度，探讨了政府行为如何对一部口头史诗的文本产生影响的问题，试图回答史诗歌手与学者是如何在彼此互动中提升民众的史诗情感、各种不同的社会权力阶层对史诗的命运施加了怎样的影响、不同社会阶层在对史诗施加影响的同时达到了什么目的等问题。其研究视角非常具有前瞻性和启发性。

除了西方学者外，日本学者对突厥语族民族也有不少研究。其中，名古屋学院大学教授西胁隆夫的研究具有一定的代表性。他长期进行突厥语族民族文学的研究，不仅在《玛纳斯》史诗研究方面取得了令人瞩目的成果，而且在维吾尔族英雄史诗《轻·铁木尔英雄》方面也有一些有影响的研究成果问世[②]。

三、国内状况

我国对于维吾尔、哈萨克、柯尔克孜等突厥语族的英雄史诗进行调查搜集和研究始于20世纪60年代。虽然已有半个世纪的历程，但是因为研究人员数量比较少，研究学者水平参差不齐，学科研究始终处于一种徘徊状态。在理论探索、创新方面，在研究的系统性，开拓性、深刻性方面都远远落后于外国。我国对突厥语族民族英雄史诗的研究尚处于起步，或可说处于缓慢的发展阶段。对其中一些重要史诗，如《乌古斯汗》、《先祖阔尔库特书》、哈萨克族的《阿勒帕米斯》以及柯尔克孜族的《玛纳斯》等，虽然有一些专题性研究成果问世，但从整体上还不能与目前国外的研究水平相提并论。

我国突厥语族民族英雄史诗中，得到比较系统的搜集和研究的当属《玛纳斯》史诗。柯尔克孜族英雄史诗《玛纳斯》的调查、搜集、整理、翻译和

---

① 此文本由俄国学者别林斯基（Belinskii）于1903年底在比什凯克录制，被认为是到目前为止发现的《玛纳斯》史诗的第一个声音文本。参见丹尼尔·普热依尔：*The Semetey of Kenje Kara: A Kirghiz Epic Performance on Phonograph*（《坎杰·卡拉的〈赛麦台〉—对留声机演唱柯尔克孜（吉尔吉斯）史诗》），Harrassowitz Verlag · Wiesbaden，2006.

② 参见西胁隆夫《关于维吾尔族的〈轻·铁木尔英雄〉故事》，苏依拉译，《西北民族研究》1999年第1期。

研究工作始于20世纪60年代初[①]。由我国各民族学者组成的调查采录工作组开展了数次大规模的调查记录工作，从1961年第一次调查采录到20世纪末，总共发现并记录在案的《玛纳斯》史诗歌手马纳斯奇共120位[②]。在调查采录的基础上，还刊布和出版了许多口头文本资料。其中最重要的成果是1984至1995年，历时11年由新疆人民出版社出版的居素普·玛玛依(Jusup Mamay)演唱的《玛纳斯》史诗8部23万多行的柯尔克孜文文本。这一文本于2004年还由上述出版社出版了两卷本柯尔克孜文本和一卷本吉尔吉斯文本。我国享誉世界、被学术界誉为"当代荷马"的《玛纳斯》演唱大师居素普·玛玛依的这一唱本，以它空前的规模，成为世界"玛纳斯学"关注的焦点。从20世纪60年代至今，史诗唱本的一些重要传统篇章的汉译文、维吾尔译文、哈萨克译文和蒙古译文也陆续刊布于国内各种书刊杂志。其中，汉译文出版的情况如下：1961年12月14、15日《新疆日报》发表的《阔阔托依的祭典》；1962年《民间文学》第五期发表史诗第四部《凯耐尼木》片断，此片断还先后收入1980年《中国民间长诗集》(上海文艺出版社)第一卷和《中国少数民族文学》(上海文艺出版社)第二卷；1981年新疆人民出版社的《新疆民间文学》丛刊第一期刊布《玛纳斯的婚礼》；1983年该丛刊第四期发表《玛纳斯》史诗第二部《赛麦台》的片段，此片段于同年发表于《民族文学》第9期；《民族作家》1989年第6期发表《阔阔托依的祭典》；《民族文学》2006年第8期刊布史诗第三部《英雄古里巧绕铲除克亚孜》一章。1991至1992年，由刘发俊、朱玛拉依、尚锡静、帕孜里等翻译的史诗第一部《玛纳斯》部分的两卷本汉文节译本由新疆人民出版社出版。20世纪60年代开始。我国搜集的比较重要的《玛纳斯》史诗文本有艾什玛特·玛木别特居素普(Eshmat Manbet)、铁木尔(Temir)、奥斯满·那玛孜(Osmon Namaz)、奥斯曼·马特(Osmon Mate)等数十位玛纳斯奇演唱的资料。其中，艾什玛特·玛木别特居素普所演唱的史诗第二部、第

① 关于《玛纳斯》史诗调查采录和出版的具体情况还可参见郎樱：《〈玛纳斯〉论》第一章；阿地里·居玛吐尔地、托汗·依萨克：《〈玛纳斯〉演唱大师：居素普·玛玛依评传》第三章；贺继宏、张光汉主编：《中国科尔克孜百科全书》，乌鲁木齐：新疆人民出版社，1998年中的"《玛纳斯》的调查采录"、"《玛纳斯》史诗柯尔克孜文版"等条目；陶阳：《英雄史诗〈玛纳斯〉工作回忆录》，刘发俊：《史诗〈玛纳斯〉搜集、翻译工作20年》，载《〈玛纳斯〉研究》(论文集)，乌鲁木齐：新疆人民出版社，1994年；阿地里·居玛吐尔地：《史诗〈玛纳斯〉工作情况概述》、《〈玛纳斯〉国内外研究综述》，载《新疆民间文艺家协会20年》，新疆民间文艺家协会编，2000年。

② 参见阿地里·居玛吐尔地：《〈玛纳斯〉史诗歌手研究》附录一"20世纪以来我国玛纳斯奇一览表"，北京：民族出版社，2006年，第203—216页。

三部的内容和由拉德洛夫搜集的文本对于我国学者进行《玛纳斯》比较研究，以及探讨史诗流传发展来说，都是非常重要的资料。前者，由托汗·依萨克整理，已于2003年由克孜勒苏柯尔克孜族文出版社出版[①]。后者，则由满拜特转译成柯尔克孜文，于1997年在克孜勒苏柯尔克孜文出版社出版[②]。除了搜集、记录、出版之外，对《玛纳斯》史诗的研究亦取得可喜成就。其中，郎樱教授对《玛纳斯》史诗的深入研究在国内外赢得了良好声誉，在国内外学术界产生了一定的影响。她出版的研究专著主要有：《〈玛纳斯〉论析》（内蒙古大学出版社，1991年），《〈玛纳斯〉论》（内蒙古大学出版社，1999年），《中国少数民族英雄史诗：〈玛纳斯〉》（浙江教育出版社，1990年）等。关于《玛纳斯》史诗的研究，除了在各类刊物上发表或是在各种论文选集中出现的数百篇论文之外，国内已经出版的研究专著还有《〈玛纳斯〉演唱大师：居素普·玛玛依评传》[③]（阿地里·居玛吐尔地和托汗·依萨克，内蒙古大学出版社，2002年），《〈玛纳斯〉史诗歌手研究》（阿地里·居玛吐尔地，民族出版社，2006年），《〈玛纳斯〉史诗的多种变体及其说唱艺术》（曼拜特，柯尔克孜文，新疆人民出版社，1997年）等。这些著作标志着我国《玛纳斯》史诗目前的研究水平。

我国其他突厥语族民族的史诗传统也不同程度地得到了搜集、翻译和研究。到目前为止，在我国刊布的各种文字的史诗文本很多。其中值得一提的是1982至2001年由民族出版社陆续出版的18卷本《哈萨克叙事长诗选》。其中收入了《阿勒帕米斯》、《阔步兰德》、《康巴尔》、《英雄塔尔根》、《萨巴拉克》、《波甘拜》、《哈班拜》、《阿尔卡勒克》、《加尼别克》等所有能搜集到的古代英雄史诗和以历史人物为背景的英雄史诗近40部史诗，而且绝大多数作品都是“黑萨”、“达斯坦”一类的民间英雄史诗。除此之外，近年来逐渐进入人们视野的大型系列史诗《克里木的四十位勇士》据说是由描述40

① 艾什玛特·玛木别特居素普：《赛麦台》，托汗·依萨克整理，阿图什：克孜勒苏柯尔克孜文出版社，2003年。

② 拉德洛夫搜集：《古老的史诗》，满拜特整理，阿图什：克孜勒苏柯尔克孜文出版社，1997年。

③ 本书经过修订扩展的吉尔吉斯斯坦文版以《杰出玛纳斯奇居素普·玛玛依》之名于2007年由民族出版社出版。

位英雄的功绩的多个独立的长诗组成[①]。2000年由伊犁人民出版社出版了哈萨克文的上、下两卷。

柯尔克孜族英雄史诗（除了《玛纳斯》之外）也出版了许多文本。其中有居素普·玛玛依演唱的《艾尔托西托克》（克孜勒苏柯尔克孜文出版社，1983年）；《库尔曼别克》（克孜勒苏柯尔克孜文出版社，1984年）；《托勒托依》（新疆青少年出版社，1985年）；《巴额西》（新疆人民出版社，1991年）；《女英雄萨依卡丽》（新疆人民出版社，1995年）以及《阔交加什》（玉麦尔·毛力达搜集整理，克孜勒苏柯尔克孜文出版社，1987年）、《马合吐木苏鲁》（吐尔地·阿尤甫搜集整理，克孜勒苏柯尔克孜文出版社，1991年）。除了这些作品，新疆人民出版社于1988年出版了两卷本的《柯尔克孜民间长诗集》。其中收入了《贾尼西与巴依西》、《克孜吉别克》、《交达尔别希姆》、《布达依克》等史诗。

《乌古斯王传》、《先祖阔尔库特书》、《阿勒帕密斯》、《艾尔托西吐克》、《阔布兰德》等比较重要的突厥语族民族史诗也在耿世民、郎樱、毕桪以及各民族学者的努力下得到了一定程度的翻译、出版和研究。这些史诗的文本翻译、出版情况如下：耿世民先生与吐尔逊·阿尤甫、马坎等人合作分别出版了《乌古斯可汗的传说》这部史诗的现代维吾尔文版[②]和哈萨克文版[③]。于1980年由新疆人民出版社出版的《乌古斯可汗的传说》不仅有汉文译文，而且还配有维吾尔文字母（拉丁字母新文字）内容转写、译者的长篇导言以及注释、词汇对照表，是目前国内对这部史诗的权威译本，具有重要的科研参考价值。王景生、胡南翻译的哈萨克族英雄史诗《阿尔帕梅斯》的散文体译本于2000年由民族出版社出版。除了以上提到的一些著作之外，我国已经出版的突厥语民族史诗的研究著作主要有《哈萨克民间文学概论》（毕桪）、《口头传统与英雄史诗》（阿地里·居玛吐尔地）、《中亚民间文学》（阿地里·居玛吐尔地）、《蒙古一突厥史诗人生礼仪原型》（乌日古木勒）、《哈萨克阿肯》（哈拜）、《哈萨克英雄史诗与草原文化》（黄中祥）、《传承方式与演唱传统——哈萨克族民间演唱艺人调查研究》（黄中祥）、《尼扎里的"达斯坦"研究》（阿布都外力·克热木）、《"海米塞现象"与维吾尔文学》（艾

① 这些作品的名单参见毕桪《哈萨克民间文学概论》（北京：中央民族大学出版社，2006年，第421页）以及黄中祥《哈萨克英雄史诗与草原文化》（北京：中央编译出版社，2007年，第49—50页）。

② 《乌古斯可汗的传说》，耿世民、吐尔逊·阿尤甫转译，北京：民族出版社，1980年。

③ 《乌古斯可汗的传说》，耿世民、马坎转译，乌鲁木齐：新疆人民出版社，1982年。

赛提·苏莱曼）等。维吾尔、哈萨克、柯尔克孜等本民族学者也各自用本民族的语言文字出版或发表了一定数量的专著和论文。其中，虽然缺乏对英雄史诗研究的专门著作，但在《哈萨克文学史》（别克苏里坦·卡塞）、《维吾尔文学史》（阿布德克里木·热合满）等书中都有关于英雄史诗的专门章节。在众多的新疆本土学者中，阿布都克里木·热合曼、阿乌里汗·哈里、别克苏勒坦·卡塞、艾赛提·苏莱曼、奥斯曼·司马义、海热提江·奥斯满等人的研究成果值得关注。

我国的突厥语史诗研究长期以来主要体现在对于史诗内容、结构的研究方面。对于史诗演唱传统、流传方式、歌手的传承、口头创作与表演等涉及晚近口头诗学理论的研究在最近几年才得到发展，且方兴未艾，正在快速推进。比如说在阿地里·居玛吐尔地的《〈玛纳斯〉史诗歌手研究》[①]、《口头传统与英雄史诗》[②] 等论著中比较突出。在郎樱、阿布都外力·克里木等人近期发表的一些论文中也有所关注。对于内容的研究主要是以传统方法介绍史诗情节、人物、语言艺术特色等，通常是以一般性的介绍为主，没有什么特别之处。而对于突厥语民族英雄史诗母题与结构的专题研究，主要体现在我国史诗专家郎樱的关于柯尔克孜族英雄史诗《玛纳斯》的系列论著[③]以及乌日古木勒博士的博士论文《蒙古一突厥史诗人生礼仪原型》中。其中，尤其值得关注的是郎樱先生在关于英雄史诗《玛纳斯》的专著中对这部史诗的一些核心母题的论述，以及她在《〈玛纳斯〉史诗的叙事结构》、[④]《史诗的母题研究》、[⑤]《玛纳斯形象的古文化内涵——英雄嗜血、好色、酣睡、死而复生母题研究》[⑥]、《英雄的再生——突厥语族叙事文学中英雄入地母题研

① 阿地里·居玛吐尔地：《〈玛纳斯〉史诗歌手研究》，北京：民族出版社，2006 年。

② 阿地里·居玛吐尔地：《口头传统与英雄史诗》，北京：中央民大学出版社，2008 年。

③ 郎樱：《中国少数民族英雄史诗〈玛纳斯〉》，杭州：浙江教育出版社，1990 年第一版，1995 年第二版；《〈玛纳斯〉论析》，呼和浩特：内蒙古大学出版社，1991 年；《〈玛纳斯〉论》，呼和浩特：内蒙古大学出版社，1999 年。

④ 郎樱：《〈玛纳斯〉史诗的叙事结构》，载《民族文学研究》1989 年第 4 期。

⑤ 郎樱：《史诗的母题研究》，载《民族文学研究》1999 年第 4 期，第 13—19 页。

⑥ 郎樱：《玛纳斯形象的古文化内涵——英雄嗜血、好色、酣睡、死而复生母题研究》，载《民族文学研究》1993 年第 2 期，第 10—19 页。

究》[①]、《突厥语史诗英雄特异诞生母题中的萨满文化因素》[②]、《东西方文学中的独眼巨人母题》[③]、《东西方民间文学中的“生命”苹果母题及其象征意义》[④]、《贵德分章本〈格萨尔王传〉与突厥史诗之比较：一组古老母题的比较研究》、[⑤]《北方民族鹰神话与萨满文化》[⑥] 等一系列论文中对突厥语民族英雄史诗中的“求子母题”、“英雄特异诞生母题”、“神奇受孕母题”、“少年立功母题”、“英雄死而复生母题”、“英雄酣睡母题”、“英雄入地母题”、“独眼巨人母题”、“神鹰母题”、“神奇苹果母题”等古老母题的系统而深入的研究。除了上面提到的论述之外，国内学者关于突厥语族民族英雄史诗结构或母题方面的研究论文主要有：张彦平的《史诗中祈子仪式的比较研究》[⑦]、《论玛纳斯形象早期神话特质》[⑧]、《史诗中的循环主题—〈玛纳斯〉中的英雄婚姻类型透视》[⑨] 等；穆塔里夫的《论哈萨克史诗中的女妖母题》[⑩] 和《哈萨克英雄史诗的结构模式与情节母题》[⑪]、《史诗中的神树母题》[⑫] 等；仁钦道尔吉的《蒙古一突厥英雄史诗情节结构类型的形成与发展》[⑬]、《关于阿尔泰语系民族英雄史诗、英雄故事中的一些共性问题》、[⑭]《〈玛纳斯〉与

---

① 郎樱：《英雄的再生——突厥语族叙事文学中英雄入地母题研究》，载《民间文学论坛》1994 年第 3 期，第 19—24 页。

② 郎樱：《突厥语史诗英雄特异诞生母题中的萨满文化因素》，载《民间文学论坛》1989 年第 2 期。

③ 郎樱：《东西方文学中的独眼巨人母题》，载《西域研究》1993 年第 3 期。

④ 郎樱：《东西方民间文学中的“生命”苹果母题及其象征意义》，载《西域研究》1992 年第 4 期。

⑤ 郎樱：《贵德分章本〈格萨尔王传〉与突厥史诗之比较：一组古老母题的比较研究》，载《民族文学研究》1997 年第 2 期。

⑥ 郎樱：《北方民族鹰神话与萨满文化》，载《民族文学研究》1988 年第 2 期。

⑦ 张彦平：《史诗中祈子仪式的比较研究》，载《民族文学研究》1993 年第 3 期。

⑧ 张彦平：《论玛纳斯形象早期神话特质》，载《民族文学研究》1989 年第 4 期。

⑨ 张彦平：《史诗中的循环主题——〈玛纳斯〉中的英雄婚姻类型透视》，载《民族文学研究》1994 年第 3 期。

⑩ 穆塔里夫：《论哈萨克史诗中的女妖母题》，载《民族文学研究》1995 年第 1 期。

⑪ 穆塔里夫：《哈萨克英雄史诗的结构模式与情节母题》，载《民族文学研究》1992 年第 3 期。

⑫ 木塔里甫、吾云：《史诗中的神树母题》，载《民族文学研究》1997 年第 2 期。

⑬ 认钦道尔吉：《蒙古一突厥英雄史诗情节结构类型的形成与发展》，载《民族文学研究》2000 年第 1 期。

⑭ 仁钦道尔吉：《关于阿尔泰语系民族英雄史诗、英雄故事中的一些共性问题》，载《民族文学研究》1989 年第 6 期。

〈江格尔〉的共性》[1] 等；陈作宏的《突厥语民族神鹰母题的文化特色》[2]；安蕾的《突厥语民族灵魂外寄母题初探》[3]；库尔班·买吐尔地、阿布都克里木·热合曼的《维吾尔英雄史诗〈乌古斯传〉的中心母题试探》[4]；毕桪的《〈乌古斯传〉的叙事母题》[5] 的等。

四、学术史观照和批评

从上面的论述中已经看到。突厥语民族数百部史诗基本上都是以口头形式产生和传承的。在史诗文本以书面形式固定之前都是在史诗歌手的反复演唱、发展和演绎中不断变异和发展的，而这种变异又是在特定的语境下，在歌手和听众的互动关系中发生的[6]。即使今天生活在 21 世纪的人们依然能够从许多民族的民间文化活动中领略到这种古老传统的魅力，尽管 1885 年拉德洛夫通过对柯尔克孜族英雄史诗《玛纳斯》的考察，非常全面而科学地提出了自己的观点，但在今天看来，对于传统口头史诗的这种常识性认识，却在漫长的学术关照中始终没有能够确立。综观突厥语民族史诗传统的搜集研究历史，在近 200 年的历程中，国内外学术研究对突厥语民族英雄史诗的审视、探讨和认识都有一个起伏不定、错综复杂的发展过程。首先，拉德洛夫对于口头英雄史诗的认知度是非常科学的，可以说非常深刻、准确地触及和把握了传统口头史诗的内部机制，对口头史诗的产生、发展、变异和传播等做出了科学的判断。

“拉德洛夫是第一个把柯尔克孜族的伟大遗产《玛纳斯》史诗的所有传统章节，按顺序系统而全面地进行搜集，用柯尔克孜语将其汇集出版，并将它翻译成其他民族文字发表，同时又对保存和发展这部史诗的演唱者的创作特色进行深入而广泛研究的著名学者。”[7] 在其 1885 年编著的丛书《北方诸

---

① 仁钦道尔吉：《关于阿尔泰语系民族英雄史诗、英雄故事中的一些共性问题》，载《民族文学研究》1989 年第 6 期。

② 陈作宏：《突厥语民族神鹰母题的文化特色》，载《民族文学研究》1994 年第 4 期。

③ 安蕾：《突厥语民族灵魂外寄母题初探》，载《民族文学研究》2001 年第 4 期。

④ 库尔班·买吐尔地、阿布都克里木·热合曼：《维吾尔英雄史诗〈乌古斯传〉的中心母题试探》，载《民族文学研究》2006 年第 3 期。

⑤ 毕桪：《〈乌古斯传〉的叙事母题》，载《伊犁师范学院学报》2007 年第 4 期。

⑥ 参见阿地里·居玛吐尔地：《〈玛纳斯〉史诗歌手研究》，北京：民族出版社，2006 年，第 8 页。

⑦ 《〈玛纳斯〉百科全书》，第二卷，第 160 页，比什凯克，吉尔吉斯文，1995 年。

突厥民族民间文学典范》第五卷的宏赡翔实的导言中，有关《玛纳斯》史诗的论述触及了诸如歌手表演、即兴创作、口头传统的叙事单元（即典型片段，commonplace）、听众的角色、口头诗作中新旧叙事因素的混杂、叙事中前后矛盾所具有的含义、现场语境对歌手创作的影响、表演中与叙事相伴随的韵律和节奏等口头诗学的一些本质问题，并对这些问题提出了启示后人、富有真知灼见的看法。他的这些学理总结，对于《玛纳斯》史诗和柯尔克孜口头传统的研究来说，无疑是一个令人惊喜而振奋的发现。如果他之后的《玛纳斯》学者能够继往开来，一直沿着被他烛照过的学术道路继续走下去，不断寻根探源，一定会在认识《玛纳斯》的活形态特征和口头史诗的本质，进而揭示史诗这一宏大文类产生发展的普遍规律方面取得重大建树，并对世界史诗学做出应有的贡献。但是，由于信息交流不畅以及语言等因素的影响，拉德洛夫的这一精到论述，直到 20 世纪末才开始引起本族和其他《玛纳斯》学者的足够重视。20 世纪上半叶，被美国两位研究“荷马问题”①的古典学家、后来为世界民俗学界带来一场革命性变革的“口头程式理论”的创立者——帕里和洛德所关注并从中得到诸多启发，演绎出了许多意义深远的思想和观点。从拉德洛夫的描述中，帕里感受到他研究的荷马史诗的一些特点恰好反映在拉德洛夫所报告的柯尔克孜活形态的口头诗歌当中。于是，帕里根据自己受到的启发，在他创立口头程式理论的过程中，确立了一种类比研究的方法。这就是，文本之外的传统口述生活现实的调查与文本研究相结合的人类学论证方法②。对此，被誉为当今口头传统研究的主帅、在民俗学界声名显赫的美国密苏里大学教授约翰·麦尔斯·弗里（John Miles Foley）在他关于“帕里－洛德理论”学术发展史的专著中写道：“回观其 1930 年起刊行的著作，特别是就 1930 年和 1932 年的奠基性论述而言，帕里常常参考瓦西里·拉德洛夫的著述，也就是那些在中亚的突厥人之中所进

---

① “荷马问题”实际上是西方学者为回答《伊利亚特》和《奥德塞》这两部史诗是出自荷马一人之手还是不同时代的歌手共同创造而由荷马复合而成这一问题的争论，既史诗的创作、作者身份和创作时代等。这种争论的焦点实际上把问题引向了荷马史诗是口头文本还是书面文本的方面。争论的两派分为“分辨派”和“统一派”两个阵营。分辨派们从观察史诗语言上和叙述上的不规则入手，认为是不同的诗人和编辑者们参与所致。于是，荷马的复合文本便被理解为是在长达许多世纪的过程中经过反复创作加工而完成的产物。统一派们则认为这两部史诗是由一位天才的作者即荷马独自创作出来的。“口头程式理论”不仅为研究荷马史诗引入了新视角，而且为所有的口头叙事文学的研究带来了革命性的变革。

② 尹虎彬：《古代经典与口头传统》，北京：中国社会科学出版社，2002 年，第 40 页。

行的田野作业的第一手资料。它们对帕里学术思想的演进所产生的影响，似乎比学者们所曾意识到的要大的多。”①

《玛纳斯》史诗研究虽然从19世纪下半叶开始就形成了国际化格局，但我国从20世纪60年代才开始对《玛纳斯》史诗进行搜集，从20世纪80年代初才开始进行真正意义上的学术研究，起步较晚。在这期间又因为没有可借鉴的比较适合“活形态”史诗的口头诗学理论方法，加之对口头史诗文本概念的认识上存在偏差，在研究方法上只好采用传统的书面文学研究和史学论证的方法，侧重于从记录的手抄本和印刷文本中分析史诗的各种艺术特色，论证史诗与历史的联系，探讨它的史学、美学、哲学、文学价值，对其内容、结构、社会功能进行探讨等。这些方面的研究确实取得了令世人瞩目的成就，引起了国内外“玛纳斯学”界的关注。但是，显而易见，与当今世界口头诗学理论发展相比，我国学者在对《玛纳斯》史诗民间口头传统中的本质、口头性特征和文本的认识方面仍然存在一些偏差和不足，这方面的研究相对薄弱，成果也比较欠缺。唯一让人欣慰的是，在我国柯尔克孜族地区，《玛纳斯》史诗的“活形态”演唱活动依然可以见到其端倪，以居素普·玛玛依为代表的一批各年龄层的玛纳斯奇还依然活跃在民间，这就为我们研究和探讨柯尔克孜口头史诗传统创造了绝好的契机②。

我们在讨论口头史诗传统的本质特征时，毫无疑问要参照世界口头诗学的理论，从口头史诗歌手的演唱、创编、语境等入手，并根据不同民族的口头传统特色进行深入的分析。但是，如果要审视整个突厥语民族史诗传统学术宏观发展史，并对所有突厥语民族的史诗传统做出统一的标准，那是完全不可能的。因为，突厥语民族族群构成复杂，每一个民族都有各自不同的语言特色，其中许多民族的语言还有不同的方言，最主要的是每一个突厥语民族都有各自不同的民族形成发展历史、民族特质、民族性格和民族文化，这就势必造成对突厥语民族民间口头文学语言记录整体性把握的困难。我国各民族的口头传统都有各自的鲜明特征和独特性。我们既然承认其独特性，就不得不同时承认这些传统也具有自己本身独有的生成演变规律。我们更应该关心史诗表现在文化传统、民俗类型、中介媒介诸方面，以及方言、个人因

① ［美］约翰·麦尔斯·弗里：《口头诗学：帕里－洛德理论》，朝戈金译，北京：社会科学文献出版社，2000年，第21页。

② 阿地里·居玛吐尔地：《〈玛纳斯〉史诗歌手研究》，北京：民族出版社，2006年，第20页。

素和诗歌的特殊用语等方面的相似性和差异性。除了观察史诗作品本身，还要注意观察史诗表演活动以及表演活动中听众的反应[①]。唯一可行的办法就是选择其中有代表性的民族口头史诗纪录的情况进行学术梳理和分析。以上各民族错综复杂的口头史诗文本记录情况也证明了这一点。

随着文字的普及和人们文化水平的不断提高，每一个民族的口头传统，尤其是口头史诗传统都必然会从完全口头的表现形式逐步走向书面文本化，并且不断通过文化精英们的营造走向经典化，即一部史诗的原始的口头经典文本会逐步让位于书面经典文本。这在突厥语民族口头英雄史诗传统以及其他相临传统中都得到了具体体现。比如说我们在前文中提到的《乌古斯汗》、《先祖阔尔库特》、《阿勒普·艾尔·通阿》等突厥语民族古老的史诗都是首先以手抄文本形式保存下来的古老史诗。也就是说，突厥语民族英雄史诗数世纪之前就开始出现书面文本，即口头史诗的经典化已经起步[②]。在口传史诗经典化方面值得一提的现象还有中亚突厥语民族古代或现代诗人们不厌其烦地反复对民间传统叙事诗大量进行仿作的事实。比如，中世纪开始在中亚及新疆的维吾尔、乌孜别克民族中广泛流传的“海米塞现象”[③]，以及后来许多维吾尔族和乌孜别克族古典诗人对民间广泛流传的《玉素甫与祖莱哈》、《艾里甫与塞乃姆》、《热碧亚与塞丁》等民间口头作品的大量仿造[④]。当然，这都是突厥语民族中较早进入定居的农耕文化的维吾尔、乌孜别克等将民间口头文学不断发酵，并不断吸收印度、波斯、阿拉伯文学的营养而产生的一种特有文化现象，与柯尔克孜族、哈萨克族等至今保持祖先古老的草原游牧生活方式的草原马背民族的口头传统的发展有一定的区别。我们在这里主要讨论的是草原民族的史诗传统，因此，下面的论述将主要集中在突厥语民族中典型的草原民族口头史诗方面。突厥语族群中草原民族的口头史诗文本的经典化是另外一种风景，与蒙古族口头史诗的经典化之路有着异曲同工之处。

---

① 参见董晓萍《田野民俗志》，北京：北京师范大学出版社，2003年，第107页。

② 参见阿地里·居玛吐尔地：《中亚民间文学》，银川：宁夏人民出版社，2008年，第74—88页；阿地里·居玛吐尔地：《口头传统与英雄史诗》，北京：中央民族大学出版社，2009年，第199—217页。

③ “海米塞现象”是指中世纪在中亚、西亚地区广泛流传的一种文学现象。主要是效仿15世纪的阿塞拜疆诗人内扎米·甘吉维的《五卷书》，对源于民间的五部叙事诗进行书面化再创作的现象。这五部作品分别是《正直者的惊愕》、《帕尔哈德与西琳》、《莱丽与马杰侬》、《七星图》、《伊斯坎德尔城堡》等，其中影响最大的要数突厥语民族著名诗人阿里西尔·纳瓦依（1441—1501）。参见艾塞提·苏来曼《“海米塞现象”与维吾尔文学》，乌鲁木齐：新疆大学出版社，2001年。

④ 参见阿布都外力·克热木《尼扎里的“达斯坦”创作研究》，北京：民族出版社，2005年。

哈萨克、柯尔克孜族的史诗文本经典化是通过两种途径来实现的。

第一，一些文人骚客，尤其是诗人们，乐此不疲地重新仿造民间口头史诗作品，或者是按照自己的主观愿望进行加工、改造，进行书面化再创作。当然，还有一种现象就是在文字的普及以及文字对口头文学的侵蚀中，口头史诗演唱、传播的空间收缩或消亡，有一些识字的"有文化"的民间史诗艺人也被迫逐渐放弃演唱，开始拿起笔来"创作"出自己的史诗变体，或者说自己完成口头史诗向书面文本化的转变，使自己最终变成既能以口头形式演唱，又能以书面形式改写和创作民间史诗的双重身份的阿肯。口头传统走向书面化的这种过渡时期，在突厥语民族中由来已久，而且一直延续至今。近年来，新疆哈萨克文民间文学刊物《木拉》（遗产）杂志上发表的大多数哈萨克族史诗作品都是由诗人们经过加工或再创作之后发表的①。对于这种现象，我们不妨首先列举哈萨克族的情况。当代哈萨克诗人阿斯哈尔·塔塔乃（1906－1994）不仅是一位诗人和剧作家，而且还是一位阿肯。对于这位哈萨克诗人，国内出版的《哈萨克文学简史》有着这样的评价："阿斯哈尔·塔塔乃……当代诗人、现当代戏剧文学奠基人之一……在阿勒泰举办的师资班学习毕业之后，先后做过《新疆阿勒泰报》的印刷工人、编辑……中国作家协会会员。"② 作为一位少数民族诗人和剧作家，能够成为中国作协的会员，已经证明了其作为一名诗人的影响力和特定身份。经他改编、加工并重新进行创作的哈萨克传统史诗《英雄阿尔卡勒克》在我国哈萨克族中产生了很大的影响。对他改编、重写这部英雄史诗的情况，史诗汉文版前言中有这样的描述："阿斯哈尔·塔塔乃同志对哈萨克族的文化遗产，特别是对《英雄阿尔卡勒克》进行了多年的调查研究，对搜集到的资料，在不违背历史事实的前提下，去粗取精，进行了艺术加工，使这部作品更加充实、丰满。"③很显然，他对这部民间史诗作品的再创作得到了民众的认可，第一次出版后"很快便销售一空"④，在某种程度上成了一个经典之作。对于一个文盲歌手而言，上述各种记录方式可以一一对应。随着文字的普及和运用，歌手如果自己本身就是一位能够读书识字的有文化的人。那么，他的演唱完全可以由他自己来进行记录，这与一个完全不识字的文盲歌手的情况就有所不同了，

① 参见新疆民间文艺家协会主办《木拉（遗产）》各期刊物。

② 参见赵嘉麒主编《哈萨克文学简史》，乌鲁木齐：新疆人民出版社，2007年，第335页。

③ 转引自哈拜《哈萨克阿肯》，北京：民族出版社，2006年，第76页。

④ 见赵嘉麒主编《哈萨克文学简史》，乌鲁木齐：新疆人民出版社，2007年，第336页。

比如说当代荷马居素普·玛玛依就属于后者。

尤其是现在，年轻的歌手基本上都能断文识字，那么对于他们而言，如果听众要求，他可以进行演唱，如果听众没有这个要求，或者说随着听众群体的逐渐衰亡，他自己的口头创作演唱的热情也随之走向衰亡，口头史诗那种古老的“在演唱中创作”就会停止，最终他就会试图像近代西方诗人们那样开始进行史诗的仿制，拿起笔来，把自己的口头创作灵感转换到用笔仿造史诗方面。这种仿造史诗的现象在西方早已出现，在我国突厥语民族中，在一些书面诗人的创作活动中也可以看到。这种史诗的仿造活动在目前的柯尔克孜族、哈萨克族、维吾尔族传统中已经不显见了。

口头史诗通过断文识字的民间艺人或书面诗人的再创作走向书面经典化，在哈萨克、柯尔克孜等民族中早已是一种被人们接受的普遍现象，这种现象至今依然长盛不衰。当代，此类以口头和书面形式进行史诗创编、以双重身份出现的民间艺术家在柯尔克孜族和哈萨克族中越来越普遍，而且也越来越得到当今人们的认可和接受。比如已进入耄耋之年的我国《玛纳斯》演唱大师居素普·玛码依由于身体原因不能继续演唱史诗了，但他却根据自己的记忆，亲自完成了对《巴格西》、《托勒托依》、《女英雄萨依卡丽》、《玛玛凯与绍波克》、《英雄阔班》、《英雄阿吉别克》等史诗的记录，并将这些文本交出版社出版，使他拥有了既能按传统方式演唱史诗，又能根据自己脑海中的文本以书面方式创编史诗的双重身份。于是，国内外有一些学者便将他同传统的、纯粹的口头史诗歌手区别开来，将他视为另类，把他单独列入新类型玛纳斯奇行列。新疆乌恰县的民间艺人奥木尔·毛勒多改编、重写的柯尔克孜族传统民间史诗《阔交加什》于 1987 年出版①，阿合奇县民间史诗艺人奥满·麻木特近年来不仅在民间演唱，而且凭借自己的文字功底，根据史诗的内容和自己所掌握的资料创编了诸如《阿勒满别特》、《英雄阔少依》等史诗。

口头史诗的这类书面化过程不仅在口头史诗极为发达的阿尔泰语系民族中出现，事实上，从荷马史诗到世界各地的口头传统中，这都是必不可少的发展过程。在帕里和洛德的“口头诗学”派的人看来，荷马史诗是口述记录本（oral dictated text），而不是成文的唱本（sung text）。就像帕里给民间传唱艺人记录唱词一样，也许有人也给荷马作记录。即使如此，记录下来的

① 《阔交加什》，奥木尔·毛勒多搜集整理，克孜勒苏柯尔克孜文出版社，1987 年。

史诗当然也算荷马所作。不管是荷马亲自写作，还是别人代为执笔[①]。其实，口头传统和书写记录并行是非常漫长的过程，是一个古老的传统受社会发展的步伐制约、影响而不断变革的过程。从书面和口头传承角度观察，一位真正传统的歌手绝不可能把书写作为自己的首选。因为慢速的书写会妨碍“在表演中创作”的思想表达和史诗的即时创编。口头歌手不可能如同书面诗人那样，为了创作华丽美妙的词语而冥思苦想，而是在听众面前滔滔不绝地进行演唱。也就是说，一位来自口头传统的歌手不会被阅读和书写所吸引，他需要的是保持自己口头创作和演唱的态势。完全放弃这种从传统中习得的口头演述方式，等于放弃了口头史诗在传统基础上自由伸缩、即兴创编、与听众互动的鲜活魅力。以书面形式固定下来，口头史诗就失去了传统程式、主题、结构和故事范性的合理性、必要性，与社会生活密切相关的多元文化渊源就会被切断。这绝对是传统歌手们不愿意看到的。用文字形式来记录史诗，这种动机其实并不是来自歌手，而是来自外在的社会因素。传统的歌手并不需要书面的文本，当然也不会担心他的歌会失传，听众也不觉得有这个必要[②]。但是，随着社会历史的发展，书写时代不可避免地到来，口头传统就会逐渐走向衰亡。这就使得过去的史诗传承方式从口耳相承的记忆和再创作过程中的传承完全转入靠记忆传承的道路。当然，即便是人们将书写下来的创作当作文本，但只要能够让文本的口头传统随时保持活力，那么书写就不会是文本创作的先决条件。

在阿尔泰语系口头史诗传统中，书写记录无疑也会保存口头传统文本层面上的许多要素，但总会有很多东西无法避免地失去。而且歌手本人记录的文本和由别人代为记录的文本之间必定也会有所区别。由于对书写以及对自己所继承的口传史诗持虔诚态度，歌手本人的记录文本可能会在结构、情节和语言特色方面尽量保持传统史诗的本质。但是，由采访者记录的文本则可能由于记录者跟不上歌手的演唱速度而造成词语的丢失或者变异，同时也会影响到歌手演唱的质量，使歌手的即兴创编能力受到极大的限制，最终使文本缺失口头表演中本该拥有的流畅性。这样记录下来的文本从鲜活的口头创作进入纸质文本的时代，并使史诗固定下来。从此，后代歌手便可以直接从书面文本中记忆和背诵，而且可以通过分段记忆来完成对整部史诗的记忆。

① 参见程志敏：《荷马史诗导读》，上海：华东师范大学出版社，2007年，第69页、第71页。

② 参见尹虎彬：《古代经典与口头传统》，北京：中国社会科学出版社，2002年，第98页。

随着时间的推移，这类史诗吟诵者循规蹈矩地按照史诗固定的文本进行演唱，表演中的再创作成分越来越少，使文本越来越接近固定化、经典化。今天，一位歌手可能会以传统方式跟随一位老歌手学习史诗，但他同样可以从书本或手抄本中，甚至可能从录音磁带、CD盘或录像带中学习。事实上，有一些突厥语民族史诗如《玛纳斯》史诗的摘录片断能够从网络视频中下载。这就是今天口头史诗传统的传播方式越来越多元化的原因，这也给我们的研究提出了更高的要求。

第二，则是学者们在整理史诗的口头文本时进行改编、整合，以求“提升”口头史诗的艺术性。对此，最典型的例子要数1958年吉尔吉斯斯坦出版的《玛纳斯》史诗综合整理本。当时，前苏联科学院吉尔吉斯斯坦分院的学者们根据当时健在的著名玛纳斯奇萨雅克拜·卡拉拉耶夫，1930年去世的另一位大师级玛纳斯奇萨恩拜·奥诺兹巴克以及保存在档案部的手抄本中的代表性文本对《玛纳斯》史诗内容按照传统的结构框架进行整理和编排，将史诗各个唱本和手抄本中最精彩的章节、段落、情节等加以整合，并由诗人们持笔整理出了《玛纳斯》史诗的经典化文本3部①。当然，此后在前苏联、吉尔吉斯斯坦以及我国，对《玛纳斯》史诗都有过各类形式的“经典化”实践。在这里就不必一一列举了。

按照民间文学科学整理的原则，这种根据各种译文进行编排创作的综合整理本是绝对不能允许的。但是，由于世界上口头史诗的书面化历史悠久，影响广泛，一些最著名的史诗甚至在最初就是通过书面形式留存于世的，再加上长期受到口头传统浸淫的人们对文字书写存在一种敬畏和崇拜，认为书写要比口头更先进、更高雅。因此，人们有一种错误的认识，那就是口头的史诗只有到了书面形式才算成功蜕变成经典，口头史诗书面化是其最终归宿。鉴于这样的认识，在不同的时期，人们都努力把口头史诗向书面化方面发展，直到口头史诗完全失去其固有的口头性，变成失去源头活水、失去天然口承特征的书面文本。这是人们无法两全的事实。世界上，从荷马史诗《伊利亚特》和《奥德赛》、印度史诗《摩珂婆罗多》和《罗摩衍那》、芬兰史诗《卡利瓦拉》、波斯史诗《列王纪》等来看哪一部史诗不是经过多次书面整合而逐渐定型的呢？在这里，我们完全没有必要纠缠在口头史诗能不能够进行书面的加工整理这样的问题上。随着读者群体需求的增强，口头史诗

① 《〈玛纳斯〉百科全书》，第一卷，比什凯克，1995年，第413页。

的书面整理读本可能更加适合已经养成了阅读习惯的读者，我们没有权力阻止他们的这种诉求。但是，要想科学地探求和研究某一个口头史诗传统产生、发展、变异、传承等规律，科学地回答这些问题，就必须严格地按照忠实记录、现场采录、结合社会背景和现实语境等原则展开工作。因此，史诗的经典化过程中，对于各种文本属性的正确认识和鉴别，对各类文本之间互文性的深入探讨，对史诗各种异文（变体）的把握，对史诗各种文类产生的语境观察以及对文本背后的社会历史的认识都是不可缺少的。

多维视野中的苗族英雄史诗《亚鲁王》研究价值探微[①]

吴正彪[②]

摘　要：苗族史诗《亚鲁王》在苗语西部方言区有很多丰富的文本，而且每个文本也是在不同语境中进行唱诵。文章从各个文本对这部史诗名称的译称均不同，说明该部史诗在定名为《亚鲁王》之前就已经广泛地传诵了。

关键词：亚鲁王　文本　研究价值

在苗语西部方言区，每当有老人去世举办丧葬仪式，或者在进行一些祭祀活动时，苗族祭师都要唱诵到“亚鲁”这一重要人物。而有关“亚鲁”的唱诵内容，西部方言区每个次方言的内容也长短不一。最初，我们一直把其中的内容涵盖在《苗族古歌》中，直至在申报非物质文化遗产代表作名录时，在苗族专家杨培德先生的指点下，最终才以苗族英雄史诗《亚鲁王》的身份出现。

苗族英雄史诗《亚鲁王》是一部围绕“亚鲁”这个英雄人物的业绩进行叙事且流传在国内的黔、滇、桂、川等省区和国外的越南、老挝、泰国等苗族聚居区的口述叙事史诗，其中，以麻山次方言聚居区苗族在举行丧葬仪式过程中的活态表演唱述最为完整，其次在惠水次方言区、贵阳次方言区、川黔滇次方言区和滇东北次方言区等均有广泛的流传。《亚鲁王》已于2010年6月列为国家级非物质文化遗产名录。这部具有“史诗”意味的韵律体叙述长诗讲述的是苗族始祖“亚鲁”及其子孙在生存繁衍的历史过程中历经战争的苦难与迁徙的社会记忆，这首叙事长诗主要传承并保留在2000多名歌师

① 本文系2013年国家社科基金一般项目“史诗《亚鲁王》的搜集整理研究”（编号13BZW172）的专题系列论文及贵州省高校人文社会科学研究基地项目“黔南少数民族民间口述史诗的整理研究”（JD2013238）系列成果之一。

② 吴正彪（1966—），苗族，贵州三都县人，三峡大学民族学院教授、应用社会学研究所副所长，主要从事南方少数民族传统文化与文学人类学研究。

的各个“文本”记忆中。《亚鲁王》的各个文本各有长短，内容的丰富程度也不一样。

在定名为《亚鲁王》这一名称前，这一史诗的片段文字在20世纪初的一些田野调查报告研究文献和80年代初一些书刊中逐渐得到呈现。如在贵阳市民族事务委员会编的《苗族四月八》（1989）中以故事和史诗的不同文体对“央禄”（即“亚鲁”）的家庭伦理生活和在黔中地区的战争分别进行介绍，这些与“央禄”有关的短篇民间文学作品有《贵阳苗族芦笙的传说》、《苗族节日“四月八”》、《黑羊箐》、《“四月八”的传说》、《迁徙的传说》、《格洛格桑》等等，故事讲述的是“央禄”如何教育自己的子女讲诚信、如何为保卫家园和族人在争战中牺牲等[①]；在古玉林主编的《四川苗族古歌》（1999）中有对“杨娄古仑”（即“亚鲁王”）遭到外族人陷害、沉冤受屈后反抗征战的过程描述[②]；在杨兴斋和杨华献搜集整理的《苗族神话史诗选》（2000）中对“古博杨鲁”（即“亚鲁史歌”）是这样记录的：由于“古博杨鲁”家十分富裕，“外人看见想来霸”，于是寻找借口带兵前来侵犯，经过了无数次激烈的战斗，“古博杨鲁”战败牺牲，给后人留下了勤劳、勇敢和爱民的民族精神。在苗青主编的《中国苗族文学丛书·西部民间文学作品选（1）》[③]（2003）中这样唱道：“蒙尤娄辟地开疆，在滚滚浑水河畔，开垦了垄垄沃土。”“蒙尤娄”的富饶土地与丰富物产引来了外族人的嫉妒，通过联姻等方式意图占有“蒙尤娄”的地盘未果，只好发动战争。“蒙尤娄”屡战屡胜，敌人屡战屡败，最后敌方用计获取“蒙尤娄”的保护神“龙心”后，“蒙尤娄”战败被迫迁徙。“蒙尤娄”就是我们现在所说的“亚鲁”。定名为《亚鲁王》之后，2011年中国民间文艺家协会主编并出版了《亚鲁王》（全2册）。2011年，由中国民间文艺家协会主编、中华书局出版的麻山次方言中部土语区的《亚鲁王》（苗语部分）仅有12000余行，同一歌师口述的内容中尚有20000余行没有正式出版。而麻山次方言西部土语区及其他次方言和土语的文本依然在民间流传。

① 贵阳市民族事务委员会编《苗族四月八》，贵阳：贵州民族出版社，1989年。

② 古玉林主编《四川苗族古歌》（上册），成都：巴蜀书社，1999年。

③ 苗青主编《中国苗族文学丛书·西部民间文学作品选（1）》，贵阳：贵州民族出版社，2003年。

一、《亚鲁王》作为文化遗产的价值

《亚鲁王》作为苗族传统文化的重要精髓之一，其口述史叙事的方式不仅反映了苗族的文化身份、思维方式、审美情趣及歌谣的韵律结构特色，还对苗族社会历史文化发展中长期积淀起来的伦理观念和文化形态进行了初步的揭示。因此，史诗作为文化遗产对于苗族乃至于人类社会而言，具有丰富的历史学、民族学、语言学和民间文艺学价值。如《Ljangb wah》（木经）就是这样唱的：

Wah nrid wah
树木哩树木
Muh yongh gud nzwm gwx ndaat njaox
不是我喜欢你的杆直壮
Muh yongh gud nzwm gwx qail djout
不是我羡慕你的枝叶密
Yongs gwx boh daab dreak gwx shanh
是你祖宗早日的合约
Yongs gwx ywh saik dreat gwx jaat
是你祖宗往昔的血契

Yad hol gwf hah songh
要说你的根源
Yad ljangs dand seis daax
要说到远古时代
Yad hol gwf hah jongt
要讲你的根基
Yad tus dand seis daad
追溯到无限岁月
Yongs gwx ljangz muh buh yeal
是你生不逢时
Yong gwx rab muh buh gongm
是你长不逢春

Rib qenh lenh yad rib qenh tongs

一千人注定要用一千棵树

Rib bak lenx yad bak tongl

一百人注定要用一百棵木

Ndeas gwf hol gwf hah songh

跟你诉说你的根源

Ndeas gwf ljangs gwf hah njongt

和你细讲你的根生

Seis daax gwx boh box nrik sank

远古时候你祖宗博尼姗啊

Sol gwf dreak dongx ranh

把你造在高山上

Sol gef dreak pail ndaad

把你造在长坡中

Gwf yongs tongl wod ljangz

你是头一棵生

Gwf yongs tongl wod rab

你是头一棵长

Soud lol yax lus ndod gef lul angt djangb

亚鲁王砍来做粑槽

Soud lol yax lus ndod gef lul angt qul

亚鲁王砍来做舂碓

Gwf yongs yax lus jongx lul deib nrengb wah

你是亚鲁王砍来的那棵树的种子

Ljangz dreat soud lol yax lus deib nbangt rax

生在亚鲁王王国庄园

rab dreat soud lol yax lus deib nbangt rongl

长在亚鲁王王宫后院

Soud lol yax lus ndod gwf lul angt nab nduoh

亚鲁王把你砍来做剑鞘

Soud lol yax lus ndod gwf lul angt bangt nenz

亚鲁王把你砍来造弓箭

Soud lol yax lus jongx gwf ljwf dangd

亚鲁王拿你去征战
Soud lol yax lus jongx gwf ljwf dat
亚鲁王拿你去杀敌
Maf hof yax lus nbloux
你当成亚鲁王的左臂
Rah Baam yax lus tis
你像是亚鲁王的右膀
maf rant wais dlax dub
你染上了敌人的脑浆
Rah nzand wais nzuoz sanh
你吸尽了对手的鲜血
……[①]

二、从《亚鲁王》的专用术语词建构起文学人类学的本土话语体系

在苗语川黔滇方言区，由于语音、词汇的读音差异，民族语言学界对这一方言曾经进行过多次的学术性语言划分。20世纪50年代，首次将西部方言区分成“西部方言”、“滇东北方言”和“黔中南苗语”三大方言的语言板块划分[②]。20世纪80年代，从事苗语研究的专家在50年代语言调查的基础上，又对一些点的苗语语音和词汇做了补充调查，初步有了“川黔滇方言”的苗语方言划分定位，同时形成了川黔滇、滇东北、贵阳、惠水、麻山、罗泊河、重安江七个次方言[③]。两次对西部方言区的这些方言和次方言的划分，还难以反映这一方言区内部的语言使用全貌。直到20世纪末、21世纪初，中国社会科学院民族研究所的李云兵博士在他的《苗语方言划分遗留问题研究》中才比较清晰地对这一方言区内部的次方言和土语进行了较为准确的划分，即将川黔滇方言划分成了川黔滇次方言、滇东北次方言、贵阳次方

① 这是由紫云苗族布依族自治县苗族歌师黄老华唱诵、紫云县亚鲁王文化研究中心办公室主任杨光立记录、翻译、整理的《亚鲁王·木经》片段，因笔者记录的另外一个《亚鲁王·木经》文本是用国际音标记音的，为了方便排版，在此经杨光应同意后引用于此，并表示感谢，特此说明。

② 贵州省民族语文指导委员会编《苗族语言文字问题科学讨论会汇刊》。

③ 王辅世主编《苗语简志》，北京：民族出版社，1985年。

言、惠水次方言、麻山次方言、罗泊河次方言、重安江次方言和平塘次方言8个次方言和22个土语①。各个次方言内部语音的复杂性使我们的翻译整理工作难以整齐划一。虽然大部分次方言区都有《亚鲁王》这一英雄史诗传唱，但各地对《亚鲁王》的名称译音千差万别。

《亚鲁王》的名称在麻山次方言中部土语的苗语中称为 Yangb lus saf，saf 就是“王”的意思。如在史诗《亚鲁王·马经》中曾经如此唱道：

Yax lus saf meab guf ob senh nyix hih dreak gwf gut sanh
亚鲁王就花了十二钱银子为你赎身
Yax lus saf meab guf ob senh gongb hih dreak gwf ngit jaed
亚鲁王就花了十二钱金子还你自由
Jongx gwf poh gwf ywh haid taom lul dand naf njingb
将你祖宗带回纳经
Yax lus meab gwf poh gwf ywh ljwf ljaix ljenh
亚鲁王让你祖宗耕田
Yax lus jongx gwf poh gwf ywh ljwf ljaix langk
亚鲁王赶你祖宗犁地

Yax lus saf drongb nbah lul dreat gwx
亚鲁王把你装饰
Yax lus saf drongb anm dreat gwx
亚鲁王为你上鞍
Nrif saf jangb gwx poh gwx ywh ljwf ndeas wais pus nax
他牵着你祖宗去赶场
Gwx poh gwx ywh rangt yangx mam
因为你样子好看
Qengf ndongx qengs qil lul ment hah nzab
全场的人都过来瞧了
Lenx lenx anm gwx poh gax ywh buh nzed
他们都羡慕你的祖宗

① 李云兵：《苗语方言划分遗留问题研究》，北京：中央民族大学出版社，2000年。

Tongl yongs tong menl rangx menl soh

这是匹雄赳赳的战马

……①

1. 在川黔滇次方言区分别有“杨娄古仑”、“古博阳娄”、“杨亚”、“耶老”、“尤娄”、“杨鲁”等不同的译音称谓。

无论是《四川苗族古歌·杨娄古仑》、《苗族神话史诗选·杨鲁史歌》，还是《西部民间文学作品选（1）·战争与迁徙》中所唱到的内容、故事结构均与麻山次方言区流传的《亚鲁王》基本一致，但这一英雄人物的名称，过去一直没有一个统一规范的译音称谓。如在《四川苗族古歌·杨娄古仑》中将 Yangx Lous Gud Nenb 译为“杨娄古仑”，当地的史诗这样唱道：“Naox nghax sob njot yangx lous gud nenb gid，Houk jeud sob njot yangx lous yeuf nzeuf gangb. （吃肉别忘杨娄古仑礼律，喝酒别忘杨娄叶责规程。）”② “杨娄叶责”在史诗中的身份是“杨娄古仑”的亲弟弟。又如，在《苗族神话史诗选·杨鲁史歌》的《Gud Box Yangx Loul（古博杨鲁）》中唱道：“Yangx Loul nil yif yaos nyaob haod dus? Ndos nax ndos ait yaos nil lek qeut zangx.（杨鲁原籍在哪里？江边海边是他的故乡。）”③此外，在《西部民间文学作品选（1）·战争与迁徙》中是这样唱的：Hmongb Yeus Loul zhob dout lob gab，Houd gab jit zhil nbual，Ghangb gab jit zhil ongt.（蒙尤娄辟地开疆，在滚滚浑水河畔，开垦了垄垄沃土。）”④ 由此可见，这一史诗虽然在川黔滇次方言区都有流传，但各地的记录整理者在翻译时都没有一个共同的统一称谓，只是随心所欲地按照音译临时拟定一个名称。

2. 在贵阳次方言区，对同样故事内容的史诗，记录翻译者将“亚鲁”的名称音译为“央禄”、“格波禄”、“古波扬鲁”等不同的称谓。

贵阳次方言区的苗族主要集中居住在贵阳市、安顺市与黔南州的长顺县交界一带，此次方言区的苗族英雄史诗《央禄》无论是故事内容，还是叙述的战争场面及相关历史背景，实际上就是与史诗《亚鲁王》完全相同的另一个文本。如该次方言区苗族的《祭魂曲》中叙述“央禄”这一英雄始祖时是

① 此引用资料由紫云县亚鲁王文化研究中心的杨正江和杨光应等人提供，在此表示感谢。

② 古玉林主编《四川苗族古歌》，成都：巴蜀书社，1999 年。

③ 杨兴斋、杨华献搜集整理：《苗族神话史诗选》，贵阳：贵州民族出版社，2000 年。

④ 苗青主编《西部民间文学作品选（1）》，贵阳：贵州民族出版社，2003 年。

这样唱述的（原文系国际音标记音，为便于电脑书写，本文作者将之转换为苗文记音符号）："Deix yib Yangd Lux vab hud had dix? Yangd Lux vab wud vud veix dad vud. Yangd Lux vab ab meud manb，Deud gux deud dix mid，Nongd ghaid ghaid hlaod，Nongd nbob nbob dlongl.（央禄祖先坐哪方？央禄祖先坐乌围。央禄家的人口兴，央禄家的子孙多，央禄家养的鸡大，央禄家喂的猪肥。）"此外，在以《格洛格桑》为名称的史诗中，则将"亚鲁"这一人物的名称定名为"格波禄"、"古波扬鲁"等不同的称谓。

除了上述这些译音称谓外，在惠水次方言区、滇东北次方言区、平塘次方言区的一些内部编印的地方文史资料中，也有对这一史诗的介绍，但对史诗中的人物"亚鲁"同样有着各种不同的译名。也就是说，尽管这一英雄史诗在整个西部方言区的流传具有广泛性和传承性等特点，但因译名不同，各地的人物名称均不一样。

此外，有关"英雄史诗"一词在苗语麻山次方言中同样有对应的 langf heid[①] 译称。对这些专用术语词的释读，使我们的史诗研究更容易得到较为全面的把握。

① 苗语中的 langf heid 一词，langf 指"诗句、词句"和"有音乐韵律的话语"等意思；heid 指"形象高大、力量无比的（神或人）"，也可翻译为"（远古时代）最有力量的（勇士）"等。因此，langf heid 的合成词翻译成汉语就有"英雄史诗"之意。

《格萨尔》圆光艺人才智的图像文本[①]

伦珠旺姆（宁梅）[②]

《格萨尔》史诗艺人用创造性的口头诗学和叙事才华创造、传承和传播史诗，他们是研究史诗产生、传播及发展演变的关键所在。

藏族《格萨尔》艺人的特殊类型：圆光艺人

“史诗歌手”通常专指史诗演唱者，强调其史诗表演中的歌唱特征和音乐技巧。但是，作为活形态传世的藏族《格萨尔》艺人却较其他民族史诗艺人而言类型多样，青海果洛州就有“说不完的格萨尔艺人达哇扎巴、掘不完的格萨尔艺人格日尖参、画不完的格萨尔艺人阿吾嘎洛、看不完的格萨尔艺人才智”之说。其中，圆光艺人连同神授艺人、掘藏艺人三种，因其传统文化的来源直接而丰厚，更显分量。但即使是在藏族《格萨尔》艺人当中，圆光艺人也极为奇缺，现今在我国藏区寥寥无几。

藏族历史上曾经出现过一些圆光师。奥地利学者内贝斯基在 1956 年出版《西藏的神灵和鬼怪》，介绍了一位藏区男孩通神后，从镜子中看到图像的情景。法国藏学家石泰安也描述过一位叫桑姆塔的艺人，不仅会说唱《格萨尔》，还可以通过铜镜圆光预知未来。《格萨尔》研究界熟知的西藏昌都类乌齐人卡察扎巴·阿旺嘉措，是《格萨尔》艺人研究专家杨恩洪老师在西藏调查时发现的一位圆光艺人，他通过铜镜为人们算卦、占卜，并借助铜镜抄写《格萨尔》达十多部，其中《底嘎尔》于 1987 年由西藏人民出版社出版。1994 年，圆光艺人卡察扎巴·阿旺嘉措不幸离世。

---

① 本文是国家教育部社科基金项目“21 世纪《格萨尔》史诗传承能力和发展活力调查与研究”（项目编号 10YJA751049）和国家社会科学基金项目“藏族《格萨尔》女性文学研究”（批准号：12XZW029）的阶段性研究成果。

② 伦珠旺姆（宁梅），西北民族大学教授、格萨尔研究院院长。

近年来，《格萨尔》史诗研究人员在青海省果洛州甘德县发现了一位年轻的圆光艺人。和圆光老艺人卡察扎巴·阿旺嘉措相同，他也是借助铜镜抄写《格萨尔》。多杰桑布是1972年生人。据说他11岁时偶然得到一部《格萨尔·霍岭大战》，从此与《格萨尔》结缘。他按照铜镜图像显示已记录《格萨尔诞生》、《格萨尔祈祷词》等八部书籍。2014年7月，全国《格萨尔》工作领导小组办公室和青海省《格萨尔》史诗研究所联合组成学术鉴定专家组，赴果洛藏族自治州甘德县对果洛地区30多名《格萨尔》艺人进行学术鉴定。期间，多杰桑布展示了圆光中显现的格萨尔唐卡。

1967年出生于青海省果洛州久治县一个牧民家庭的才智是新近发现的一位重要的圆光艺人。才智为第十世格日活佛。1980年，果洛州久治县隆嘎寺寺主贡嘎群培活佛梦显瑞兆，次日问卦，据卦像显示最终认定才智为格日活佛的第十世转世灵童。1989年，阿迪达杰寺的临时主持图才活佛把第九世格日活佛的衣钵、坐骑马鞍、整套帐篷等传给了才智，从此，第十世格日活佛（才智）正式成为阿迪达杰寺的寺主。如今，第十世格日活佛（才智）不仅是藏传佛教宁玛派阿迪达杰寺和嘎杂寺的主持活佛，而且还是藏传佛教格鲁派隆嘎寺的主持活佛，成为藏传佛教各宗派和谐共存的典范。

才智活佛的圆光能力来自祖辈遗传。据说，他的祖辈曾远赴西藏拜一位活佛为师，接受了灌顶传承，获得圆光能力，传承至他已是第五代。9岁时，他叔叔将祖传的“圆光镜”交付与他，希望他有朝一日能继承父辈的事业。21岁时，才智在青海果洛隆噶寺噶玛加扬活佛和空行母桑丹拉姆门下得闻圆光秘法，在修习《格萨尔仪轨》和《度母仪轨》等之后，圆光技能日臻娴熟，以圆光秘法预言了很多已知和未知的事情，声名鹊起。

2007年7月，全国《格萨尔》工作领导小组办公室的科研人员前住果洛州进行调研，从果洛州格萨尔研究中心主任、著名《格萨尔》研究专家诺尔德处获知才智的情况，立即对他进行了访谈。经鉴定，确定他为《格萨尔》史诗圆光艺人。在2009年7月中旬举行的果洛州建政五十五周年暨《格萨尔》研究基地成立大会上，州政府授予才智“优秀艺人”称号。2009年9月，应全国《格萨尔》领导小组办公室的邀请，才智到北京参加由中宣部、国务院新闻办、新闻出版总署等部门主办的藏族作家阿来《格萨尔王》新书全球首发式，才智用独特的圆光说唱方式向来宾和国内外300多家媒体表演了《格萨尔》的说唱，受到广泛赞誉。目前，中国社会科学院的研究人员已经将他作为重要研究对象，对他从圆光中看到岭国格萨尔时代的各种生活场景和故事情境，以圆光方法说唱《格萨尔》史诗的“圆光之谜”进行科学分析和研究。至今，国家社科基金重大委托项目“《格萨尔》抢救、保护与研究”课题组已经录制了他说唱的《格萨尔》史诗录音六十余小时。2012年9月，西北民族大学举办“史诗艺人进校园暨圆光艺人眼中的格萨尔唐卡展”活动，展示了才智活佛近年来依圆光显现图像，请次成尼玛、孙文彬等5位画师画出的四十多幅格萨尔唐卡。同年12月，“青海果洛《格萨尔》艺人成果展暨圆光中的《格萨尔》史诗艺术展”在北京西藏大厦举行，展示了根据才智活佛圆光显现图示制作的120余幅绘画作品，专业模特现场表演了包括18套格萨尔王妃服装在内的22套服装。

自此，在借助铜镜抄写、说唱《格萨尔》的基础上，铜镜显现图像并加以绘制这样一种全新的《格萨尔》史诗传承方式浮出水面。

圆光术与圆光艺人才智

才智活佛依圆光显现的图像源于藏族古老的圆光术。“圆光术”作为一种历史久远的占卜方式，曾经在印度、汉地、藏区广泛流传。在由神巫结合构成的藏族本土宗教——苯教中，有一种以“占卜吉凶”为主要社会职能的“恰贤类”巫师类型，其占卜方法多样，如依据解开带结是否顺利、掷骰子看单双数、辨动物肩胛骨裂纹、使用念珠单双数等，或通过观察某种现象，如“扎巴”便是借助铜镜、水碗及拇指上圆光中出现的影像为人趋吉避凶、解决难题、预知未来、考察各种吉凶征兆。所以说，借助铜镜、水碗及拇指上圆光中出现的影像辨吉凶、测未来是许多苯教巫师常用的方法[①]。

现存的圆光秘法来源于佛教密宗核心，由圆光者修炼而成。圆光者需要先天的业果和誓愿，还必须通过后天的学习和修炼方法获得此项本领。在修炼时，圆光者要依靠出世间本尊和世间护法神如吉祥天女、度母、格萨尔王等指示，修习宁玛派尊师龙钦·热绛巴·止美沃色（1308—1363）的《光明圆光导释》、曾被清朝敕封为“慧悟禅师噶尔丹锡图呼图克图”的格鲁派大师赛赤·丹白尼玛（1689—1772）的《白度母法门中圆光占卜修法》，以及宁玛派居·米旁大师的《格萨尔大王圆光占卜仪轨》等仪轨念诵密咒，获得神力和圆光目。据说，看到的东西由于圆光目等级的差别而有显示神预、暗示、文字、图像等形式的区别[②]。

---

① 格勒：《藏族早期历史与文化》，北京：商务印书馆，2006年。

② 青海省《格萨尔》研究所：《格萨尔研究》（内部刊物），2012年。

众所周知，藏族信奉原始宗教“万物有灵”基础上的灵魂“六道轮回”，藏传佛教活佛转世制度由此显示出不可言说的神秘性。但是，“圆光术”的掌握者与《春秋·易经·爻辞下》记载的开创文明神祇——伏羲的神性角色大体相同：“仰则观象于天，俯则观法于地，观鸟兽之文与地之宜，近取诸身，远取诸物……”伏羲制八卦、做甲子、立礼教、造干戈、钻木取火、为物虫鸟兽命名等等，被誉为科学大神、文化大神、哲学大神、音乐大神、宗教大神。圆光者同样需要上知天文，下知地理，通三界，知晓诸如藏族大小五明等博大精深的传统文化，方可施法。历史表明，伏羲等早期文明创造者是千千万万劳动者的智慧和勇敢的化身。20 世纪 60 年代初，在佛学修持方面达到极高成就的桑德活佛圆寂，由于当时的复杂形势造成活佛法体丢失。时隔多年，沧桑巨变，在幅员辽阔、渺无人烟的果洛寻找活佛的法体无异于大海捞针。2006 年，信徒们求助第十世格日活佛才智，才智活佛用规范的程序举行了圆光仪式，寻访小组按照才智活佛圆光显示，开始挖掘，后经证明确系桑德活佛的灵骨。现在，供奉桑德活佛灵骨的灵塔，成为当地重要的宗教活动场所之一。这一事例足以说明才智活佛作为有经验的本土知识持有者的智慧。圆光者借助的铜镜则和其他艺人所使用的水碗、白纸等特定载体一样，具有集中精力、凝聚和择取大脑文本影像诸功能。

在书写文字产生之前，“图像”是最古老的表现传统根源。正如傅修延在《先秦叙事研究》中所言：“在未摸索出用文字记事之前，为了突破时空的限制，古人尝试过用击鼓、燃烟、举火或实物传递等方式，将表示某一事件的信号传于异地；发明过结绳、掘穴、编贝、刻契和图画等手段，将含事的信息留于异时。”① 因此，任何材料都适宜于叙事。如罗兰·巴特所言：“对人类来说，似乎任何材料都适宜于叙事：叙事承载物可以是口头或书面的有声语言、是固定的或活动的画面、是手势，以及所有这些材料的有机混合；叙事遍布于神话、传说、寓言、民间故事、小说、史诗、历史、悲剧、正剧、喜剧、哑剧、绘画（请想一想卡帕齐奥的《圣于絮尔》那幅画）、彩绘玻璃窗、电影、连环画、社会杂闻、会话。”② 在当今的社会与物质环境中，图像包括素描、写生、油画、广告画等各种画像和雕塑、电影电视画面、时装等一切可视艺术品。机器工业的进步，使图像叙事的边缘地位得以

---

① 傅修延：《先秦叙事研究》，北京：东方出版社，1999 年。

② ［法］罗兰·巴特：《叙事作品结构分析导论》，见张寅德编《叙述学研究》，北京：中国社会科学出版社，1989 年。

改善，“图像”无处不在，已然成为人类生活中又一个关键词。才智活佛源于藏族古老圆光术的《格萨尔》图像文本自然也成为《格萨尔》史诗界又一新的研究课题。

才智艺人的图像文本生成

传统的文学观念对“文本”的界定以书写为中心，民间文学有基于自己学科范式的理解。史诗文本的形成和存在样态依赖于特定的民俗活动，比文人书面作品的文本形态更复杂和多样。语言文本（口头、文字）、身体文本、对象文本、环境文本，或书写性文本、表现性文本、描写性文本、意欲性文本、审美文本都可以成为《格萨尔》史诗艺人文本分析的素材。帕里·洛德的口头诗学理论和鲍曼的表演理论为我们揭示了口头文学不同于书面文学的内在传承机制，文本与观众、语境的不可分离，潜在于文本和语境之下的传统的重要性等让我们可以在纷繁复杂的史诗文本中找到文本间显在与潜存的各种关联。

据笔者多次与才智艺人接触、调查得来的资料综合分析，艺人才智的图像文本生成轨迹呈现为环境文本——大脑文本——对象文本——图像文本的递进图式。

传统文化可解释为特定人群的思想和活动的总和，物质表现、过程以及特定的环境。艺人才智的出生地青海省果洛州是《格萨尔》史诗传承流布的核心地区之一。2006 年，中国社会科学院民族文学研究所和全国《格萨（斯）尔》工作领导小组办公室将果洛甘德县德尔文部落命名为“《格萨尔》文化史诗村”。该部落成员深信与格萨尔王同属木波董氏的后裔，因而以崇拜格萨尔王、说唱《格萨尔》而自豪。该部落出现过影响果洛《格萨尔》文化传承的掘藏大师谢日坚措（已故）、被国家四部委命名的《格萨尔》说唱艺人昂仁（已故）、《格萨尔》艺人德尔文·巴才（已故）和《格萨尔》说唱艺人格日尖参等众多著名艺人。

青海省果洛州拥有举不胜举的《格萨尔》史诗的物化载体。达日县查朗寺附近，有为纪念格萨尔王黄河流域第一领地而建的“格萨尔狮龙宫殿”，每逢藏历五月十日，举行大规模的煨桑、祈福活动；甘德县有龙恩寺寺主白玛登保投资建成的“玛域《格萨尔》文化中心”，藏历三月十日有大型《格萨尔》剧演出；班玛县有灯塔寺寺主旦正和尕昂多杰父子投资建成的“灯塔《格萨尔》艺术宫”，每年藏历正月十一有大型《格萨尔》剧演出和煨桑活动；玛多县有堂热活佛投资兴建的“玛多嘎吾金殿”；阿尼玛卿雪山脚下有政府融资兴建的“朗日班玛本宗”，以陈设与格萨尔有关的各种唐卡闻名；班玛县还有“多贡麻格萨尔宫”，以陈设英雄格萨尔王及其诸大将泥雕著名，藏历正月十五及地方重大宗教活动期间都有《格萨尔》剧的表演。这些宫殿或供奉格萨尔及大将们的铜像、木雕像等，或收藏以《格萨尔》为主的唐卡、壁画、珍贵文物。

新中国成立伊始，青海省果洛州便已开展《格萨尔》史诗的搜集、整理、翻译、研究工作。出生于1932年的昂亲多杰（已故）是青海省果洛州久治县阿什羌哇赛部落的最后一代大头人，于1952年果洛解放当年就参加革命工作。昂亲多杰从1951年，也就是19岁起即开始搜集、整理和研究《格萨尔》，创作整理了《格萨尔传奇霍岭大战》下部、《卡堤琼宗》、《格萨尔考证》、《扎日药堡之战》、《训马人的故事》等十余部（篇）作品和论文。此外，享受国务院特殊津贴的著名格萨尔学者诺尔德，长期从事果洛《格萨尔》研究与保护工作，先后发表小说、诗歌及学术论文、《格萨尔》研究论文等240多篇。果洛州达日县查朗寺活佛旦贝尼玛、果洛州甘德县龙恩寺寺主白玛登保、甘德县龙寺寺主宏格多杰、果洛州班玛县多贡麻寺活佛拉参、甘德龙恩寺活佛罗桑曲杰等均以活佛身份从事《格萨尔》史诗工作。历史总是发展的，《格萨尔》圆光艺人才智长期置身其中，耳濡目染，以世袭传承的活佛和圆光艺人兼而有之的身份，成为“积极地传统携带者”。

劳里·杭珂于1998年出版的《斯里史诗的文本化》是阐述口头诗学视野下文本观念的一部扛鼎之作。杭珂提出“大脑文本”概念，试图解答艺人的文本在脑海中如何存储和习得。他认为大脑文本大于艺人的叙事文本，在艺人演述史诗之前便存在，属于“前文本”，是“以传统为取向的文本”①。我们理解，大脑文本可以看作传统文化在艺人大脑中的无意识积淀和凝聚。传统文化蛰伏于艺人意识深层，隐含不漏，经过后天的得道与仪轨修习，艺人遵循传统，有选择地择取大脑文本信息，创制出口头文本、文字文本或其他文本形式。

对象文本专指大脑文本中有关《格萨尔》史诗的信息，是艺人直接借鉴和模仿的范本。作为藏族的高级知识分子和高僧大德，才智活佛不同于其他文盲艺人，才学高深，见多识广，因此，他所拥有的《格萨尔》史诗信息储

① 朝戈金：《“回到声音”的口头文学：以口传史诗的文本研究为起点》，《西北民族研究》，2014年第2期。

存量大，来源渠道多样。在传统与现代混杂语境状态下，将口头演唱、书面文本、电影电视媒介、传统知识等获得的信息融合吸纳、链接组合，呈现出英雄格萨尔所处冷兵器时代的视觉盛宴。

才智的图像文本是以圆光影像甚至图像为主，兼书写文本、演唱文本、仪式仪轨和服装秀等身体文本在内的复合文本。从2012年才智活佛分别在兰州和北京展现的圆光成果分析，120余幅唐卡图像由格萨尔故事经典片段、格萨尔和30名大将、20多位王妃等主要人物、刀剑等兵器、茶壶等家庭器皿以及包括18套格萨尔王妃服装在内的22套服饰等五个部分组成。图像是“大脑文本”的客观化和对象化。才智圆光镜中得来的展品全部属手工制作，非批量生产，具有不可复制性特点，是“这一个”文本。

文字文本根据大脑文本提供的关键词之类的程式的模仿而产生，也就是依据程式、典型场景和故事范型等结构性单元作为骨架，填充内容，属相对稳定的模式。譬如在河北乐亭大鼓长篇“大书”鼓词中，所有大书书词都被艺人分为“死词”或“淌水”两个类别。“死词”即不变之词，指已有的固定书词。“淌水”的本意是“流动的水”，指在演出现场即兴编成的书词。据说，艺人李恩科只传给弟子六个晚上的大书书词。弟子们就是以此为基础，再尽可能地加以扩张来延长故事的演出时间①。才智的展示会图文并茂，唐卡下面附有藏汉两种文字说明。在“岭国十三大淑女”之一珠姆图像下的文字中，才智写道：“说嘉洛森姜珠姆，身材胜过天仙女，天生丽质招人眸，慈悲善待众爱卿，是白度母之化身。”对格萨尔王后珠姆的描述，符合藏族民间约定俗成的珠姆“美貌如仙、慈悲如白度母”固定模式。再如“说女侠阿达拉姆，秀丽美貌侠女气，轮转神速的劲箭，所向披靡食敌肉，乃峡萨堪卓化身”，妩媚妖娆带英姿的阿达拉姆女英雄“杀敌食肉”、“射箭”、“峡萨堪卓（宁玛派信奉神祇食肉空行母）化身”等特征与传统上抡长矛的阿达拉姆大相径庭，反映出才智图像文本的“这一个”特质。在文本的内容层面，同一史诗的多个异文本之间存在着内容上的趋同和存异、同一和支解、吸纳和分离关系，同时也能够大致看出史诗流传过程中不同层面文本间的共生与派生关系。

① ［日］井口淳子：《中国北方农村的口传文化——说唱的书、文本、表演》，林琦译，厦门：厦门大学出版社，2003年。

才智图像文本的“再创作”

我们的研究对象并不仅仅是“图”，而是作为一种历史存在、社会存在的“图像”，是经过身处不同时间和空间的人用不同的方法不断阐释过的“图像文本”。才智的图像文本在创编过程中存在“再创作”现象。

在口头诗学的一般意义上，口头文学的本体特征决定了口头文本没有“规范本”，艺人完全不受固定的文本的限制，每一次演唱就是一次再创作。所以说，才智的图像文本、演唱文本、文字文本都是“再创作”，虽然这种再创作不是对传统规范的超越。需要特别指出的是，才智的图像文本是他请次成尼玛、孙文彬等5位画师画出的四十多幅格萨尔唐卡，因此是由他人操刀绘制而成的“再创作”。这些画师缺乏才智般的圆光能力和慧眼，存在对铜镜显现的史诗故事场景的关联语境等大脑文本的理解差异，导致了对铜镜中显现宏大场景的“始原”文本也就是大脑文本的模糊，加之才智要将图像转换为微观精确的语言来给他人描述的难度、市场公关等诱惑促成的“模特走秀”环节等特定情境下的过度包装、过度阐释和“被制造”，也导致才智圆光图像文本中《格萨尔》人物服饰时代特征模糊不清等弊病。难怪才智会感叹文本生成的不遂心愿和困难重重。

很多艺术史研究者为了对图像意义进行卓有成效的解释，都走上了寻求相关文本以印证图像的解释路径，寻求图像本身所依托的文献材料以重新阐释图像，在以语词编织成的文本中达到某种图像（空间）效果，或以图像这种空间性媒介来达到叙述事件、表现时间的目的。历史学家经常把图像作为证据，如见证英格兰历史的重要史料——贝叶挂毯。宋代郑樵主张图文互证：“见书不见图，闻其声不见其形；见图不见书，见其人不闻其语……”（《通志》卷72）[①] 英国历史学家彼得·伯克的基本论点是：“图像如同文本和口述证词一样，也是历史证据的一种重要形式。”[②]

才智活佛为印证圆光中显现的图像走向田野。为拍摄“圆光中的《格萨尔》史诗”纪录片需要，才智在2014年6月11日在青海省西宁市召开的“圆光中的《格萨尔》史诗纪录片专家论证会”上介绍说：自2013年7月

① 龙迪勇：《图像叙事与文字叙事——故事画中的图像与文本》，南昌：江西社会科学，2008年。

② ［英］彼得·伯克：《图像证史》，杨豫译，北京：北京大学出版社，2009年。

起，将其圆光技艺以及其圆光中显现的格萨尔史诗诸事件作为个案线索，对青海、甘肃、四川三省的十几个县（包括果洛玛多、达日、甘德、班玛、久治、玛沁、玉树州治多、囊谦、称多、海南贵德、黄南同仁、泽库、尖扎、四川色达、石渠、德格、甘孜、炉霍、道孚、甘南玛曲、碌曲、舟曲等）进行了前期踩点和考察，历时四个月走村串户，造访学者、民间艺人和当地群众，实地察核有关遗址、遗物和自然景物，行程 27000 公里，采集到大量具有重大学术价值的图文影印资料。（摘自藏人文化网，笔者也参加了此论证会。）

图像这样一种以空间性方式存在的“时间切片”，对应的是一种空间性思维。形象“比语言更为具体、更可感觉、更不易捉摸，它是一种在获得正确的知识和意义之前的东西。……形象和语言的关系，类似于生命与形式、感情与理性、体验与认识、艺术与学术的那种关系”①。所以，圆光艺人才智“圆光术”的理论渊源兼具苯教和藏传佛教密教理论的复杂性；他个人作为宁玛派和格鲁派两大藏传佛教派别的主持活佛，存在宗教身份和立场的复杂性；此外，他通过铜镜呈现的语言文本、文字文本和图像文本，还有服装表演等实物文本，具有文本形式的复杂性；并且为印证预言继续田野调研和图文互证，在叙事方式上也具复杂性。这种种复杂特征使圆光艺人才智成为我国口头诗学领域《格萨尔》艺人研究中的特殊案例。因此，自 2007 年开始的对圆光艺人才智的研究空间广阔，任重道远。我们要在才智艺人将后相当一段时期内拥有相对稳定和丰厚的创作基础上，真实、科学地记录圆光术对格萨尔文化传承的价值，揭示其神秘的文化内涵和实践意义，从别样的一种途径和视域获取独特的史诗文化资料，以期使圆光文化这一古老的文化记忆形态为人类的文化传承发扬光大。

① ［日］浜田正秀：《文艺学概论》，陈秋峰、杨国华译，北京：中国戏剧出版社，1985 年。

学术交流

- “民族团结与区域自治”的学术对话
- “藏羌彝走廊的文化资源及民族遗产的符号学研究”学术研讨会

"民族团结与区域自治"的学术对话

邱　硕[1]

2014年4月23日下午，由中国多民族文化凝聚与国家认同协同创新中心（以下简称"中心"）牵头单位四川大学和核心协同单位内蒙古大学联合主办，教育部人文社科重点基地中国俗文化研究所协办的"民族团结与区域自治"学术研讨会在内蒙古大学民族学与社会学学院举行。

中心核心协同单位北京大学、中国社会科学院民族文学研究所、中央民族大学、内蒙古大学、西南民族大学、西北民族大学，以及来自复旦大学、上海交通大学、内蒙古社会科学院、喀什师范学院等相关机构和单位的学者参加了研讨。与会学者就国家认同与民族认同的关系，民族区域自治制度的根基、历史进程及法律保障，以及研究民族区域自治制度的基本态度和方法等热点议题展开了研讨。

研讨会的焦点之一是国家认同与民族认同的关系问题。毅松在题为"正确认识民族认同与国家认同的关系"的发言中认为，国家认同高于民族认同，民族认同要服从于国家认同，但也要充分理解、支持民族认同，民族认同是民族团结、区域自治的基础，应在坚持国家认同中促进民族认同，通过加强少数民族认同来促进中华民族认同。那顺巴依尔通过一个工作在中蒙边境线上的蒙古族卡车司机的个案，证明作为中国公民的国家认同与作为蒙古人的民族认同并不矛盾。蔡华不同意国家认同高于民族认同的观点，他认为两种认同分属政治、文化的范畴，无所谓高低。杨煦生和纳日碧力戈在评议时，都同意健康的民族认同会更好地促进国家认同，认为国家认同如何促进民族认同则值得深究。

多名学者从中华多民族和谐共处的历史经验和智慧出发，探寻民族团结和区域自治的合理性根基。丁宏论述了中国传统文化中"和而不同"的政治

---

[1] 邱硕，四川大学文学与新闻学院博士研究生，研究方向：文学人类学、文化遗产研究。

智慧和文化理念，认为民族区域自治制度是“和而不同”思想在社会主义制度下的创造性运用。姑丽娜尔·吾甫力、德吉草、叶舒宪分别从维吾尔族、藏族、汉族的历史文化中探寻其民族和谐思想和国家认同的根源。李玉伟则直接追溯内蒙古自治运动和内蒙古自治政府成立的历史，还原民族区域自治政策的具体形成过程，将民族区域自治制度的历史讨论落实到切近的实处。

周宝峰和吉雅则从法律角度，探讨了新时期民族区域自治制度的正当性、存在的问题以及完善的方法。周宝峰认为民族区域自治制度与国际人权法精神具有同一性，进一步完善民族区域自治的基本课题有：实行差别化的民族区域自治制度，使民族区域自治中地方与党政关系、与上级国家机关的关系、在中央机关的代表比例法治化，对民族区域自治地方的对口支持关系法治化。吉雅指出，民族区域自治法配套立法是实施《民族区域自治法》和贯彻民族区域自治制度的必要步骤，但我国实际落实的配套立法很少，原因在于国家最高立法机关、中央政府对民族区域自治法配套立法重视不够，自治地方不能把握自治条例的内容，不敢、不会使用自治变通权。

有的学者还提出了研究民族关系和区域自治制度应持的基本态度和方法。曹顺庆回顾了中国多元一体的历史，指出在研究中必须以“多元文化凝聚”的态度，坚持中华文化的多元一体性，才能继承和发扬多民族国家的优秀文化传统。纳日碧力戈则重新挖掘了著名人类学家格尔茨的研究遗产，借格尔茨的“绳索共同体”观点来看待中国的“多元一体”，认为研究民族关系和区域自治必须坚持公平正义和人道美德，不能把国家利益和少数民族利益对立起来，更不能把一己一族的利益置于各民族的共同利益之上。

最后，徐新建在总结中认为，本次研讨会契合中国多民族文化凝聚与国家认同协同创新中心的研究宗旨，聚焦民族关系和区域自治的现状与问题，展示了诸多可以继续深化讨论的议题的可能性，今后还应设计更精确、高端的理论研讨和田野调查活动。学术研讨应该用这种健康的、客观的方式来展现问题，发出声音，为国家民族团结、区域自治做出贡献。

"藏羌彝走廊的文化资源及民族遗产的符号学研究"学术研讨会

陈晓军[①]

2014年12月13至14日，由中国多民族文化凝聚与国家认同协同创新中心主办、西南民族大学和四川大学承办的"藏羌彝走廊的文化资源及民族遗产的符号学研究"学术研讨会暨协同创新中心工作会在西南民族大学学术会议厅开幕。中心核心协同单位北京大学、中国社科院民族文学研究所、中央民族大学、内蒙古大学、西北民族大学，中心主要参与单位重庆文理学院代表，以及来自厦门大学、南开大学、四川师范大学、成都科学院、巴黎第十大学、加拿大英属哥伦比亚大学、意大利佩鲁贾大学等相关机构和单位的专家学者出席了本次会议。

① 陈晓军，四川大学文学与新闻学院博士生，研究方向为多民族国家的文化与文学。

开幕式由西南民族大学王永副校长主持。四川省教育厅王康副厅长作了讲话。中心理事会副理事长、西南民族大学校长曾明致辞，牵头单位代表、四川大学副校长许唯临，协同单位代表、内蒙古大学副校长额尔很巴雅尔也分别作了讲话。随后举行了核心协同单位西南民族大学的揭牌仪式及协议互换仪式，并向第二批中心特聘专家颁发了聘书。

开幕式后，由中心常务副理事长曹顺庆教授主持召开协同创新中心理事会扩大会。会上，各理事单位的负责人对中心工作进行了商议，认为应进一步凝练中心名称，推动各项工作的深入进行。

13 日下午和 14 日举行了相关话题学术研讨会。14 日下午，徐新建和杨煦生进行大会总结，会议胜利闭幕。